THÉOTEX
Site internet : theotex.org
Courriel : theotex@gmail.com

© THÉOTEX
Édition : BoD — Books on Demand
12/14 rond-point des Champs-Élysées, 75008 Paris
Impression : BoD, Norderstedt, Allemagne
ISBN : 978-2-322-13958-3
Dépôt légal : novembre 2019

Matthieu Lelièvre

Biographie

Choix d'articles

Théophile Roux

1932

ThéoTeX

— 2019 —

Préface

La décision synodale qui me chargea de préparer ce livre me prit par surprise. Pour aussi attaché que je fusse à mon ancien maître et vénéré ami défunt, l'idée ne m'était jamais venue que je pourrais être appelé à raconter sa vie et à choisir parmi ses œuvres quelques morceaux de nature à conserver son souvenir et à prolonger son ministère. Je sentis cependant que je ne pouvais pas m'y récuser, et fus vite réconcilié avec l'idée d'entreprendre cette tâche.

J'ai cru que je devais me hâter et être bref : Deux choses difficiles, quand on est en présence d'une carrière aussi riche, aussi diverse d'aspect, aussi longue que celle de Matthieu Lelièvre, et qu'on a sur les bras d'autres travaux. Il m'a donc fallu renoncer à trouver dans cet ouvrage une place pour tout ce qui me paraissait digne d'y figurer. Si j'ai fait diligence, c'est que les vieux amis de Matthieu Lelièvre se font de plus en plus rares par suite de l'extrême vieillesse il laquelle il parvint. Les hommes de quarante ans ne l'ont pas vraiment connu ; ceux de sa génération se comptent sur les dix doigts de nos mains. Ceux qui l'ont aimé et auraient accueilli ce livre disparaissent de jour en jour.

Parmi les raisons qui m'ont fait trouver douce la tâche qui me fut imposée par mes frères, celle-ci a été la plus forte : Matthieu Lelièvre a été parmi nous l'un des derniers représentants de la seconde génération du Réveil. Je sais que d'excellentes gens disent que le Réveil est à demeure parmi nous, et que d'autres se complaisent à nous rappeler que le Réveil eut bien des lacunes et des misères. D'accord... si vous y tenez. N'empêche que ces temps eurent quelque chose que n'a pas le nôtre, et que ces hommes avaient quelque chose que nous n'avons pas au même degré. Matthieu Lelièvre n'aurait pas été l'homme que nous avons connu, s'il n'avait fait, dans son enfance, les expériences religieuses du Réveil de la Drôme et, dans la trentaine, celles des années 1872 à 1875. Or, notre génération n'a eu que les miettes de ce festin ou que les dernières lueurs de ce feu. D'autres sont venus depuis qui n'ont pas vu de Réveil du tout. Toute la vie protestante s'en ressent, les milieux orthodoxes comme les autres, les Églises des professants comme les multitudinistes.

Puisse, la place que le Réveil a tenue dans la pensée et dans les écrits de notre ami intensifier en nous le besoin et l'espoir de voir une manifestation nouvelle et puissante de l'Esprit de Dieu !

THÉOPHILE ROUX

Biographie

1.
SA FAMILLE ET SON ENFANCE

Des gens portent sur eux, toute leur vie, un peu de la terre où ils sont nés. Ils ont l'accent du Midi ou du Nord, le type breton ou normand, cévenol ou provençal. Matthieu Lelièvre descendait d'une famille de paysans normands, et sa mère était guernesiaise. Serait-ce l'une des raisons pour lesquelles, après avoir été si attaché au Midi dans sa jeunesse et à Paris dans sa maturité, il s'est si bien trouvé de la Normandie dans sa vieillesse ?

Il parlait volontiers de son père, né à Estry (Calvados), en 1793, devenu soldat de Napoléon Ier dès l'âge de 18 ans, et de religion catholique, comme ses aïeux, jusqu'à 23 ans. La chute de l'Empire l'ayant ramené dans son pays natal et les calamités qui marquèrent cette époque ayant remué son âme et fait germer des besoins religieux, il accepta l'Évangile le premier jour où il l'entendit par le moyen d'un missionnaire méthodiste, Amice Ollivier, à Beuville, aux environs de Caen. Le jeune Jean-Baptiste-François-René Lelièvre ne se rendit à la réunion qu'à contre-cœur. Invité par la maîtresse de la ferme où il travaillait, il s'y refusa d'abord, car, élevé dans l'observance de la foi romaine, il craignait de manquer à son devoir de catholique. Mais, un certain dimanche, il prit son parti d'aller entendre le missionnaire protestant, et cette première prédication suffit pour l'amener à la conversion !

« Le chant des psaumes, racontait-il, fut pour moi comme le chant des cieux, la prière comme la clé qui ouvre la porte de la prison au criminel, le, sermon comme le message de la clémence d'un roi et le messager comme un ange de l'Éternel. Dès le même soir, quand je fus en mon particulier, je commençai à prier comme le prédicateur, ce que je n'avais jamais fait auparavant. Le cœur rempli de convictions et des attraits de l'amour de Dieu, mais pas avec une entière certitude ; je disais : « Mon Dieu, si c'est bien la vérité, daignez me la faire connaître » ; et ce bon Dieu, qui a une si grande condescendance pour ses pauvres créatures, voulut bien condescendre jusqu'à me donner l'assurance la plus évidente de la vérité. » — Avant le lendemain matin, Jean Lelièvre n'avait plus de doutes : « Je sentais, dit-il, qu'il avait répandu son amour dans mon cœur, qu'il en avait chassé la crainte et que je l'aimais parce qu'il m'avait aimé le premier. »

Dès lors, Jean Lelièvre, avide d'instruction, se mit à lire tout ce qui lui tombait sous la main. A Caen, où le pasteur réformé, Martin Rollin, s'intéressa à lui, à Guernesey surtout, où les méthodistes l'accueillirent avec joie, sa piété se développa rapidement. Il devint prédicateur local, et l'amour des âmes lui ayant fait reprendre le chemin de sa patrie, il y fut reçu prédicateur méthodiste en 1831. A partir de cette époque, jusqu'au moment où il prit sa retraite à Jersey, il fut un ardent convertisseur[a] et un intrépide itinérant. Il mourut à Jersey le 16 septembre 1861. Sa femme, née Suzanne Carré, était d'origine méthodiste guernesiaise, et mourut à Codognan, chez son fils aîné, Jean-Wesley, le 26 juillet 1882, dans sa 81e année.

En 1913, Matthieu Lelièvre revenait, avec une évidente émotion, sur cette réunion de Beuville, qui fut pour son père le point de départ d'une vie nouvelle :

« Sans cette rencontre, notait-il, où se voit la main de la Providence, la piété naissante du jeune paysan aurait dérivé du côté des superstitions romaines, et ses enfants, s'il lui en était né, auraient probablement suivi la même voie. Si donc nous sommes, nous et nos enfants, des chrétiens évangéliques, nous le devons au missionnaire méthodiste qui fut le père spirituel de notre père et à ce petit foyer de vie spirituelle qui avait été fondé, dès 1791, dans le village de Beuville, par William Mahy. »

Jean et Suzanne Lelièvre eurent trois fils et deux filles.

L'aîné des garçons, Jean-Wesley, né à Saint-Pierre-lès-Calais le 24 janvier 1838, mourut à Quissac (Gard), chez sa fille, la veille de Noël 1919, dans sa 82e année. Son père, qui avait embrassé la doctrine et la pratique de piété wesleyennes, sans passer par une initiation protestante, exprima sa reconnaissance et son vœu, en lui donnant ce nom, lourd à porter, et qui était comme un drapeau. Le fils l'a fait avec fidélité et dignité. Il débuta dans le ministère à 19 ans, sous le patronage de Charles Cook même, dans la Gardonnenque. Bien qu'à part un séjour à Paris, en 1860-1861, il ait passé toute sa vie dans des postes de campagne ou de petite ville, c'était un homme d'un grand savoir, un écrivain

---

a. Dans tout le livre, le mot conversion est pris non dans le sens de changement de religion, mais dans celui de changement de cœur.

d'une rare pureté. Il aurait fait un professeur de langue et d'exégèse. Il se plaisait dans les études bibliques et connaissait bien l'hymnologie protestante et l'archéologie. Il a laissé beaucoup de cantiques, dont quelques-uns sont connus et dont le plus populaire est sans doute : « Viens, âme qui pleures. » Sans avoir l'éloquence entraînante de ses frères, c'était un prédicateur aimé de ceux qui apprécient l'enseignement religieux méthodique. Il fut, quelques années, rédacteur de L'*Évangéliste*. Il a traduit plusieurs ouvrages de l'anglais. Sa santé l'obligea à prendre sa retraite avant d'avoir atteint la soixantaine.

Après lui, à Saint-Pierre-lès-Calais encore, naquit Matthieu, le 7 janvier 1840.

Ensuite, Paul, à Bourdeaux (Drôme), en 1843. Paul Lelièvre mourut à Crest le 23 avril 1866. Il n'avait pas encore 23 ans. C'était un esprit singulièrement fertile et précoce. Son imagination et son talent de parole auraient fait de lui, très probablement, le meilleur prédicateur des trois frères. Les vers semblent avoir coulé de source sous sa plume. Son caractère liant et charmant lui attira une grande popularité parmi les méthodistes du Midi, où l'on aimait beaucoup sa fraîche jeunesse, ses riches talents, ainsi que son ardente piété. Sa maladie, sa mort prirent, dans les milieux chrétiens du Gard et de la Drôme, l'importance d'un événement. Une brochure de Matthieu en fixa le souvenir et reste d'une intense édification.

Les deux sœurs s'appelaient Eunice et Loïs. Eunice était l'aînée des cinq. Elle était née le 13 janvier 1837. Sa conversion fut antérieure à celle de ses frères et sœurs. Elle épousa un pasteur irlandais, John Healy, aujourd'hui vénérable archidiacre de Meath, et quitta ce monde à la naissance de son fils, Théodore, actuellement pasteur dans l'Ulster. Loïs, plus âgée que Paul de deux ans, mourut aussi en pleine jeunesse, à 25 ans ; quatre mois avant Paul. Elle s'éteignit à Codognan, d'une maladie de poitrine, dont la vie d'institutrice en Angleterre, trop pénible pour elle, avait probablement hâté le dénouement. L'on ne peut lire les pages qui retracent sa courte carrière, et surtout l'étape de Codognan, sans en être ému. Vraiment, ces enfants Lelièvre eurent dans leur jeunesse le génie de la piété, d'une piété qui jeta sa flamme et donna son fruit à l'âge où la plupart laissent à peine entrevoir le genre d'homme ou de femme qu'ils deviendront.

Tous les cinq se donnèrent donc au Seigneur dès leur enfance. Il faut dire que la préoccupation capitale des parents était qu'ils devinssent chrétiens, chrétiens le plus tôt et le plus complètement possible. Celui que nous avons qualifié de « convertisseur » eut la joie de voir ses enfants se convertir. Ils furent les premiers fruits de ce réveil de la Drôme, qui éclata à Bourdeaux, dans l'hiver de 1852, pendant son ministère. Voici comment il en parlait :

« Le dimanche 14 novembre 1852, après avoir prêché à Bourdeaux, je partis pour Dieulefit où je présidai le culte du soir dans notre local. L'un de nos prédicateurs laïques me remplaça à la réunion du soir à Bourdeaux. Quand le service fut fini, ma femme invita quelques amis à rester pour une réunion de prière. Dans cette réunion, quatre personnes, dont deux de mes enfants, se donnèrent au Seigneur. Le lundi soir, à une nouvelle réunion, quatre autres personnes trouvèrent la paix et, parmi elles, mes deux enfants encore non délivrés de leur fardeau. »

Et l'heureux père de s'écrier :

« Tous mes enfants sont maintenant des enfants de Dieu. Je suis assez riche. Loué soit à jamais son saint nom ! Et puisse notre vie tout entière honorer notre Dieu Sauveur. »

Le vénéré doyen Ch. Bruston, de la Faculté de théologie de

Montauban, devenue la Faculté de Montpellier, qui a passé son enfance à Bourdeaux et était un camarade d'études des fils Lelièvre, a bien voulu, dans une lettre particulière de novembre 1931, évoquer ces souvenirs lointains qu'il est peut-être le seul à conserver encore :

« M. et Mme J. Lelièvre, y dit-il, ont exercé de 1850 à 1853 une heureuse influence à Bourdeaux et aux environs, surtout en prêchant la conversion. Il me souvient que, dans les réunions, Mme Lelièvre, qui parlait l'anglais aussi bien que le français, chantait quelquefois :

> Come to Jesus (*bis*)
> Just now (*bis*).
> Just now come to Jesus,
> Come to Jesus now !

Dans la belle saison nous montions quelquefois à la montagne qui sépare Bourdeaux de Dieulefit, où d'autres chrétiens étaient venus, et nous fraternisions. Nous allâmes même une fois jusqu'à Montmeyran, où Charles Bois était alors pasteur, assister à une réunion religieuse qui avait attiré beaucoup de gens. »

Voilà dans quelle atmosphère de piété et de ferveur religieuse se passa l'enfance de Matthieu Lelièvre. Sa conversion fut celle d'un enfant de 12 ou 13 ans, bien élevé, dans une famille à la piété chaude et expansive, qui entraînait tous ses membres à la consécration au service de Dieu. Le jeune Matthieu n'y résista pas. Il n'eut pas même l'idée d'y résister et de s'imaginer qu'il pourrait devenir autre chose qu'un pasteur méthodiste. Le doute religieux ne semble pas avoir un moment effleuré son esprit ni refroidi l'élan de son âme. Il est probable que la foi vivante et communicative de ses parents emporta son assentiment, enflamma son cœur et le prémunit contre les dangers de l'adolescence. Dans tous les cas, cette conversion fut sincère et définitive.

« J'ose dire, écrivit-il près de soixante-quinze ans plus tard, en remuant ses souvenirs d'enfant, que je n'ai jamais rougi du programme de vie chrétienne que j'entrevis dans cette réunion, dans la vieille chapelle de Bourdeaux, où je dis à Dieu : « Me voici pour t'aimer et te servir ». Ce jour-là je pleurai sur mes péchés et je crus au pardon. Dieu en soit à jamais béni. »

On' aimerait en savoir un peu plus sur l'enfance de Matthieu Lelièvre. Etait-il espiègle, pétulant, joueur ? Aimait-il les billes, le cerf-volant, la marelle ? On ne le voit pas bien battant la campagne, pataugeant ou faisant des moulins le long de la rivière et grimpant aux arbres. Mais on peut se l'imaginer se mêlant à tout et de tout, se laissant gâter par ses sœurs, s'attardant auprès des livres, discutant ferme avec les *grands*. Il faisait remonter sa foi politique à la proclamation de la République de 1848, au Vigan, dont il se souvenait « comme si c'était hier » ; s'entendant encore, avec son frère aîné et quelques camarades, chanter *La Marseillaise* en traversant, pour se rendre à l'école, la place des Châtaigniers, et criant, de sa voix d'enfant de huit ans, la fière devise républicaine : Liberté, Egalité, Fraternité. Quatre ans plus tard, après que la République fut étranglée, il ressentait la douleur générale de son entourage drômois, et un de ses souvenirs était celui d'un culte de famille, présidé par un pharmacien de Dieulefit, M. Darier, où celui-ci, après avoir lu les terribles invectives de saint Jacques contre les riches, dit avec sentiment : « C'était un vrai démocrate que saint Jacques ! »

Notre jeune ami, converti si tôt et si résolument, n'eut-il pas des tentations plus tard ? Subit-il l'attrait des plaisirs mondains ? Passa-t-il par ce désenchantement, ce refroidissement spirituel, que les études et le contact avec les hommes produisent chez beaucoup de jeunes gens qui ont grandi en serre chaude ? Peut-être. Sans doute, Matthieu Lelièvre parla quelquefois des tentations, du péché, avec des accents où l'on pourrait trouver quelque chose comme un écho, un souvenir, un aveu. Mais il ne faut pas prendre pour une sorte d'autobiographie un développement, un trait, une exhortation incisive et solennelle. Le prédicateur sympathique et inspiré pénètre dans des détresses d'âme, il a l'intuition de situations tragiques, il exprime des besoins et des cris de douleur qui sont l'interprétation des états d'âme de ses auditeurs, plutôt que les siens propres. D'ailleurs, le plus honnête homme peut trouver dans son expérience personnelle un point sûr et intime, dont il n'a qu'à accentuer le trait, prolonger la ligne, pour dire des vérités bonnes pour tous et quelquefois singulièrement bien placées.

Il a répondu lui-même à notre question :

« Si l'on me demande : Comment avez-vous échappé à *la souillure du monde*? je réponds : Par la conversion, dès l'âge de douze ans. Je ne prétends pas que cette conversion ait été aussi profonde, aussi radicale que cela eût été possible et désirable : je ne suis pas devenu un saint dans quelques jours ; je suis resté un enfant assez longtemps, mais un enfant pur, ayant acquis la force de dire non à la tentation, parce que j'avais dit oui à Dieu.

Et puis, et ceci est important, je me suis mis (ou l'on m'a mis) jeune au travail. Pendant mes deux ans de séjour dans le canton de Vaud, je fus entre les mains de Charles Cook et de sa pieuse femme. Ils m'aimèrent. On fit de moi un directeur d'École du dimanche et, peu après, un prédicateur laïque. »

N'oublions pas que le jeune homme eut pour le garder l'influence et l'exemple de son père. Il l'accompagnait souvent dans les villages où il allait tenir des réunions. Et le père n'oubliait pas que son fils avait une âme, et il jeta dans cette âme des semences de vie éternelle qui ne furent pas perdues. C'était l'âge où l'enfant avait à subir, dans les écoles publiques, le contact de ceux qui dépravent et qui souillent. Le fils, dans des vers juvéniles, que nous nous reprocherions de ne pas citer, a rendu témoignage à l'action préservatrice et purifiante de son père :

> Les méchants m'ont offert leur coupe d'ambroisie.
> Ils me disaient : « Bois-la, c'est l'élixir de vie.
> Bois et tu seras grand ; bois et tu seras fort. »
> Mais j'avais près de moi l'image de mon père.
> Je crus qu'il me disait, de sa voix douce et claire :
> Mon fils, cet élixir a l'odeur de la mort.
> Alors, sans hésiter, ma main brisa le verre.

Quant aux études proprement dites du jeune Matthieu, il me paraît qu'elles souffrirent du ministère très itinérant de son père, qui ne passait guère alors qu'un an dans ses postes. La famille alla ainsi de Guernesey à Die, de Die à Bourdeaux, puis à Calvisson, à Codognan, à Montpellier, au Vigan, où les enfants fréquentaient chaque fois l'école primaire, mais sans beaucoup de suite et sans chance de beaucoup apprendre. Cependant, quand la famille retourna à Bourdeaux, les trois fils Lelièvre, avec quelques autres, dont Ch. Bruston déjà nommé, furent initiés au latin, au grec et aux mathématiques par l'un des pasteurs réformés, M. Ferdinand Mailhet, qui leur donnait très régulièrement des leçons. Un peu plus tard, à Joinville, ils furent de bons élèves d'un petit collège municipal. Mais, Matthieu Lelièvre devait à son père d'abord les notions religieuses et autres qui avaient beaucoup contribué à la formation de son caractère, et ensuite à ses travaux personnels, ses lectures et un sens très aiguisé de l'histoire, la culture générale qu'il ne tarda pas à acquérir.

2.
L'ÉTUDIANT ET LE PROPOSANT

Dans l'automne de 1855, la famille Lelièvre alla résider en Suisse, à Aigle, et notre jeune homme fut placé auprès de Charles Cook, à Lausanne. Trois autres étudiants étaient dans la maison de M. et Mme Cook, en qualité de candidats au saint ministère. L'un d'eux, Thomas Messervy, devint pasteur réformé, Alfred Dupuy et Henri-Th. de Jersey ont été pasteurs méthodistes. Leur directeur d'études était déjà un vieillard, dont le caractère chrétien et l'œuvre inspiraient à ces jeunes gens une affectueuse reconnaissance et un grand respect. Vis-à-vis d'eux, sa ferveur et son zèle s'accompagnaient d'une paternelle bonté.

« Ma chambre, écrivait Matthieu Lelièvre quarante ans plus tard, était voisine de son cabinet de travail, et je fus réveillé plus d'une fois, avant le jour, par le chant d'un cantique anglais ou français, qu'il entonnait à pleine voix en commençant son culte privé. Puis il priait, à haute voix aussi, et avec quelle ferveur ! On sentait que toute son âme passait dans ses prières. »

Conformément aux principes méthodistes, les étudiants de Ch. Cook étaient étroitement associés à l'œuvre. Ils présidaient assez fréquemment des réunions. On peut bien penser d'ailleurs que Jean Lelièvre n'était pas homme à laisser refroidir le zèle et la foi de ses garçons. L'occasion ne lui manquait pas d'employer leur bonne volonté. Matthieu fit son premier essai de prédication à Aigle, le 26 août 1856, dans une réunion de semaine. Il devait déjà avoir acquis un certain usage de la parole à l'École du dimanche et à l'Union chrétienne, sa correspondance faisant mention de ces deux institutions, qui étaient alors dans leur enfance. Il avait seize ans et demi. Les notes de cette prédication sont entre mes mains. Elles tiennent sur un seul côté d'une feuille de papier à lettre petit format. L'écriture est correcte, mais n'a pas encore les traits distinctifs si réguliers qu'elle prendra bientôt. Dans cet espace étroit, le débutant a mis de l'ordre et du fond. L'exorde et la conclusion, les deux points de chacune des deux parties de l'allocution sont bien indiqués. C'est court, grande qualité pour celui qui, plus tard, devait beaucoup veiller sur soi-même pour ne pas être long. Dans l'ensemble, c'est une bonne exhortation contre le relâchement ; tout à fait dans le ton des prédications pastorales et laïques que j'entendais dans mon enfance. Il est probable qu'elle lui fut inspirée par quelque expérience personnelle ou par quelque épisode de la vie religieuse locale, qu'on peut d'autant mieux comprendre quand on sait le genre de ministère revivaliste de son père. Les mouvements de réveil qu'il provoquait étaient souvent suivis, dans les âmes auxquelles il avait comme fait violence, d'une réaction subite et dangereuse. Le texte en est : Hébreux.6.11-12 : « **Nous désirons que chacun de vous montre le** même zèle pour conserver une pleine espérance jusqu'à la fin ; en sorte que vous ne vous relâchiez point, mais que vous imitiez ceux qui, par la foi et la patience, sont devenus les héritiers des promesses. » Au premier abord, je le jugeais mal choisi pour un jeune homme ; après réflexion, j'ai changé d'avis.

J'aurais aimé trouver dans les papiers de Matthieu Lelièvre les vestiges de quelque plan d'études de ce temps-là ; quelques notes des leçons des professeurs de l'Université de Lausanne, et de celles de Charles Cook. Car il profita et jouit de ce séjour de deux ans dans l'accueillante et studieuse ville des bords du Léman. Je n'ai rien vu d'intéressant sous ce rapport. Mais des quelques bribes de correspondance qui nous sont parvenues des années qui suivirent, nous savons qu'il se fit de bons amis à Vevey, Villeneuve, Aigle, où se trouvaient alors des Sociétés méthodistes qui étaient de chauds foyers de réveil et de vie. Il se plaisait à raconter, ce qui lui arriva un dimanche soir à Lausanne, pendant sa prédication. L'assemblée, sans être nombreuse, l'était assez pour intimider un garçon de 17 ans. Charles Cook, assis au premier rang, vieux et déjà malade, avait l'air d'avoir succombé au sommeil. Mais voici qu'il se ranime, ouvre ses yeux vifs et, profitant d'une petite pause du prédicateur, lui demande, comme s'ils n'étaient que tous les deux dans son cabinet de travail :

« Cher frère, vous venez de nous prouver que nous devons aimer Jésus-Christ. C'est très bien. Dites-nous donc comment il faut nous y prendre pour l'aimer. » — « Cette interruption, disait-il, me fut comme une tuile sur la tête et ne contribua pas à me rendre la liberté que je n'avais déjà qu'en une faible mesure. »

Aussi, s'en tira-t-il comme il put, et finit-il au plus vite. Il ne s'en formalisa pas trop et ne garda pas rancune à son vénérable ami, qui était heureux et fier des talents de son étudiant et le recommanda chaleureusement comme proposant quand le moment fut venu.

La Conférence de 1857 plaça Matthieu Lelièvre à Paris, auprès de James Hocart. Il devait y continuer ses études, tout en remplissant la charge de proposant. Il figure, dans les *Actes* de la Conférence de cette année-là, parmi les prédicateurs admis au noviciat ; mais, sans doute à cause de son extrême jeunesse, son nom est accompagné de la mention- « étudiant ». Ainsi, notre jeune ami était proposant sans l'être officiellement, et, comme il ne fut pleinement admis dans le pastorat que par la Conférence de 1862, cela lui fit cinq ans de noviciat, au lieu de quatre. Il passa les deux premières années à Paris, et à Bourdeaux (Drôme) les trois suivantes.

Ce furent des années extrêmement remplies et fructueuses. On comprend difficilement comment cet adolescent put abattre tant de besogne, entreprendre tant de choses, d'autant plus qu'il ne fut jamais d'une constitution robuste. A Paris, il eut certainement le tort de ne pas s'astreindre aux études proprement dites et aux examens qui, sans ajouter grand'chose à son savoir, à ses dons et à sa valeur personnelle, en auraient été comme la confirmation officielle, auraient discipliné son activité, qui se laissait trop attirer par toutes, les tâches faisant appel à ses goûts, à sa bonne volonté, et lui offraient un moyen de servir le Maître. L'extrême liberté qu'on lui laissa, ses facultés d'action et la confiance de ses aînés, lui furent un piège. S'il fut réduit à prendre une demi-retraite dès le début de la soixantaine, s'il souffrit de migraine et fut quelquefois obligé d'enrayer avant cinquante ans, c'est parce qu'il avait brûlé sa chandelle par les deux bouts avant d'avoir atteint la quarantaine. Mais, comment retenir un jeune homme si capable et porté de si bonne volonté !

A peine est-il à Paris depuis six mois qu'il collabore à plusieurs feuilles religieuses, nourrit de vastes projets, s'intéresse à toutes les œuvres créées par le Réveil. On se demande où il prenait le temps de préparer ses sermons et de remplir ses devoirs journaliers. Son activité littéraire et journalistique devant faire plus loin l'objet de quelques développements, nous ne faisons que l'indiquer ici. Ce qu'il faut voir, dès maintenant, c'est le bouillonnement de cette âme de jeune homme ; l'impérieuse vocation d'écrivain qui s'annonce, aussi irrésistible que celle de prédicateur.

Si ce bouillonnement le poussait vers une activité qu'on est tenté de juger excessive et prématurée ; s'il est permis de penser que cette activité n'aurait rien perdu à être un peu retenue, au lieu de se répandre sous la force de mouvements intérieurs et des appels du dehors, il n'est que juste de reconnaître qu'il s'en suivit un développement de vie remarquable et même admirable.

Un carnet de « Correspondance » de ce temps, le seul que Matthieu Lelièvre paraisse avoir fait, est sous mes yeux. Il va du 28 septembre 1857, le lendemain de son arrivée à Paris, jusqu'au 4 juillet 1861. Il s'ouvre par la note d'une lettre à ses parents qui étaient encore à Aigle, et s'achève par la mention d'une autre lettre à ses parents qui étaient alors à Jersey. Au fil des jours, notre ami y indique les lettres qu'il écrit, leur sujet, et en résume le contenu ; quelquefois, il en donne des extraits. C'est ainsi qu'on peut y relever des vers et de la prose et y apercevoir quelque chose du travail et des émotions de son âme. Ce livret est fait avec tout le soin, toute la netteté claire et précise de ce qui devait sortir de sa plume. Pas une tache, pas une rature, pas une feuille fatiguée ou détachée ne le dépare. Il ne trahit aucune hâte, et l'on y découvre un esprit déjà parfaitement ordonné et méthodique, qui n'avait pas besoin de faire deux ou trois fois les choses pour les faire bien ou les, faisant bien, parce qu'il y mettait son temps et sa peine.

Sa bourse était souvent légère, « je suis sans le sou », mais le cœur était plein, et, s'il ne pouvait envoyer à ses frères et sœurs, à l occasion de leur anniversaire, des cadeaux coûteux, il leur envoyait des poésies, toujours de facture religieuse, ne manquant ni d'esprit ni de sel, qui ont dû figurer parmi leurs plus chers et plus durables souvenirs. A l'occasion du 31 décembre de cette première année qu'il passe dans la capitale, il adressa à ses sœurs, Eunice et Loïs, à ses frères, Jean-Wesley et Paul, des morceaux qui ne seraient pas déplacés à la suite de son article : *Mes longues-veilles*[a]. La poésie à Eunice est particulièrement touchante et grave. En voici la première strophe, et elle en a six. Les cinq autres valent la première :

> O ma sœur, elle est solennelle,
> Cette grande voix de Minuit.
> Voix sinistre, qui nous rappelle
> Que, comme une ombre, le temps fuit,
> Et que, dans sa course immortelle,
> Il nous entraîne tous sans bruit.
> O ma sœur, elle est solennelle,
> Cette grande voix de Minuit !

Beaucoup d'autres pages de ce carnet pourraient être relevées. Matthieu Lelièvre y apparaît extrêmement aimable et attaché à ses amis. Il y révèle des qualités pastorales qui auraient fait de lui un berger d'âmes, si elles avaient pu prendre le pas sur d'autres. Ainsi, ses visites à Vevey lui avaient évidemment attaché les fillettes de l'Asile de cette ville, où se trouvait une femme d'une intense piété, méthodiste de conviction, et qui devait y

---

a. Voir dans la deuxième partie de ce livre.

exercer pendant longtemps une influence bénie, Mlle Wagner. Il est probable qu'au Jour de l'An de 1859 il reçut de ces enfants de petits billets, dans la lettre de leur directrice et grande amie, Mlle Wagner. Matthieu Lelièvre, le 29 janvier, écrivit une petite réponse à chacune d'elles, et il en indique le sujet dans son carnet. Exactement 23 lettres ! Je lis, après le nom de chaque fillette (et il se trouve que trente-cinq ans plus tard, j'en ai connu au moins trois, qui me faisaient l'effet d'être déjà d'un certain âge), quelques mots qui résument ses réponses :

« Encouragements, 12e ch. des Hébreux » — Vœux pour sa nouvelle position. Prière et communion avec J.-C. Mes prières. — Les visites que je leur fais en pensée dans la salle de travail. La tâche, La force de Jésus. — Elle prie pour moi. Nos prières. Ses besoins. — Les bonnes poignées de main. Les réunions de prière. — Une brebis de Jésus », etc...

Les lettres à sa famille sont fréquentes. Avec son frère aîné, Jean Wesley, il passe du sérieux au gai, des questions qui s'agitent aux Conférences annuelles à celles des livres qu'ils lisent et aux réunions qu'ils sont appelés à présider. A propos de l'examen de proposant, que celui-ci subit devant l'assemblée de son district où, malgré des études assez avancées, on ne lui fit grâce de rien, pas même des questions de grammaire, il plaisante malicieusement, en vers, bien entendu :

> Il paraît que là-bas tes lauriers de Sorbonne,
> Tes parchemins timbrés, ta classique couronne,
> Ne t'ont point empêché de faire un examen
> De grammaire, et de suivre en tous points le chemin,
> Comme un simple mortel, sans lettres ni diplômes.
> C'est là la loi de tous : ainsi sont faits les hommes.
> Il faut souvent revoir ce qu'on a combattu,
> Refouler les sentiers que nos pères foulèrent,
> Remonter le courant qu'eux-mêmes remontèrent,
> Et vider le calice où leurs lèvres ont bu !

Les amis d'enfance et de Lausanne ne sont pas oubliés. Les noms d'Henri de Jersey, de Paul et Emile Cook, de Ch. Bruston reviennent sous, sa plume. Bientôt, ceux des rédacteurs des Archives du Méthodisme et de L'Évangéliste, des Feuilles des Unions et des Écoles du dimanche, du Chrétien Évangélique et de La Famille, même de journaux anglais et américains, s'y intercalent. Un peu plus tard, ceux de collègues méthodistes et réformés de la Drôme, les noms de Die, Dieulefit, Crest, Nyons y paraîtront souvent.

C'est pendant qu'il était à Paris que notre jeune proposant fut envoyé à Lisieux secourir Rostan, qui était gravement malade et devait bientôt mourir. Cette visite l'attacha pour toujours à ce fils spirituel de Félix Neff, qui était devenu un des plus fervents disciples de Wesley. Pendant ce séjour à Lisieux, notre ami alla entendre un missionnaire catholique qui prêchait à la cathédrale, et qui, à propos de la confession, invita ses auditeurs à lui faire parvenir leurs objections, se faisant fort de les réfuter le lendemain. « Je n'y manquerai pas », se dit notre proposant, et, rentrant chez lui, il écrivit une lettre au prédicateur, dans laquelle, tout en gardant un anonymat prudent, il se déclarait « un ami de la vérité et de la lumière ». Il indiquait les doutes que la confession lui inspirait et ajoutait, avec des passages à l'appui, et même un peu de latin, pour se rendre plus intéressant, que « la lecture du livre des chrétiens, dont il avait feuilleté avec recueillement et respect les pages vénérées, n'avait fait que les accroître ». Toute cette lettre est fort habilement tournée et pourrait faire pressentir le controversiste redoutable que pouvait devenir son auteur. Ayant mis sa lettre à la poste, il attendit et fut un des premiers à la conférence le jour suivant. Il eut là une de ses vives émotions de jeunesse. Sa lettre étant la seule reçue par le missionnaire, eut tous les honneurs de la séance. Le discours ne le satisfit pas. Matthieu Lelièvre le qualifie carrément de « le comble de la mauvaise foi », et ajoute qu' « il fallait vraiment toute l'audace d'un jésuite », pour trouver, dans les textes bibliques cités, un appui pour la confession auriculaire catholique. Mais, se voir et s'entendre discuter dans cette basilique, et devant un auditoire de 2 000 à 3 000 hommes, était tout ce que l'orgueil de son âge pouvait supporter. Rostan calma ses nerfs un peu tendus quand il lui dit, avec sa façon de vieil alpin : « Discuter avec ces gens et faire un trou dans l'eau, c'est tout un ».

Il nous est parvenu de ces temps-là quelques manuscrits de Matthieu Lelièvre qui nous montrent qu'il apportait, dans son travail même de proposant, une attention soutenue, un sérieux et une fidélité qui ne se laissaient pas distraire par son avide curiosité. D'abord, deux sermons, l'un du 5 octobre 1857, l'autre du 14 novembre de la même année. Il lui manquait trois mois pour avoir 18 ans. Ces deux sermons me paraissent les premiers de ceux qu'il écrivit comme « sermons d'épreuve ». Le premier a pour texte : « Venez à moi, vous tous qui êtes fatigués et chargés, et je vous donnerai du repos » (Matth.11.28). Le second : « Mon cœur me dit de ta part : Cherchez ma face. Je chercherai ta face, ô Dieu » (Psa.27.8). J'incline à croire qu'il choisit lui-même le premier texte et que le second lui fut indiqué par James Hocart, son surintendant, car il entre bien dans le genre de ce digne et distingué pasteur. Mais les deux sermons sont tout à fait remarquables pour l'âge de celui qui les a composés : d'une longueur double de ceux qu'on a la patience de lire ou d'écouter aujourd'hui. Les idées sont un peu trop délayées pour notre goût ; mais ils sont bien pensés, bien écrits, pleins de sève spirituelle, avec des exhortations et des appels qui sortent tout à fait de l'ordinaire. Avec cela, d'une écriture aussi agréable à lire que des caractères d'imprimerie, sans une correction ; bref, une tenue qui dut impressionner favorablement même son surintendant !

Deux autres travaux de la même époque sont d'un caractère un peu différent. Il est probable qu'ils ont été préparés pour ses examens devant l'Assemblée de district. L'un finit comme un sermon et porte les traces de retouches plus tardives et assez importantes : « C'est en Lui que nous avons la rédemption par son sang » (Eph.1.7). L'autre est une étude fouillée, assez étendue, impliquant de longues lectures et de longues méditations, et qui pourrait passer pour une *Thèse*, sur la Tentation de Jésus-Christ. Après l'avoir lu, on est porté à dire : « On n'écrit plus comme cela », mais on n'est pas loin d'ajouter : « C'est bien dommage ! » Dans tous les cas, le Matthieu Lelièvre des réunions de réveil des environs de 1875, celui de la Mission Intérieure et des Conférences de cette décade-là, le prédicateur évangélique et le théologien que nous avons connu plus tard, se dessine et perce. On comprend que ses amis aient voulu l'avoir pour collaborateur, malgré sa jeunesse.

Son père lui avait écrit le 30 décembre 1857, se voyant lui-même à la fin de son ministère :

« Mon cher enfant. Les vœux que je fais pour toi c'est que tu sois un homme, selon le cœur de Dieu ; que tu fasses toute sa volonté ; que tu travailles de toutes tes forces à lui former un peuple saint comme les premiers chrétiens. Tu as le même Sauveur, la même foi de lui et en lui.

Ne te donne point de repos et n'en donne point au Seigneur. Insiste en temps et hors de temps, non seulement pour la conversion des pécheurs, mais aussi sur la nécessité absolue que les croyants entrent dans leurs privilèges par la foi à l'efficace du précieux sang de Jésus-Christ qui purifie de tout péché et de toute souillure de la chair et de l'esprit. Cette grâce ne peut être obtenue et conservée que là où il y a une prédication vivante et constante de cette doctrine et de cette foi, faite par un témoin vivant de ces vérités, non seulement qui les croit et les prêche, mais qui en éprouve les effets. »

Le fils ne devait pas oublier, et encore moins renier cette tendre recommandation. C'est sous ce signe que se passèrent les cinq années de son noviciat, sur lesquelles nous serions pourtant trop incomplet si nous n'ajoutions quelques pages à propos de celles passées à Bourdeaux.

En retournant dans ce vieux bourg de la Drôme, Matthieu Lelièvre ne pouvait se sentir dépaysé. Il en était parti six ans auparavant. Il y connaissait tout le monde, et les souvenirs de ses parents n'avaient pas eu le temps de s'effacer. Il ne pouvait tomber dans un milieu plus sympathique et plus accueillant. On peut s'imaginer aussi combien les amis furent fiers d'avoir pour pasteur un jeune homme si doué. On sait qu'il garda pour ce village et son Église un fidèle attachement. Il conçut vite le projet de les doter d'une chapelle et d'un presbytère, dont il parlait, sur ses vieux jours, avec attendrissement. En cela il se sentit soutenu par la popularité dont il jouissait dans le canton ; et une lettre qu'il écrivit à son Église, pendant une tournée de collecte qu'il fit aux Îles de la Manche et qui, je ne sais comment, était restée ou était retournée dans ses tiroirs, nous le montre sous un jour que ses intimes ont bien connu. J'en relève ce paragraphe :

« Et comment pourrais-je vous oublier, chers amis ? N'est-ce pas à votre petite Église que se rattachent pour moi mes meilleurs souvenirs, comme chrétien et comme pasteur ? N'est-ce pas au milieu de vous que j'ai appris à connaître le Seigneur ? N'est-ce pas parmi vous que j'ai commencé, d'une manière positive, mon ministère ? N'ai-je pas été souvent béni et encouragé au milieu de vous ? N'ai-je pas rencontré parmi vous une sympathie bien vive, qui m'a soutenu et relevé dans mes moments de découragement? Oui, chers amis, et ce sont là des liens qui me rattachent à mon Église de Bourdeaux avec une force toute particulière. »

C'est pendant les six ans qu'il passa à Bourdeaux, que notre frère fut pleinement reçu dans le corps pastoral méthodiste par sa consécration, à Nîmes, le 26 juin 1862; qu'il se maria le 25 juillet suivant, et qu'il présida à l'ouverture de la chapelle et du presbytère le 20 septembre 1863, dates mémorables dans sa vie.

Avant cela, il fit une œuvre dont le souvenir se perpétue non seulement dans son Église, mais dans tout le protestantisme français. A vingt ans et à l'occasion de la consécration, à Nîmes, de deux pasteurs méthodistes : Palmyre Laporte et Paul Rolland, il écrivit le cantique de consécration bien connu : *Oh! pendant que pour eux l'Église est en prière.*

Nous croyons devoir le transcrire tel qu'il fut chanté dans le jardin du Pensionnat Évangélique, le 28 juin 1860. Le service devait avoir lieu dans la salle de réunions de la rue de la Fontaine. Mais il y eut une telle affluence, qu'au dernier moment l'assemblée dut se transporter en un endroit beaucoup plus vaste. Huit cents ou mille personnes s'y étaient rendues. On peut s'imaginer l'effet de ce cantique, fort bien exécuté en quatre parties et tout à fait nouveau, sur cette foule méridionale déjà émue. L'auteur se plaisait à dire que le succès du cantique était dû, en grande partie, à la musique d'Ami Bost, si bien en harmonie avec les paroles et le moment précis où il est chanté. L'œuvre a gagné à être remise sur le métier, bien qu'on puisse la juger un peu longue aujourd'hui avec ses six strophes. Voici sa première édition :

CHŒUR

Oh ! pendant que pour eux l'Église est en prière,
Et que tes serviteurs sur eux posent les mains,
Que ton Esprit, ô Dieu ! descende sur ces frères,
Oh ! que de ta force ils soient ceints !

I

Serviteurs du Seigneur, l'Église vous salue !
Messagers de la paix, paix vous soit ! paix vous soit !
Christ a parlé : sa voix, vous l'avez entendue ;
Allez, le cœur content et l'âme résolue,
L'Église vous consacre, et Jésus-Christ vous voit !

II

Athlètes du Seigneur, héros de ses conquêtes,
La trompette a sonné, volez à ses combats,
L'Église vous escorte avec ses chants de fête,
Et quand vous reviendrez, Christ réserve à vos têtes
Le diadème saint qui ne se flétrit pas.

IIII

Si vous trouvez partout des haines allumées.
Si vous vous sentez seuls au plus fort des combats,
Que vos âmes, amis, ne soient point alarmées,
Allez ! pour renverser de puissantes armées,
Gédéon eut assez de ses trois cents soldats.

CHŒUR

Il est assez curieux que dans le récit de la consécration de Matthieu Lelièvre, qui eut lieu également à Nîmes et deux ans plus tard seulement, il ne soit fait aucune mention de ce cantique. D'autant plus curieux, que Luc Pulsford, à qui nous devons ce récit était un passionné d'hymnologie et de musique religieuse, et qu'Ami Bost était sur l'estrade, avec les autres pasteurs consacrants. Mais James Hocart prononça la prédication qui fut fort bien, et quand James Hocart était en chaire, l'attention de Luc Pulsford n'était pas facilement partagée. Il note pourtant qu'il faisait chaud, que les cigales se turent à temps pour ne pas troubler le recueillement de la grande assemblée, que la voix pure et claire d'un rossignol se fit entendre dans le feuillage, que les candidats : Matthieu Audibert, Alfred-J. Dupuy et Matthieu Lelièvre dirent « des choses touchantes, dont le souvenir ne sera pas perdu ». Cette fois, la cérémonie avait été convoquée dans le jardin du pensionnat, et tout le monde s'en trouva fort bien.

Notre héros, qui a fait tant de bonnes et belles choses, n'a rien fait de mieux dans sa longue carrière que d'épouser, le 25 juillet 1862, Lizzie Cooke, de l'île de Jersey. Leur mariage fut béni dans la chapelle de Grove Place. Parler de lui sans parler de sa femme, ce serait méconnaître la grande bénédiction de sa vie, l'influence à laquelle, après celle de l'Esprit divin, il dut le plus. Matthieu Lelièvre, pour aussi doué et travailleur qu'il ait été avant son mariage, ne serait jamais devenu l'homme que nous avons connu, n'aurait fait tout ce qu'il a fait, s'il n'avait eu l'affection tendre et dévouée, l'aide courageuse, intelligente et toujours active, de sa femme. Douce et forte, attentive à tout, elle lui a fait un foyer charmant, distingué ; créé une atmosphère où son ministère pastoral, ses travaux littéraires, ses qualités de cœur et d'esprit ont pu s'épanouir. On n'aime pas à se représenter ce qui aurait pu lui arriver, s'il était resté célibataire, ou s'il s'était mal marié. Lui-même a souvent rendu témoignage à sa vaillante compagne, et il l'aurait fait davantage s'il n'avait su que cela lui déplaisait. Elle ne put cependant pas l'empêcher d'écrire son nom et de faire son éloge, en lui dédiant deux ou trois de ses derniers. ouvrages. J'ai parfois pensé à elle en lisant dans le livre des Proverbes le chapitre sur la femme vertueuse ; mais au portrait antique j'ajoute quelques touches plus évangéliques, celles que la parole de saint Paul met devant l'esprit, quand elle nous recommande d'avoir les mêmes sentiments que Jésus-Christ a eus (Philip.2.5).

M. et Mme Matth. Lelièvre passèrent trois ans à Bourdeaux. Trois années d'abondants travaux et de riches bénédictions. Là naquirent leurs deux premiers enfants : Théodore et Bella. L'aîné fut baptisé le jour même de la dédicace de la Chapelle. Après bientôt soixante-dix ans, le bâtiment, qui se dresse à l'entrée du village quand on arrive du côté de Dieulefit, frappe encore par ses vastes proportions, sa solide structure, son harmonie avec les antiques ruines du bourg, les mœurs paisibles de ses habitants. Le jeune pasteur avait alors le vent dans ses voiles et il voguait en pleine eau. On lui laissa, un an ou deux, la joie de prêcher dans sa chapelle, d'habiter le presbytère et de continuer à évangéliser le pays. Puis l'heure sonna pour lui d'aller porter son activité dans la plaine de la Vaunage. C'était dans les derniers jours de septembre 1865.

3.
Pastorat

Codognan ; Octobre 1865 à Septembre 1869

Lorsque, à l'âge de vingt-cinq ans, Matthieu Lelièvre vint s'installer à Codognan, il devait se rappeler avoir trottiné dans les rues de ce village une vingtaine d'années auparavant à côté de ses parents et s'y être amusé avec ses frères et sœurs. Il y retrouvait les traces du ministère de son père, et, plus que partout ailleurs, celles d'un homme auquel il s'était affectionné depuis qu'il était allé lui porter secours à Lisieux et dont il venait d'achever d'écrire la vie : Jean-Louis Rostan. Il y succédait à son ami Alfred Dupuy, qui y avait fait construire la chapelle et le presbytère y attenant, où, pas plus que dans celui de Bourdeaux, sa jeune famille ne pouvait se sentir à l'étroit. C'est là que devaient naître deux de ses enfants, qu'allait mourir sa sœur Loïs, dont la fin fut triomphante et sur laquelle il écrivit des souvenirs touchants.

C'est aussi là que, le même jour, 16 octobre 1865, — on voit qu'il ne s'attarda pas dans les travaux matériels d'installation, — il signa les préfaces qu'il plaça en tête de *Jean-Louis Rostan* et de *L'Apôtre des Cannibales, John Hunt*. *John Wesley* devait paraître un peu plus tard, mais à Codognan aussi.

C'était un beau temps : pour le pays, que le phylloxéra n'avait pas encore dépeuplé et ravagé dans son bien-être ; pour l'Église, qui formait, avec ses annexes toutes proches de Vergèze, Mus, Aigues-Vives, un champ d'activité bien à sa portée et où se trouvaient bon nombre de personnes d'une piété et d'une intelligence supérieures ; pour lui, qui était dans sa verte jeunesse, et qui voyait grandir sa famille et s'élargir son action.

L'auditoire de Codognan comptait alors beaucoup d'hommes ; ce qui était déjà assez remarquable, car, dans les villages protestants de la Vaunage, la politique et l'attachement aux « biens de la terre » détournaient déjà le sexe masculin des lieux de culte. L'Église de Codognan, avec sa sœur voisine de Vergèze, avait d'excellents prédicateurs laïques, ainsi qu'une jeunesse nombreuse. Les services du dimanche, à deux heures, étaient très suivis. La chapelle, qui est assez grande, était souvent complètement remplie. La prédication de la semaine attirait aussi un auditoire considérable ; cela, même au moment des grands travaux. La petite chapelle de Vergèze regorgeait de monde. A Mus, il y avait de bonnes réunions. C'est à ce moment que la réunion d'Aigues-Vives, qui ne se composait jusque-là que de dames, vit se joindre à elle deux hommes qui devinrent de bons colporteurs bibliques. Quand on les vit prendre le chemin du local méthodiste, ce fut une émotion dans le village.

Tout autour de cette intéressante section étaient de chers collègues méthodistes, libres, réformés, avec lesquels Matthieu

Lelièvre fraternisait de tout son cœur. Son frère. Jean-Wesley était à Vauvert, son ami Paul Cook était à Nîmes, et son camarade d'études de Lausanne, H. de Jersey, à Congénies. Matthieu et Edouard Gallienne, E. Farjat étaient dans le voisinage. Barry, Babut, Capillery, Kruger, Barnaud, comme il les appelait familièrement, étaient aussi à proximité. Le vent des querelles ecclésiastiques n'avait pas encore soufflé. Le réveil n'était pas seulement à l'ordre du jour des Assemblées annuelles et des journaux religieux, il était dans la préoccupation et dans la vie de toutes les Églises d'alentour.

En écrivant, je ne fais guère que répéter les souvenirs que celui dont je raconte la vie a laissés ; et il m'arrive de les retrouver sur le chemin que je suis et de les voir se lever devant moi ! Mais je m'aide aussi de ce que me racontaient mon père ou mon grand-père quand j'étais enfant. Je ne voudrais pas pourtant faire croire que tout marchait à la perfection. Par exemple, je sais que les « classes » laissaient déjà, et depuis longtemps, beaucoup à désirer, dans cette section comme ailleurs, et que les efforts pour les réorganiser ne donnèrent guère de satisfaction ; que les réunions de prière étaient parfois languissantes ; que ces auditoires, qui nous font envie, et qui se laissaient émouvoir par la verve du prédicateur et la belle ordonnance de ses discours, oubliaient bien vite la portée de ses appels. Il demeure, cependant, qu'à Codognan, comme à Bourdeaux et à Nîmes, M. Lelièvre fut dans des milieux favorables à son propre développement et au rayonnement de sa nature. Les notes de ses prédications de Bourdeaux et de Codognan ne nous sont pas parvenues. J'ai l'idée qu'il ne les conserva pas ; mais je ne doute pas qu'elles fussent préparées avec le soin qu'il portait à tout ce qu'il faisait. Seulement, je me le représente parlant avec facilité et abondance, inspiré par l'attention intelligente, avide et sympathique avec laquelle il était suivi ; et par une conviction religieuse que la mort récente de sa sœur Loïs et de son frère Paul, survenues en pleine jeunesse, et à quatre mois de distance l'une de l'autre, rendait plus douce, plus grave, plus pressante.

C'est vers la fin de son séjour à Codognan que M. Lelièvre publia en brochure sa conférence : *De la Mission spéciale du Méthodisme au milieu des diverses Églises*. Ce ne fut ni une œuvre hâtive, ni une œuvre de combat, encore moins une œuvre sectaire. Il était mûr, il commençait à prendre une large place dans les Conférences annuelles. Il connaissait le sujet. Il était déjà un chaud partisan de l'Alliance évangélique. Mais il a été toujours wesleyen dans l'âme, et il a servi le méthodisme avec un dévouement filial. Sa tradition, ses institutions, sa théologie, son esprit missionnaire et son extension mondiale lui ont toujours été chers.

« Notre mission spéciale, disait-il, ce n'est pas l'envahissement et l'absorption des autres Églises : nous avons un assez juste sentiment de notre faiblesse et un assez grand respect pour l'œuvre de nos frères, pour qu'une pareille idée ne vienne pas même visiter notre esprit. Il y a assez à faire pour tous au milieu du monde qui nous entoure, sans que les Églises chrétiennes se livrent à un prosélytisme batailleur, où elles perdraient leur dignité sans rien gagner.

Nous voulons faire notre part dans le travail commun, et nous voulons la faire à notre manière, que nous avons la faiblesse de croire bonne ; nous ne disons pas la seule bonne.

... Nous tenons à la couleur distinctive de notre enseignement. Il y a harmonie sans doute sur les points essentiels entre l'orthodoxie évangélique française et nous ; toutefois, la doctrine méthodiste a son caractère propre et, nous le croyons fermement, sa nécessité. La prédication qui se fait entendre dans nos chaires a son individualité incontestable ; elle est essentiellement une prédication de réveil et d'appels : elle accentue la conversion avec énergie et presse avec insistance le pécheur d'accepter le message du salut. Cette véhémence qu'on lui reproche parfois, elle la puise dans la conviction que le salut ou la perdition de chacun dépend, en définitive, de lui-même. La sainteté chrétienne est aussi l'un des sujets favoris de la chaire méthodiste, et elle a pour devoir de ne pas le négliger. Qu'elle conserve d'ailleurs soigneusement son originalité véritable et n'essaye pas de copier servilement ce qui se dit ailleurs ; qu'elle ne cherche pas à devenir trop spéculative et trop philosophique ; qu'elle ne se pique pas d'exposer les théories ecclésiastiques ou prophétiques : là n'est pas sa mission. La prédication méthodiste doit être une lutte, encore plus qu'un enseignement.

Nous tenons enfin à nos institutions spéciales. Nous n'avons pas assurément la pensée de demeurer immobiles quand tout marche autour de nous, et nous croyons que notre organisation peut subir bien des modifications utiles. Mais nous ne ferons pas la folie de renoncer à des moyens d'action qui nous paraissent favoriser fort utilement le développement de la vie spirituelle. Nos classes ? nous les maintiendrons en usant, cela va sans dire, de toute liberté pour en rajeunir la forme et en bannir le formalisme. Notre itinérance ? nous la maintiendrons aussi tant que nous en verrons l'utilité, et tout en nous efforçant d'en atténuer les quelques conséquences fâcheuses. La coopération laïque dans l'enseignement, et la cure d'âmes ? nous la maintiendrons également, en travaillant à la rendre toujours plus active et intelligente, et nous ferons tous nos efforts pour que cette coopération, si précieuse dans la direction de l'œuvre locale, s'étende bientôt aussi à la direction de l'œuvre générale. »

Il fallait une bien ardente conviction, et même un certain courage, pour parler ainsi. Mais notre portrait de Matthieu Lelièvre n'aurait pas été ressemblant si nous n'y avions mis ce trait, l'un des plus accentués de sa physionomie religieuse.

4. PASTORAT (SUITE)

Nîmes : Octobre 1869 à Septembre 1879

A son arrivée à Nîmes, Matthieu Lelièvre reçut un accueil des plus sympathiques et se vit en position d'exercer une influence étendue. Le tableau du circuit montre que bon nombre d'annexes desservies généralement le dimanche par des prédicateurs laïques, étaient régulièrement visitées par les pasteurs : Caveirac, Milhaud, Bernis, Nages, Boissières, Saint-Cézaire et Saint-Mamert. Les circuits voisins de la Vaunage, d'Uzès et des Cévennes Est et Ouest faisaient assez souvent appel à leur collaboration. Paul Cook était à Nîmes depuis cinq ans. Mais il était très occupé par les deux Etablissements d'instruction secondaire que l'Église avait ouverts : le Pensionnat de jeunes filles de la rue de Sauve, toujours là, et l'Institution de jeunes gens du quai de la Fontaine, qui n'eut que quelques années d'existence. Ces deux maisons d'éducation étaient pleines. On avait même, faute de place, refusé huit jeunes gens. Paul Cook était un prédicateur fort intéressant, mais, plutôt qu'orateur, il était visiteur, conférencier, correspondant de journaux, administrateur, organisateur d'Écoles du dimanche et d'Unions chrétiennes. Dans la région, et du fait que son père avait joué un rôle capital dans l'établissement du méthodisme, il occupait une position unique.

Depuis 1836, les cultes méthodistes avaient lieu, à Nîmes, dans une salle de la rue de la Fontaine, qui, quoique grande et fort convenable, — elle avait été louée quand la maison se construisait et adaptée à sa destination, — était devenue insuffisante. Après beaucoup d'hésitations, on finit par décider la construction d'une chapelle dans la propriété que l'Église possédait déjà rue Saint-Dominique, à côté du Pensionnat de la rue de Sauve, dans un quartier que la ville était en train de transformer, à quelques pas de la belle Promenade de la Fontaine et des quais du même nom. Les travaux commencèrent un peu avant la guerre de 1870, et, malgré le ralentissement qui leur fut imposé par les événements, ils ne furent pas interrompus. Paul Cook et Matthieu Lelièvre étaient bien qualifiés pour mener à bonne fin ce travail. Le dernier, quoique plus jeune de douze ans, était le surintendant, et prit fort à cœur le succès de l'entreprise. La dédicace de cette chapelle fut un acte de foi et une belle manifestation d'alliance évangélique. Elle eut lieu le 14 mai 1871. On vint y assister de beaucoup de localités voisines, et même de loin. Matthieu Gallienne, qui était pasteur au Vigan, eut l'originalité de faire le sermon sur un sujet rarement présenté dans ces circonstances : La Nouvelle Naissance, et James Wood, le remplaçant de M. Lelièvre à Codognan, prêcha l'après-midi.

Puisque nous en sommes à parler de chapelles, disons tout de suite que les mêmes pasteurs, trois ans plus tard, le jeudi saint de 1874, en inauguraient une autre à Caveirac, de proportion beaucoup plus modeste et dans un cadre tout villageois. Ce qu'elle avait de particulièrement intéressant, c'est qu'elle était le fruit d'un réveil qui avait, les dernières années, vivifié et agrandi l'Église. C'est dans cette localité que Charles Cook s'était installé en 1821, ainsi qu'Henri de Jersey, après lui. Les plus anciens chrétiens du village avaient été les catéchumènes de ces deux serviteurs de Dieu. Matthieu Lelièvre fit le sermon de dédicace, dont on pourra lire les notes plus loin. Je n'étais qu'un petit garçon de six ou sept ans, mais il m'est resté le souvenir de l'émotion de cet auditoire, pressé plutôt que confortablement assis, au moment où le prédicateur disait :

« Cette chapelle de Caveirac sera une maison de prière, ou elle ne sera rien. Ici on lira la Parole de Dieu et on la méditera, on célébrera les sacrements du Seigneur et on chantera ses louanges, mais ici surtout on priera... La prière restera la raison d'être de ce lieu de culte, et si jamais elle cessait d'être cela, il faudrait considérer comme morte l'Église qui s'y réunirait, et il n'y aurait plus qu'à écrire sur cette porte : Fermé pour cause de décès ! »

Etrange effet de quelques paroles dites au bon endroit, au bon moment, et avec le ton qui leur convient ! L'écho vous les renvoie avec une étonnante netteté. Je crois les entendre encore !

L'ouverture de la chapelle de Nîmes marqua un progrès. L'auditoire était alors, probablement, le plus nombreux que nous eussions en France. Les élèves du Pensionnat et de l'Institution évangélique en formaient une partie fort intéressante. Les réformés orthodoxes la fréquentaient quand aucun des pasteurs de leur opinion ne prêchait dans les temples de la ville, et un certain nombre d'entre eux à peu près tous les dimanches. Mais l'Église demeura relativement faible, même dans ces temps de prospérité, beaucoup moins nombreuse que celle de certains villages. Elle avait cependant une École du dimanche très fréquentée, malgré la pénurie d'hommes pour la diriger, et elle recevait alternativement, avec sa sœur, l'Église libre, l'assemblée hebdomadaire de l'Alliance évangélique qui fut, pendant quelques années, très suivie. A la même époque, on passait, à Caveirac, d'une moyenne de vingt à vingt-cinq personnes à la centaine. Des réunions de prière pleines d'entrain et de vie y maintenaient l'atmosphère du réveil et y étaient le berceau de beaucoup de conversions. A Milhaud et à Bernis, les réunions avaient lieu dans des locaux aménagés simplement mais bien, et les auditoires étaient d'une quarantaine de personnes. A Boissières, on se réunissait au temple.

Matthieu Lelièvre n'était pas à Nîmes depuis longtemps lorsqu'on le chargea de la direction de *L'Évangéliste*. C'était chose prévue, et j'ai l'impression que cela lui fit plaisir. Dès lors, son journal et lui furent si intimement liés qu'on ne peut guère les séparer. Plus d'une fois, quand nous aurons à narrer quelque épisode de sa carrière, nous nous rappellerons un passage de l'Ancien Testament : « ... Tout cela est écrit dans le livre des Chroniques ». Ici, notre livre des Chroniques sera L'Évangéliste.

Il n'est que juste de reconnaître que, si le journal envahit le pastorat de Matthieu Lelièvre, le journal enrichit et étendit ce pastorat, et qu'à Nîmes, ainsi que dans toute la région du Gard, pendant les événements qui suivirent la guerre de 1870, son ministère même fut particulièrement fécond. Il prêcha, conférencia, écrivit prodigieusement pendant toute cette décade. Peu d'âmes souffrirent comme la sienne des malheurs de la patrie ; peu vibrèrent comme la sienne à la proclamation de la République. Peu surent parler et écrire dans l'esprit fraternel et chrétien comme il le fit. Même quand il était soulevé par le flot, il restait maître de sa langue et de sa plume. Son influence fut profonde.

Lui et Paul Cook s'intéressaient à tout, mettaient la main à tout. S'agissait-il d'Écoles du dimanche, d'Unions chrétiennes, de sociétés pour l'observation du repos hebdomadaire, d'assemblées de mission ? Cook était l'homme de ces initiatives-là. Et Matthieu Lelièvre y apportait le concours d'une parole qu'on ne se lassait pas d'entendre. S'il était question de quelque entreprise spécifiquement méthodiste, on savait que les deux pasteurs réunis en valaient quatre. Ils avaient l'affection et la confiance de leurs laïques qui étaient heureux et fiers d'avoir de tels chefs de file.

Les analyses de prédications que Matthieu Lelièvre fit à Nîmes sont, sauf quelques exceptions, les plus anciennes qu'il ait conservées. Beaucoup ont passablement servi. Il pouvait les reprendre et se mouvoir à l'aise dans leur cadre, en les adaptant aux lieux et aux circonstances. Mais son activité débordait de beaucoup son circuit. Il participa à des campagnes de réveil, fit des tournées de conférences ; activité d'autant plus étonnante qu'il avait le goût de l'étude, que son cabinet de travail, sa robe de chambre et ses pantoufles ont toujours eu beaucoup d'attrait pour lui, et que les journaux à parcourir, l'article à faire étaient de nature à le retenir à la maison. Ceux qui ne l'ont connu que plus tard doivent avoir quelque peine à s'imaginer Matthieu Lelièvre alerte, prédicateur populaire, homme des exhortations pressantes, des appels incisifs, des improvisations entraînantes. C'est cependant le fait : il était également à son aise dans une réunion de « classe », dans une assemblée en plein air, parmi les enfants d'une modeste École du dimanche, et il enchaînait à son discours un auditoire d'hommes méfiants. Il avait beaucoup de cordes à son arc.

La Mission Intérieure, qu'on organisa à Nîmes ces années-là, n'eut pas d'adhérent plus fidèle et de champion plus ferme que lui. Elle fut un rejeton des Conférences nationales évangéliques du Midi, un effort pour se ressaisir et pour travailler au réveil des Églises, et par elles à l'évangélisation. La Mission Intérieure, la crise par laquelle passait l'Église réformée en ce temps-là, firent date dans la vie de Matthieu Lelièvre. Ce fils de Wesley avait un attachement tout fraternel pour les fils de Luther et de Calvin. Les Églises de la Réforme lui tenaient au cœur, comme celles du Réveil ; et il aurait voulu que les évangéliques s'organisassent indépendamment de l'Etat et portassent tout leur effort sur le réveil du protestantisme et le réveil de la France. Il ne songeait à aucune unification extérieure entre les Églises évangéliques, mais il souhaitait le rapprochement des cœurs et, sur le terrain de l'Alliance évangélique, une collaboration désintéressée et sincère. A cet idéal, qui s'incarna pour lui, à ce moment, dans la Mission Intérieure, et qui devait l'unir étroitement et pour la vie à plusieurs hommes des Églises réformées et libres, notamment à Charles Babut, Théodore Monod, Jules Méjan, il donna sans compter son temps et sa peine.

Il dut à la Mission Intérieure quelques-unes de ses plus douces expériences religieuses. Le 15 avril 1874, à propos de conférences qui venaient d'avoir lieu à Nîmes, il écrivit :

« ... Nous avons eu, ces jours derniers, en voyant nos frères des diverses Églises s'occuper avec la même ardeur d'une œuvre qui leur est également chère, l'assurance que des progrès réels ont été accomplis dans cette voie. Et, en les voyant tous, le dernier soir, réunis autour de la même table de communion, réformés et luthériens, indépendants et méthodistes, nous avons vu passer devant nos yeux comme une vision de la réunion définitive dans le Royaume de Dieu. »

Lorsque, plus tard, il eut la douleur de voir les luttes et les méfiances ecclésiastiques paralyser l'essor de l'œuvre et en compromettre le fruit, il en ressentit au cœur une blessure dont il ne s'est jamais complètement guéri.

Ce fut pendant ce séjour à Nîmes que Matthieu Lelièvre fit son premier voyage en Amérique, comme délégué de la Mission Intérieure, aux Assemblées universelles de l'Alliance Évangélique qui eurent lieu à New-York dans l'automne de 1873. On sait que ce voyage fut assombri par le tragique événement du naufrage de la *Ville du Havre* qui entraîna la mort, au commencement de l'année suivante, de son cher ami Emile Cook.

Pour Matthieu Lelièvre, ce voyage de New-York fut d'un intérêt spécial. Les Etats-Unis d'Amérique avaient fait l'objet de ses études. Il avait été le correspondant français d'un des organes principaux du Méthodisme épiscopal, le *Christian Advocate* ; il avait étudié l'histoire des prédicateurs pionniers. La République américaine lui paraissait un modèle pour notre démocratie. Avide d'informations religieuses et de relations fraternelles, il se mouvait dans ce milieu avec beaucoup d'aisance et en jouissait sans arrière-pensée. Avec ses codélégués, il fut reçu à la Maison Blanche par le Général Grant, président. Il visita les chutes du Niagara, ainsi que les Etats de l'Est. Il fit ample provision de documents pour des conférences et pour son journal. Ses papiers nous ont conservé le texte, toujours soigneusement composé, souvent revu et annoté, de deux conférences qu'il donna en beaucoup d'endroits ces années-là : « *Les vertus républicaines. — L'Amérique et les Américains* ». Elles sortaient tout à fait de l'ordinaire. Dans certaines localités on en parlait vingt ans après les avoir entendues !

Mais, il faut le dire, le sujet de prédilection de Matthieu Lelièvre à cette époque c'était le Réveil, le Réveil avec un grand R, le Réveil toujours et partout. Il ne s'en écartait guère :

« On est trop disposé à croire en France, écrivait-il, que les Réveils sont une importation anglaise ou américaine. C'est là une erreur. Ils sont d'origine apostolique, et c'est dans le Livre des Actes, et non dans les journaux d'outre-Manche et d'outre-Atlantique, que nous devons en chercher le modèle. »

Le bon Français et ferme républicain qu'il était savait, d'ailleurs, reconnaître l'apport considérable de l'Angleterre au sentiment religieux mondial. A l'occasion de la Conférence de Juin 1874 il écrivit :

« Il y a un côté par lequel, nous l'avouons, nous désirons vivement que le méthodisme français reste un peu anglais. La piété britannique a un cachet de sérieux et de ferveur que nous ne saurions trop imiter. C'est ce que nos voisins expriment par un mot intraduisible : *earnestness*. »

Et il citait l'exemple de W. Gibson, de R. Mac All, qui montraient, à cette heure-là, leur amour pour la France en y répandant, avec une admirable confiance, l'Évangile de Jésus-Christ.

5.
PASTORAT
(SUITE)

Paris-Malesherbes, 1879-1883

Nous pouvons maintenant presser le pas. Matthieu Lelièvre touche à la quarantaine. Il a plus de vingt années de ministère pastoral. Il a pris ses habitudes, organisé sa vie, fait sa réputation. Il acquerra plus de maturité ; il n'aura pas plus de talent.

Il ne quitta pas Nîmes sans regret ni douleur. Je crois même qu'il en prit le deuil et qu'il l'a gardé longtemps. Peut-être toujours. Car c'est à Nîmes que son action atteignit son plein développement. Cependant, Paris l'attirait par cette sorte de fascination que la grande ville exerce toujours sur les intellectuels. Est-ce que Paris n'est pas, d'ailleurs, la capitale de notre vie religieuse et protestante, comme celle de notre vie politique ? N'est-ce pas un centre unique d'information ? Matthieu Lelièvre, avec son talent de prédicateur, son goût pour les lettres, son journal, ses projets d'ouvrages, y avait sa place marquée. Peut-être oubliait-il que Paris, malgré toutes ses qualités, est une ville qui dévore ses habitants ; qu'en dehors de quelques paroisses favorisées, les protestants y sont clairsemés ; qu'à moins de talents tout à fait hors ligne, ou de circonstances très spéciales, les pasteurs les plus dévoués ne parviennent pas à y être connus et populaires ; que les Églises méthodistes parisiennes ne lui fourniraient pas, comme celles du Gard, un cadre approprié à ses moyens ; que sa parole n'y trouverait pas facilement la force et l'envol qui ravissaient et remuaient ses auditeurs méridionaux ; que ses sermons étaient trop riches pour être justement appréciés par des gens surmenés, quelquefois assez superficiels, et blasés...

C'est de la Chapelle Malesherbes qu'il fut plus spécialement chargé. Ses collègues — James Hocart père et Numa Andrieu — étaient, le premier aux Ternes, le second à Levallois. A eux trois, ils formaient une bonne équipe ; bien qu'ils fussent très différents entre eux. James Hocart avait tout pour lui. Numa Andrieu était un bon pasteur, un excellent visiteur. C'est dans le logement de gauche, situé au-dessus de la Chapelle, que le nouveau venu résida avec sa belle famille de sept enfants : Théodore, Bella, Eva, Marie, Paul, Alfred et Charles. Paul y devait mourir moins de deux ans après, à l'âge de sept ans.

La Chapelle Malesherbes comportait en ce temps-là, outre les logements des pasteurs de langue anglaise et de langue française, une salle d'écoles de garçons et une librairie évangélique. Le beau bâtiment n'avait pas encore vingt ans d'existence, sa dédicace datant d'octobre 1862. Il devait donner asile au culte méthodiste anglais, ainsi qu'à l'œuvre française. Mais il n'a jamais été propice à celle-ci. D'abord, parce que l'Église anglaise avait les meilleures heures du dimanche, celles du matin et du soir, pour ses services, ne laissant à la nôtre que celles de l'après-midi ; ensuite, parce qu'il était à peine construit que les Réformés orthodoxes élevèrent en face le Temple du Saint-Esprit. De plus, le quartier riche qui l'entoure n'est pas favorable à une œuvre méthodiste. C'est ainsi que l'action de l'Église de la Chapelle Malesherbes et de son pasteur n'a pu qu'être entravée et même sacrifiée. La Chapelle, bien placée pour les cultes anglais, ne tarda pas à devenir ce qu'elle est encore, le rendez-vous de toutes sortes d'activités religieuses, de réunions d'Alliance évangélique en particulier ; mais ne rassembla pas un auditoire du dimanche compact et bien à elle.

Il ne faudrait pas conclure de ceci que le nouveau pasteur dût se consumer dans l'inaction. Son auditoire du dimanche était souvent fort présentable. Son tableau de circuit lui donnait de nombreux services de prédications. Nous nous imaginons quelquefois que nous faisons plus et mieux que nos aînés. Un peu d'histoire nous couvrirait parfois de confusion, ou du moins nous rendrait modestes. Dans ce temps, il y eut des initiatives d'évangélisation hardies et neuves. Les réunions populaires Mac All étaient nombreuses et florissantes. Un collègue anglais de Matthieu Lelièvre, le pasteur W. Gibson, avait eu le courage de louer une salle de concert, boulevard des Capucines, et y faisait donner, tous les dimanches soir, des conférences évangéliques. M. Lelièvre y parla souvent. Gibson fit aussi des tentatives hardies, non seulement au Havre, à Rouen, mais dans plusieurs villes de la banlieue parisienne : Saint-Denis, Argenteuil, Saint-Cloud, Suresnes, Asnières, etc. ; les œuvres de Miss de Broën et de Mme

Dalencourt datent de cette époque. *La Maison des Enfants* de Mlle L. Hocart aussi. Des comités interecclésiastiques, des campagnes en faveur du repos du dimanche, de la moralité publique, la Mission Intérieure parisienne prenaient également son temps et ses forces. Sans parler de son journal, de livres toujours plus ou moins sur le chantier, d'articles de revues. Le fait est qu'il y perdit la santé et qu'il n'était à Paris que depuis trois ans, qu'il dut prendre du repos. Des travaux excessifs avaient amené un état de fatigue aiguë, qui demandait un changement de lieu et d'occupation. Il attendit toutefois la fin d'août 1883 pour quitter son poste.

Pendant ces années-là, la préoccupation du Réveil ne le quitta pas. Les réunions de prière de la première semaine de janvier, qu'il jugeait somnolentes et peu suivies, les assemblées annuelles des sociétés religieuses, où il aurait voulu faire passer un peu de l'enthousiasme de celles de Londres, les conférences pastorales, la Mission Intérieure, qu'il aurait aimé voir animées d'un esprit de consécration, étaient des occasions où il laissait parler son cœur. Deux fois il prit hardiment en main la cause de l'évangélisation laïque, populaire, fervente. Ce fut à l'occasion de l'arrivée des salutistes et des réunions de Moody et Sankey.

Cet homme d'étude, dont les discours prenaient tout naturellement une forme classique et oratoire, ne semblait pas fait pour goûter les façons tapageuses, et l'organisation autocratique de l'Armée du Salut ; mais quand il vit se dresser contre elle la levée de boucliers du protestantisme, il se rencontra avec Charles Babut, de Nîmes, pour recommander à l'égard de cette œuvre la patience et la confiance, et pour dire que nous avions autre chose à faire que de jeter un cri d'alarme et de lui lancer une espèce d'excommunication majeure. Il croyait que nous, si prudents, si circonspects, nous avions quelque chose à apprendre de ces chrétiens d'Outre-Manche, si ardents et trop bruyants :

« S'ils sont trop zélés, le sommes-nous assez ? Si leur enthousiasme religieux dépasse quelquefois les bornes, le nôtre n'est-il pas sinon mort, au moins fort endormi ? »

demandait-il à ceux qui auraient voulu les réexpédier dare dare dans le pays d'où ils étaient venus. La visite des évangélistes américains ne provoqua pas à Paris de protestations, et toute la presse évangélique leur fut favorable. M. Lelièvre faisait remarquer le style bien laïque de Moody, style simple, clair, sans rhétorique, ne reculant jamais devant le mot propre, et qui était compris de tous. Il admirait la verve de ses récits, la tendresse et l'émotion de sa voix, son sens pratique et l'efficacité de sa méthode. Les réunions de Réveil étaient celles qui convenaient le mieux à l'âme de Matthieu Lelièvre.

6.
Pastorat
(suite)

Jersey, 1883-1886

Il fallait bien que les considérations de santé et de famille fussent impérieuses pour que Matthieu Lelièvre se décidât à quitter la France et son journal pour aller passer trois ans à Jersey, et pour que la Conférence française y consentît ! Il pouvait être tranquille au sujet de son journal et de son circuit : James Wood devait lui succéder à la Chapelle Malesherbes ; son frère, Jean Wesley Lelièvre, aidé par Paul Cook, était chargé de L'Évangéliste. Mais la Conférence ne pouvait qu'hésiter à céder un homme aussi nécessaire et aussi répandu que lui. De part et d'autre, on y mit beaucoup de bonne volonté : notre corps pastoral méthodiste n'avait pas moins de quatre de ses proposants dans les circuits français des îles normandes à ce moment, y faisant leurs années de noviciat. Ne serait-ce qu'à cause d'eux, le surintendant devrait, tous les ans, venir à la Conférence ; ainsi, il ne perdrait pas le contact direct avec l'œuvre, et nos assemblées annuelles garderaient tout le bénéfice de sa présence. Les îles allaient traverser une phase particulièrement intéressante : celle du centenaire de l'introduction du méthodisme. Il leur fallait un homme qualifié, représentatif.

D'autre part, et tout attaché à Paris qu'il fût, Matthieu Lelièvre devait se sentir attiré vers les îles. Sa femme était de Jersey, sa mère de Guernesey ; d'Auregny était sorti le missionnaire qui avait amené son père à la foi évangélique, et c'est au sein des sociétés méthodistes de l'archipel que son père avait reçu sa vocation pastorale et trouvé le repos de ses derniers jours. Sa famille se trouverait bien d'un séjour dans ce climat salubre et dans un milieu aussi pieux. Il y aurait, lui, d'aimables collègues et une activité de pasteur et de prédicateur qui le délasserait de ses travaux trop assidus d'homme de cabinet.

Le méthodisme insulaire offrait aux pasteurs français de ce temps-là et au surintendant très spécialement, une activité étendue. Rappelons que ses chapelles pouvaient contenir le cinquième de la population totale du pays, et que, dans le circuit de langue française de Jersey, dont notre ami avait la charge, il n'y avait pas moins de dix-neuf lieux de culte où l'on parlait exclusivement français. Dans ce nombre, ceux de Grove-Place, avec ses 1 200 ou 1 500 auditeurs, et de Saint-Ouen, où je crois bien qu'un millier de gens pouvaient s'asseoir. Dix-huit cents enfants étaient dans la vingtaine d'Écoles du dimanche de ce même circuit ; celle de Grove-Place en ayant environ trois cents. Tant de chapelles, d'écoles, fournissaient aux pasteurs du circuit, semaine et dimanche, une diversité d'occupations et un nombre de services religieux dont on se fait difficilement une idée. Par la force des choses, M. Lelièvre serait amené à vivre beaucoup hors de son cabinet de travail. Ce serait tout profit pour lui et pour les Églises qui lui seraient confiées.

Et c'est bien ce qui arriva, quoique à un degré moindre qu'on n'aurait voulu. Le nouveau pasteur attira de nombreux auditeurs. Il fit de l'itinérance dans son circuit et même dans l'archipel normand. Mais des sujets d'études se présentèrent, s'imposèrent, et l'occasion semblait si bonne pour s'y livrer! Ce ne fut pas un centenaire, c'en fut deux; tous les deux également dignes d'être commémorés, racontés, pour l'édification des adultes et pour l'éducation des enfants; tous les deux féconds : le centenaire du méthodisme dans les îles, 1884, le deuxième centenaire de la Révocation de l'Édit de Nantes, 1885. M. Lelièvre prêcha, conférencia, écrivit. Le fruit de ce labeur a été recueilli dans un livre de plus de 500 pages. Comment tout cela se concilia avec ce repos relatif et cette vie hors des bibliothèques qu'il devait mener à Jersey, je ne me charge pas de l'expliquer. Je constate qu'il suivit sa pente; disons mieux, sa vocation.

Le Réveil des îles normandes avait eu sa vie propre. Ces îles, ne l'oublions pas, sont séparées de l'Angleterre par l'Océan, et l'on y parle français. La lecture des livres de Mme Guyon, assez prisée dans les sociétés méthodistes de l'époque, peut-être aussi l'habitude des « classes », avait empreint ce Réveil d'un esprit et d'un langage un peu mystique. Heureusement, par ses institutions, le méthodisme est plutôt une école d'entraînement à l'activité missionnaire et sociale qu'un asile pour la piété contemplative. Notre ami apprécia ces chrétiens, nombreux à cette époque-là à Jersey, dont le bagage scientifique n'était pas lourd et dont l'horizon était un peu borné, comme le territoire de leur île, mais qui, à l'abri des influences du siècle, et sous l'action directe du Saint-Esprit et de la Bible, avaient une riche expérience religieuse. Les multiples activités de l'Église, la recherche de la sainteté, l'esprit de prière, le besoin de travailler pour Dieu, étaient les points caractéristiques de leur piété. Et si on voulait une preuve de sa vitalité, on pourrait en donner celle-ci : Le protestantisme des îles de la Manche avait été pendant deux siècles et demi tributaire de la France pour le recrutement de ses pasteurs. Le méthodisme y suscita, en un siècle, outre une légion de prédicateurs laïques et un nombre suffisant de ministres indigènes, une cinquantaine de missionnaires pour les pays étrangers. Matthieu Lelièvre évaluait à environ deux cents le chiffre des prédicateurs laïques, auxiliaires bénévoles et précieux des pasteurs, fourni par le méthodisme insulaire dans le même laps de temps. Il y en avait soixante-dix-huit sur les tableaux des circuits de l'archipel, l'année du centenaire, venus des champs, des ateliers, de la navigation, du commerce, de la magistrature, bref de toutes les classes de la société.

Les réunions du centenaire et celles de la Révocation de l'Édit de Nantes furent magnifiquement servies par M. Lelièvre, qui excellait à traiter des sujets de ce genre, à brosser de larges tableaux et à en tirer les leçons. Avec son cœur de Français et son érudition d'historien, il fit revivre pour ses auditeurs les temps de la réforme huguenote et du régime presbytérien, puis ce long siècle de médiocrité religieuse qui précéda l'apparition du méthodisme. Et je crois bien qu'il y a là un long et beau chapitre de notre histoire protestante française qu'il a été le premier à écrire. J'ai sous les yeux le manuscrit des premières pages de sa Conférence sur la Révocation de l'Édit de Nantes, faite à Grove-

Place. Il s'y trouve quelques paragraphes singulièrement beaux, et que l'auditoire, qui l'écouta sans fatigue pendant deux bonnes heures, dut apprécier [a].

Sa participation aux assemblées du centenaire qui, pour les trois îles, ne dura pas moins de trois semaines, fut pour lui l'occasion de nombreux et émouvants discours. On peut lire à la fin de son livre, *Histoire du méthodisme dans les îles de la Manche*, le dernier discours de la série qu'il prononça à Auregny. Je crois en trouver l'esprit et la note dans l'exorde d'un sermon qu'il fit un peu plus tard (cent ans, jour pour jour, après la visite de John Wesley) à Saint-Hélier, en souvenir de cet événement. Arrivé la veille à Jersey, Wesley avait prêché en plein air sur ce texte : « Voici maintenant le jour du salut ». M. Lelièvre estima qu'il ne pouvait mieux faire que de prendre le même texte, répéter le glorieux message, aussi nécessaire aux Jersiais de la fin du dix-neuvième siècle qu'à leurs aïeux de la fin du siècle précédent. Arrivé au cœur de son sujet, il insista sur : *le salut qui vous est offert ; le jour où il vous est offert*. Son exorde contenait ceci :

« Cette parole, il faut bien le dire, avait pour vos ancêtres un à-propos tout particulier ; elle avait tout le charme de la fraîcheur et de la nouveauté. C'était bien en effet le jour du salut qui se levait alors sur Jersey, par suite de l'arrivée des premiers prédicateurs méthodistes. La lumière évangélique, apportée ici par les huguenots français au XVIe siècle, y avait brillé d'un bien vif éclat ; mais elle s'était peu à peu obscurcie sous l'influence du formalisme anglican, et l'état religieux du pays réalisait la description du prophète : « Les ténèbres couvraient la terre, et l'obscurité les peuples. » C'était le temps où le doyen de Jersey disait de ses collègues « Ce sont des déistes, qui croient en Dieu, mais non en Jésus-Christ. » C'était le temps où le ministre de Saint-Martin conseillait au jeune de Quetteville, qui réclamait ses

---

[a]. Ceux qui auraient la curiosité de les lire les trouveraient à la p. 358 de, *l'Évangéliste* de 1885.

directions spirituelles, d'aller se baigner et de fréquenter de gaies sociétés. Quant à la chute de l'homme et à la conversion, c'étaient là, disait-il, des questions obscures sur lesquelles les théologiens n'étaient pas d'accord. Avec de tels aveugles pour pasteurs, le peuple ne pouvait qu'être dans les ténèbres. L'indifférence, la frivolité et le vice régnaient dans toutes les classes de la société. L'arrivée du méthodisme dans les îles y replaça la lumière évangélique sur le chandelier, et si vos îles se sont développées en civilisation, en bien-être, en religion depuis un siècle, c'est au réveil méthodiste qu'elles le doivent.

Wesley, en contemplant les résultats des premiers travaux de ses prédicateurs à Jersey, pouvait bien s'écrier, le 21 août 1797 : « Voici maintenant le jour du salut ! » Et nous, ses successeurs, contemplant avec reconnaissance tout ce que Dieu a fait depuis cent ans, nous pouvons bien faire écho à sa parole et redire : « Oui, voici maintenant le jour du salut ! »

Mais si les temps ont changé merveilleusement depuis lors, à tel point qu'il n'est peut-être pas dans le monde de pays aussi abondamment nourri de la parole évangélique que vos îles de la Manche, le temps n'est pas venu, et il ne viendra jamais, où nous puissions discontinuer de convier les âmes au salut. Les Jersiais d'aujourd'hui, s'ils sont plus éclairés et plus riches que leurs ancêtres, ont autant qu'eux besoin qu'on leur redise le texte pris par Wesley il y a cent ans : « Voici maintenant le temps favorable, voici maintenant le jour du salut ! »

C'est pendant son séjour à Jersey, en 1885, que l'Université wesleyenne de l'Ohio (Etats-Unis), décerna à Matthieu Lelièvre le titre de docteur en théologie (*honoris causa*), juste récompense de ses ouvrages historiques sur le méthodisme, et de son activité littéraire déjà bien connue et hautement appréciée. Il devait y rester encore quelques mois, lorsque Paul Cook mourut. Ce décès laissait vide, à Paris, la place de pasteur aux Ternes. La Conférence de juin l'y plaça.

7.
PASTORAT
(SUITE)

Paris, Les Ternes : Octobre 1886 à Octobre 1891

Quand Matthieu Lelièvre retourna à Paris et s'installa au presbytère de la rue Demours [a], il avait 46 ans. Il est des hommes qui sont encore jeunes à cet âge-là, et à peine en pleine possession de tous leurs talents. Lui, qui avait débuté si tôt, n'était plus jeune. Il dut se réjouir de se retrouver sur le sol français et dans la capitale, au sein de son Église, de ses amis et de beaucoup de collègues de diverses dénominations, avec lesquels il avait des rapports très cordiaux. Il était de nouveau près des bibliothèques publiques, où la préparation de l'édition des Martyrs de Crespin,

---
a. Aujourd'hui Pierre-Demours.

et d'autres ouvrages, dirigeaient souvent ses pas. Mais la Chapelle des Ternes dut lui paraître bien petite et l'œuvre méthodiste du circuit de Paris restreinte, dispersée et dure, après les trois ans de Jersey.

Il y fut béni et il y vécut heureux. Certes, il n'y devint pas le prédicateur connu et couru qu'il avait été à Nîmes et à Jersey. Mais ceux qui, comme nous, ont eu le privilège d'être admis dans son foyer et dans son intimité à cette époque, savent la vie, la joie et la tendresse qui y régnaient, combien on y était laborieux. Ils y connurent une vie d'Église qui, pour ne pas avoir tout le rayonnement qu'on aurait souhaité, n'en était pas moins féconde. Il nous est resté le souvenir de prédications très fortes du pasteur à son troupeau ; et de services du dimanche soir ou du mercredi qui, sans être très suivis, n'en furent pas moins puissants. Matthieu Lelièvre pouvait, après ses méditations d'un soir de semaine, tenir une seconde réunion de prière ou d'expérience. Au cours des quelques mois de l'année 1889-1890, auxquels je pense en ce moment, j'ai vu au moins deux adolescents et un jeune homme se donner à Jésus-Christ. Le premier est devenu pasteur méthodiste, le second pasteur baptiste. Le troisième, converti de ce temps-là, est devenu agent de la Mission Populaire Évangélique.

Il n'est que juste de dire que si, d'ordinaire, le pasteur était dans son cabinet de travail, ou dans quelque comité interecclésiastique, ou à la chasse de quelque document historique absolument nécessaire à ses travaux de plume, sa femme et ses filles le secondaient pour les visites à recevoir ou à faire et pour cette multiple activité qu'implique une œuvre à Paris. C'est au début de ce séjour aux Ternes que son fils aîné, Théodore, fut consacré au saint ministère, et pendant cette résidence que sa troisième fille, Marie, se maria avec Emile Cook, fils du pasteur décédé à la suite du naufrage de La *Ville du Havre* au retour d'Amérique. De plus en plus, M. Lelièvre était amené à s'occuper des intérêts généraux du règne de Dieu et de ceux du méthodisme. Maintenant que Paul Cook n'était plus, que James Hocart, Luc Pulsford et même William Cornforth vieillissaient, c'était bien le tour de sa génération de prendre leur place dans les conseils de l'Église. Mais nos anciens avaient, plus que nous, le respect de l'âge et de la tradition. C'est ce qui explique qu'un homme comme lui soit parvenu à la cinquantaine avant d'être appelé à la présidence du Synode, ou de la Conférence. On aurait cru commettre une infidélité si on n'y avait pas placé, autant que faire se pouvait, Hocart et Cornforth, qui le méritaient d'ailleurs largement, tant par leurs capacités que par leurs éminents services et la beauté de leur caractère chrétien. Ensuite, si le jugement de Matthieu Lelièvre n'était jamais en défaut en chaire, dans le journal, et presque jamais dans la conversation, il lui arrivait, en Comité ou en Synode, s'il sentait de la résistance contre son point de vue, de faire donner la grosse artillerie, quand un escadron volant aurait suffi pour convaincre les opposants. Il arrivait alors, à ceux qui avaient été les victimes de son verbe éclatant, d'en garder le souvenir. Comme beaucoup d'hommes supérieurs, Matthieu Lelièvre souffrit quelquefois de la solitude et du froid que l'on ressent sur les sommets. Mais il n'y avait, au fond, pas d'âme plus fraternelle et plus aimante que la sienne. Il avait besoin d'aimer et d'être aimé. Je l'ai vu très humilié et très malheureux, quand il se rendait compte qu'il avait fait de la peine à quelqu'un à qui il ne voulait que du bien.

Ses frères ne lui marchandaient d'ailleurs pas leur affection, leur confiance et savait reconnaître ses services. Ils ne le chargèrent pas moins de six fois du sermon d'ouverture, appelé aujourd'hui, fort malencontreusement à mon sens, discours officiel. On était sûr que, fait par lui, il serait bien et bon. Il fut le porte-parole attitré du Synode aux réceptions des délégués des autres Églises. Il fut deux fois délégué à la Conférence méthodiste œcuménique, trois fois secrétaire du Synode et trois fois président. C'est au cours de la période à laquelle nous sommes parvenus que son Église l'envoya à Washington et que l'Alliance Évangélique l'envoya à Florence.

C'est aussi pendant qu'il était à la rue Demours que Matthieu Lelièvre fut chargé de recevoir sous son toit les candidats au saint ministère de l'Église méthodiste et de diriger leurs études avec la collaboration de ses collègues du circuit de Paris, et qu'il fonda, sous les auspices du Comité des Écoles du Dimanche, dont il faisait partie, la revue de pédagogie chrétienne, destinée aux moniteurs de ces Écoles et qui, sous le titre *Journal des Écoles du Dimanche*, a fourni déjà une belle carrière. Cette création était tout à fait dans ses goûts et dans ses moyens. Le lecteur jugera peut-être que M. Lelièvre semblait moins désigné pour devenir un directeur l'École de théologie.

J'incline aussi à croire que ce second poste lui convenait moins que le premier. Mais j'affirme que les quelques étudiants qui eurent le privilège de travailler sous sa direction et d'avoir le bénéfice de ses leçons de théologie, s'en sont trouvés fort bien. Ils ont été heureux auprès de lui et lui gardent une affectueuse reconnaissance. Notre professeur n'était pas un expert, et il n'était docteur en théologie que *honoris causa*, mais il en aurait remontré à beaucoup de théologiens en titre, et ses étudiants ne l'ont jamais trouvé obscur ni ennuyeux ; ce qui, j'en suis sûr, ne peut pas se dire de tous les professeurs de théologie présents et passés. D'abord, il avait fait de la théologie toute sa vie ; il l'avait faite à l'école de Jean Wesley et de l'expérience, dans la pratique du ministère, ce qui est une bonne école ; ensuite, il avait le sens religieux et beaucoup de bon sens, ce qui, en théologie comme ailleurs, est un appoint considérable. M. Lelièvre était de ces hommes qui, avec une bonne bibliothèque, du papier blanc et dans une atmosphère sympathique et recueillie, peuvent à peu près tout faire. Des gens s'y sont trompés : quelle autorité peut bien avoir un journaliste, un prédicateur méthodiste, sur les problèmes ardus de la théologie ou sur ceux de l'histoire huguenote, et que vient-il faire dans nos plates-bandes ? Généralement, ils trouvaient à qui parler ; et, généralement aussi, quand leur premier mouvement d'amour-propre était passé, ils reconnaissaient que leur confrère n'avait pas tort et que, moins spécialisé qu'eux, il était plus désintéressé et plus libre dans ses jugements.

Mais il ne fut directeur de l'École de théologie que pendant deux ans, tandis qu'il dirigea le *Journal des Écoles du Dimanche* pendant au moins quinze années et les Feuilles pendant vingt-deux. Je ne sais combien de temps il se chargea lui-même de préparer les *Notes* bibliques de la liste A. Au *Journal*, comme aux *Feuilles*, il eut des collaborateurs capables et fidèles, dont les articles de pédagogie méritent encore d'être lus, ainsi que ceux de sciences et d'informations religieuses : Louis Sautter, J. Bastide, B. Couve, C.-E. Greig, Ch. Babut, son frère Jean-Wesley, E. Farjat, E. Tarrou, A. Decoppet, et d'autres qui vinrent un peu plus tard. Lui-même, cependant, y était bien préparé par sa formation religieuse, son intimité de vingt années avec Paul Cook, sa culture générale, son sens des proportions.

Il lui fallut beaucoup de patience et d'esprit fraternel pour mettre sur pied cette revue et la rendre acceptable aux tempéraments divers de notre protestantisme français. Il dut tenir compte des exigences des réformés et des luthériens, tout en restant dans le grand courant de l'Alliance universelle des Écoles du Dimanche où, comme chacun sait, les Anglo-Saxons, et surtout les Américains, sont, de beaucoup les plus nombreux. Les uns tenaient absolument à leur année ecclésiastique, d'autres auraient relégué toute étude de l'Ancien Testament dans les Écoles du jeudi. Pour les uns, les *Notes* sur les leçons bibliques étaient la partie essentielle de la publication ; il les fallait abondantes, érudites, suggestives. D'autres, eussent préféré quelque chose de plus populaire, avec des illustrations, des histoires à la portée des moins avancés des moniteurs et même des élèves les moins instruits. Il fallait composer avec les pointilleux, les nationalistes à outrance, les orthodoxes ombrageux, sans parler des modernistes qui auraient aimé y trouver un peu moins de l'orthodoxie du genre *Bible annotée* et *Frédéric Godet*. Ménager des susceptibilités, consulter des pasteurs de tous les bords, doser les choses de façon à ne pas se mettre à dos les corps dirigeants des Églises, c'était un des soucis du directeur, et cela dans un cadre étroit, car toujours, hélas ! nos coreligionnaires ont été plutôt parcimonieux envers cette bonne servante d'eux tous qu'est la *Société des Écoles du Dimanche*.

M. Lelièvre eut des trésors d'indulgence pour les uns et pour les autres. Il dirigea ses publications d'une main ferme, quoique gantée. Il sut toucher à tout et à peu près tout dire dans un esprit de fidélité évangélique. Il redressa, orienta, instruisit, élargit l'esprit et le cœur. Le directeur actuel de la Société, qui assume aussi la rédaction générale du journal, M. le pasteur J. Laroche, lui a rendu ce témoignage : « Plus j'ai avancé au service de notre œuvre et de nos Églises, plus j'ai trouvé de traces du profond sillon qu'il avait creusé longtemps avant moi... et qui a pris à mes yeux une valeur rétrospective grandissante pendant ces deux décades où il m'a été donné, après d'autres, d'entrer dans son travail de devancier ».

8.
PASTORAT
(SUITE)

Octobre 1891 à Octobre 1903 : Nîmes ; Bourdeaux ; Paris-Malesherbes

La nouvelle du prochain retour de Matthieu Lelièvre à Nîmes fut reçue avec enthousiasme par ses nombreux amis du Midi. Ceux-ci n'avaient pas cessé de s'y attendre et, comme l'écrivait l'un d'eux au lendemain de la mort de leur ancien pasteur, en l'appelant « notre Matthieu Lelièvre », l'ont toujours considéré comme leur appartenant d'une façon particulière. Ils savaient bien que celui qui avait passé à Nîmes dix années consécutives, en un temps où les pasteurs méthodistes changeaient très régulièrement de poste tous les trois ans, n'était pas insensible à cet inaltérable attachement et qu'il le partageait. Tant qu'il vivrait, le cœur de ceux qui l'avaient connu dans les années qui suivirent 1870, devait se tourner vers lui. Ils l'aimaient et ils étaient sûrs d'être compris et aimés de lui. Ils furent souvent aidés par ses bons conseils, soutenus par son souvenir et son affection pastorale.

Pour lui, ce fut tout naturellement et simplement qu'il reparut dans la chaire de sa chapelle, reprit la surintendance du circuit, ainsi que la direction de *L'Évangéliste* et du Pensionnat de Jeunes Filles. Il était entendu que son collègue Jules Guiton le seconderait de son mieux, et spécialement pour les visites, qui entraient moins dans son genre et dont l'éloignaient ses travaux de plume, ainsi qu'une dureté d'oreille déjà assez prononcée. Le texte de son sermon d'entrée me paraît exprimer l'état d'âme avec lequel il reprenait son ancien ministère. Il n'avait pas à formuler un programme d'action, faire une sorte de profession de foi, ou dire comment il envisageait son rôle de prédicateur évangélique. Il regardait à Dieu, et mettait toutes les prières et tous les espoirs de son âme dans le vœu du peuple hébreu : « Oh ! si tu ouvrais les cieux et si tu descendais ! » (Esaïe.64.1). Les échos du temps nous ont porté le sujet de beaucoup de ses discours ou de ses préoccupations : la réunion de prière ; — Qu'est-ce que la conversion ; — Des conversions ; — A propos d'un Réveil ; — La puissance spirituelle ; — L'Église en prière ; — Les conditions du Réveil : etc. Jamais, sauf au lendemain des réunions d'Angleterre qu'il qualifia de *Printemps spirituel*, et des Assemblées ou Missions de Théodore Monod, il n'avait été animé de pensées religieuses plus intenses.

Seulement, l'homme qui maintenant abordait la cinquantaine n'avait plus la souplesse et les forces qu'il avait entre trente et quarante ans. Le fardeau qu'il avait porté allégrement, ou du moins sans beaucoup de peine apparente, douze ans plus tôt, se trouva trop lourd pour lui, et il n'était pas à Nîmes depuis quinze mois que sa santé inquiéta sa famille et ses amis. Il fallut le soulager. Ses collègues Jules Guiton, de Nîmes, et Emile Bertrand, de Congénies, firent de leur mieux. D'autres s'y prêtèrent également. Mme Lelièvre ajoutait à tout son travail et à tous ses soucis celui de relancer les collaborateurs de L'Évangéliste, de mettre la main à la pâte sans le laisser voir, ce que d'ailleurs elle avait fait bien des fois jadis, avec la même modestie et le même dévouement. On s'arrangea comme on put jusqu'à l'automne de 1893, et il fallut se résigner alors à faire d'autres plans. Avec un louable désintéressement, les circuits de Nîmes, de Bourdeaux, et leurs pasteurs firent, à l'amiable, l'arrangement que les circonstances nécessitaient : Daniel Bernard vint à Nîmes et Matthieu Lelièvre alla à Bourdeaux. Nul endroit ne pouvait être plus accueillant et offrir un milieu plus sympathique au pasteur fatigué.

Notre malade s'y fortifia. Il put prêcher sans faire un gros effort intellectuel ; l'air vivifiant de la Drôme et ses campagnes apaisantes eurent une heureuse influence sur lui. Entouré d'affection et d'estime par sa propre Église et par celles des alentours, il ne tarda pas à y faire sentir sa présence et à y avoir une activité appréciée. J'ai le souvenir de réunions de réveil, organisées au printemps de 1895, à Dieulefit, par M. le pasteur E. Brès, où Matthieu Lelièvre passa au moins les deux premières journées, et donna sa belle conférence sur La jeune France. Il y fit d'autres discours qui n'avaient rien à envier à ceux des temps précédents. Il devait rester à Bourdeaux jusqu'en octobre 1896, c'est-à-dire près de trois ans.

Pour bienfaisant et utile que fût ce séjour, il ne marque pas moins, pour celui dont nous suivons la carrière, le commencement d'une diminution de son activité pastorale proprement dite. Sans doute, il allait retourner à Paris, résider de nouveau à la Chapelle Malesherbes et lui consacrer six années de plus. Il devait aussi, même après avoir pris sa retraite, en 1903, à l'âge de 63 ans, avoir au moins une dizaine d'années de travail soutenu et régulier. De fait, il écrivit et prêcha tant qu'il le put. Le repos et lui ne firent jamais bon ménage. Mais son ministère ne retrouva plus l'ampleur et l'éclat des temps précédents.

A Paris, son aîné James Hocart, qui avait été son surintendant au début de son noviciat, était encore, et pour jusqu'à la fin de ses jours, à Levallois, où le retenait La Maison des Enfants; et son collègue O. Prunier, de quelques années plus jeune que lui, était domicilié à la chapelle de la rue Demours, où il dirigeait l'École de théologie. Je ne vois rien de très marquant à relever dans la vie d'Église du circuit de Paris de ces années là. Matthieu Lelièvre se remit à prendre une part considérable au mouvement religieux, dans cet esprit d'alliance évangélique et d'attachement à son Église que nous lui connaissons.

Lui, qui a pris tant à cœur les intérêts de l'Église réformée, et qui fut partisan de la Fédération protestante dès la première heure, a toujours conseillé aux méthodistes de garder leur organisation propre, voyant, pour le protestantisme et pour l'évangélisation de la France, plus de dangers que d'avantages dans une unité extérieure qui serait plus apparente et illusoire que réelle, et entraverait l'action de l'Esprit plutôt que d'en propager les effets. Il tenait absolument aux moyens de grâces, à la discipline, à l'esprit du méthodisme. Il me paraît avoir précisé sa pensée définitive sur ce point quand il a écrit :

« Il y a des œuvres diverses pour les diverses : Églises : aux unes l'œuvre de l'évangéliste, aux autres celle du docteur, à d'autres celle de l'organisateur. Mais il doit s'accomplir, d'Église à Église, une sorte d'échange perpétuel de ces charismes que le chef de l'Église a départis à chacune d'elles, selon sa volonté. L'isolement les affaiblirait certainement en les rendant étroites et exclusives ; la fusion les appauvrirait peut-être en faisant disparaître dans une uniformité fâcheuse les particularités de chacune d'elles ; mais l'union et l'amour fraternel ne peuvent manquer de tirer parti, pour le bien général de l'Église, de ces dons et de ces aptitudes variés. »

Il est digne de remarque aussi que c'est sur la vie spirituelle, telle qu'elle s'est exprimée par les pratiques de piété et la discipline méthodistes, qu'il a mis l'accent quand, pendant ses présidences de 1896 et de 1902, ainsi qu'aux Conférences pastorales de Paris de 1898, il a eu l'occasion de parler à un public particulièrement sympathique et éclairé. Il traita le sujet des réunions de prière aux Conférences pastorales. Il en déplorait l'absence et attribuait à cette absence le fait que, dans beaucoup d'Églises, des laïques qui visitent les pauvres et les malades, remplacent à l'occasion le pasteur pour lire la liturgie, et un sermon, ne savent pas prier ! Il s'élève contre les réunions de prière qui dégénèrent en réunions de discours. Il recommanda les réunions de prière où l'on prie, où les femmes prient ; bref, la réunion de prière que les méthodistes ont connue et fréquentée, où il n'y a pas souvent beaucoup de monde, où la monotonie et le formalisme s'introduisent, hélas ! comme ailleurs, mais qui est un instrument pour la conversion et le développement de la vie spirituelle.

Il est constamment revenu sur le sujet du Réveil, et, s'inspirant des expériences de sa jeunesse, il a toujours mis au premier rang, et comme moyen de réveil, la réunion de prière.

« Que ces réunions, écrivait-il dans sa lettre aux pasteurs et aux membres de l'Église pendant sa troisième présidence du Synode, soient surtout des réunions de prière, mais de prières qui aient un but, le réveil, non le réveil à longue et lointaine échéance, mais le réveil prochain, et pourquoi ne demanderions-nous pas le réveil immédiat ? Les conversions sont rares dans nos Églises, parce que la foi est faible dans nos âmes et la sainteté plus ou moins absente de notre vie. »

Caractérisant la prière qui prépare le Réveil, il la définit : Avant tout, la prière d'humiliation ; ensuite, la prière de la foi qui regarde à Jésus-Christ, à son œuvre et à ses promesses, et attend l'exaucement ; enfin, la prière d'intercession, qui réclame du Seigneur le salut des âmes inconverties avec l'ardeur d'un Abraham priant pour les pécheurs de Sodome.

Le Synode méthodiste envoya souvent Matthieu Lelièvre le représenter à la Conférence britannique. Entre 1878 et 1898, il y fut délégué sept fois. Il visita cette Conférence à Bradford, à Hull (deux fois), à Newcastle, à Camborne, à Bristol, à Cardiff. Je ne vois que Charles Cook et son fils Paul, James Hocart et William Cornforth qui y aient été envoyés plus souvent. Mais ils étaient d'origine anglaise. M. Lelièvre parlait moins aisément qu'eux la langue anglaise, mais avait sur eux l'avantage d'être un Français de France. Il y fut toujours reçu avec un plaisir marqué, et y fit quelques beaux discours. Comme c'est naturel, les premiers furent les plus travaillés. A mon sens, et en le situant dans le milieu et dans l'atmosphère où il fut prononcé, c'est le dernier qui fut le plus réussi. Il convenait parfaitement à des Anglais, qui avaient déjà subi, ce jour-là, de longs et beaux discours, et qui avaient besoin d'un peu de détente. Il sut être familial, humoristique, spirituel, plein d'à-propos et captivant. Il faut dire que l'auteur de la Vie de Wesley jouissait dans les milieux méthodistes cultivés d'Angleterre d'une grande considération, et que le président de la Conférence de cette année-là était Hugh Price Hughes. Le début de ce discours, qui semble avoir été improvisé, fut couvert de « très bien, très bien » et d'applaudissements. Il y avait notamment placé ceci :

« Je suis fier d'être fils, en ligne directe, du Méthodisme britannique. Dans vos réunions missionnaires, vous faites voir quelquefois des noirs ou autres indigènes, comme preuve vivante du succès des missions. Laissez-moi, pour un instant, vous faire voir un indigène français qui doit tout ce qu'il est à la Mission Wesleyenne en France. »

Et sur ce il leur raconta la conversion de son père 83 ans auparavant.

« Je désire maintenant, leur dit-il ensuite, vous parler pendant quelques instants sur deux sujets, l'un très grand : la France ; l'autre très petit : le Méthodisme français. D'un côté 38 millions d'âmes, et de l'autre une Église qui compte environ 38 pasteurs. »

Et alors, pendant un bon quart d'heure, des traits comme ceux-ci :

« Vous n'attendez pas de moi une confession générale des péchés de mon peuple. Je ne crois pas à la confession auriculaire, surtout lorsque, au lieu des oreilles d'un seul confesseur, il y a deux mille paires d'oreilles ouvertes pour la recevoir. Par-dessus tout, je me défie absolument de la confession internationale, et je crois qu'il faut attendre jusqu'au millénium avant de commencer une « réunion de classe » internationale, où des hommes politiques convertis et des diplomates sanctifiés avoueront sans feinte les lacunes de leurs nations respectives.

... Je trouve quelquefois que l'opinion et la presse anglaise — sans excepter le Methodist Times — sont trop sévères envers la France, et oublient souvent la parabole de la paille et de la poutre ... Rien ne me console de l'ignorance des Français sur les Anglais autant que l'ignorance égale des Anglais sur les Français. »... « Non, Monsieur le Président, les Français ne sont pas le peuple méchant qui hante les rêves de tant de braves gens en Angleterre et ailleurs. Nous qui sommes nés parmi eux et qui mêlons notre vie à la leur, osons affirmer que, si leurs défauts sont plus apparents que chez d'autres, ils sont un peuple aimable, généreux, de bonne foi et pas du tout dénué d'aspirations religieuses [a]. »

Son âge et ses services lui permettaient des libertés qu'il n'aurait pu prendre plus jeune. Le mot d'un roi d'Israël est vrai, et d'une bonne psychologie : « *Que celui qui revêt une armure ne se glorifie pas comme celui qui la dépose.* » (1Rois.20.11) Les citations montrent aussi que le Matthieu Lelièvre de cette période jouissait d'une bonne santé, et que, si quelques indices lui faisaient croire que l'heure de la retraite sonnait pour lui, ce ne devait être qu'une retraite laborieuse, et non celle d'un homme malade ou vieilli. Le Synode de 1903, se trouvant cependant en présence d'une demande ferme et motivée, ne put qu'en prendre acte. Mais il le fit avec regret. Il savait que ce retraité continuerait à beaucoup travailler pour son Église et pour la cause de Christ. M. et Mme Lelièvre allèrent se fixer à Courbevoie.

---

a. Évangéliste du 19 août 1898.

9.
RETRAITE

Courbevoie : Octobre 1903-fin 1910

Ils devaient y rester sept ans : lui, toujours occupé et préoccupé de ses journaux et de ses livres, s'exagérant un peu ce travail par l'effet de l'âge ; elle, correspondant beaucoup avec ses enfants, qui étaient maintenant tous mariés et éloignés d'eux, entretenant le jardinet qui précédait leur pavillon et y cultivant les narcisses que leur envoyait leur bon ami de Guernesey, William Mauger. Ils s'entr'aidaient et se tenaient fidèle compagnie. Leur vie n'était guère différente de ce qu'elle avait été dans le presbytère de la Chapelle Malesherbes, si ce n'est qu'ils se sentaient, l'un et l'autre, allégés de toute charge spécifiquement pastorale. Car, tout en se rendant le témoignage qu'il servait son Maître avec les talents qu'il lui avait donnés, et en déplorant que son tempérament et sa surdité lui rendissent les visites chez les membres et amis de l'Église à peu près impossibles, ce qui avait manqué à son ministère, sous ce rapport, avait longtemps pesé sur l'esprit de notre vénéré ami. Il prêchait presque tous les dimanches, il suivait avec assiduité les comités dont il était toujours membre, et son intérêt pour la cause chrétienne n'avait en rien diminué.

Le Synode de 1903, trop heureux de lui laisser la rédaction et l'administration de *L'Evangéliste*, l'avait maintenu à la tête de la *Librairie Évangélique*, ainsi que dans le Comité directeur de l'œuvre d'évangélisation, à la Commission des études et à l'administration des Fonds auxiliaires de retraite. Il fut un assidu de nos sessions synodales annuelles jusqu'à l'année 1922 et, sans pouvoir en suivre toujours tous les débats, il n'était pas le dernier à y prendre la parole. On savait qu'on avait en lui un ami fidèle et sûr, un censeur judicieux. Même ceux qui ne partageaient pas toujours ses avis l'écoutaient avec déférence, souvent avec une admiration émue. Ce n'est pas chose commune qu'un pasteur, retiré du ministère actif, soit chargé de préparer l'*Adresse* du Synode à l'Église ou à prêcher le sermon officiel. Il fit cette *Adresse* en 1906 et ce discours en 1909. Personne n'aurait pu le faire aussi bien, ni avec plus d'autorité.

Je ne dirai cependant pas que M. Lelièvre parcourut d'un cœur pleinement satisfait l'étape de la carrière à laquelle nous sommes parvenus. Son travail de journaliste l'a toujours passionné : il ne pouvait être mieux servi. Ses leçons hebdomadaires aux étudiants de la rue Demours étaient aussi intéressantes pour lui que pour ceux qui les recevaient. Les Comités lui donnaient l'occasion de sortir, de voir des collègues et des amis auxquels il était affectueusement lié. Il pouvait lire, parler, participer à la vie ecclésiastique, et il en jouissait avec reconnaissance. Pour un homme tel que lui, c'était tout de même une diminution de vie, un ralentissement du balancier, un rétrécissement d'horizon, quelque chose comme la chute des feuilles. Il n'était pas un stoïcien, et il en sentit un douloureux serrement de cœur. Il en vit pourtant les avantages, l'aspect plaisant et doux. Quand on allait le trouver dans son ermitage, comme il disait quelquefois, ou qu'il avait le plaisir de passer une heure chez ses collègues, il en jouissait avec une touchante candeur.

« La retraite, écrivait-il, c'est le repos, c'est la paix, c'est la méditation, c'est la prière ; ce sont les souvenirs bénis des jours d'autrefois ; c'est l'évocation des vieux amis que l'on a connus et près desquels on a combattu et souffert, et dont un grand nombre nous ont devancés auprès du Seigneur. Et puis, la retraite, c'est la préparation à la vie qui ne finira pas ; c'est l'intervalle désirable, sinon nécessaire, entre l'activité et la mort. »

C'est pendant ce temps que fut débattue et votée la Loi sur la Séparation des Églises et de l'Etat. Matthieu Lelièvre en suivit les péripéties avec beaucoup d'assiduité et d'intérêt. Il en avait toujours été un chaud partisan. Il aurait voulu que les Réformés évangéliques la fissent, cette Séparation, pour leur propre compte, après 1870. Il continua à en envisager la réalisation avec confiance, et non pas seulement avec cette résignation à l'inévitable, ou la volonté de s'en accommoder le mieux possible, qui fut l'attitude de beaucoup de protestants. Aussi, n'avait-il pas pour Emile Combes la sévérité de beaucoup d'autres :

« C'est un vieux bûcheron à la main un peu rude, disait-il ; mais il a mis la cognée à la racine de vieux arbres et de vieilles usurpations, et ce n'est pas à nous, les fils des victimes de Rome, de lui dire : *Laisse-le encore cette année !* »

Il croyait que la Loi de Séparation, même très imparfaite, ouvrirait devant les Églises devenues libres des perspectives nouvelles d'activité, qu'elle réveillerait des énergies endormies, qu'elle ferait appel à l'esprit de foi, de piété, de sacrifice. Il pressentait bien qu'il y aurait de tristes défaillances, mais il espérait que les éléments vivants de l'Église se grouperaient pour faire face à l'adversaire, que le protestantisme français ferait de nécessité vertu, que le réveil religieux deviendrait une réalité quand les Églises verraient combien il leur était indispensable.

Certes, il regrettait que le gouvernement, en se ralliant au principe de la séparation, n'ait pas apporté dans son projet de loi cette hauteur de vue, cette sagesse pratique que l'on était en droit d'attendre d'hommes qui ont la responsabilité du pouvoir, et il souhaitait que le ministère d'Emile Combes transmit à un autre, d'un tempérament plus modéré, l'honneur de réaliser la Séparation. Mais il trouvait qu'il y avait mieux à faire qu'à récriminer contre certains défauts et certaines lacunes de la loi, ainsi que contre les intentions ouvertement antireligieuses de plusieurs de ses auteurs. Il fallait l'accepter avec confiance et user de la liberté qu'elle nous donnait :

« Si, après avoir réclamé à tous les gouvernements la liberté religieuse, nous ne savions pas en tirer parti maintenant que nous l'avons, ce serait une faillite dont nous seuls serions responsables devant Dieu et devant l'histoire, »

écrivait-il vigoureusement dans un article du 1er janvier 1904.

Il fut un de ceux qui apprécièrent le plus le dévouement, les démarches et l'attitude du président de la Commission Permanente de l'Église Réformée d'alors, M. le pasteur E. Lacheret. Il soutint de sa vive sympathie et rendit hommage aux services éminents qu'il avait rendu au protestantisme. Mais il fut sévère pour ceux que l'approche de la Séparation jetait en plein désarroi. Son article du 6 janvier 1905 finissait ainsi :

« La lecture des journaux et des délibérations consistoriales est tristement instructive. On y trouve de tout, excepté de la foi. Si quelqu'un avait besoin qu'on lui prouvât en quel état fâcheux cent ans de Concordat ont mis les Églises protestantes de France, je lui remettrais la collection de nos journaux religieux de 1904, et je lui dirais : Prenez et lisez !

Espérons toutefois qu'après l'effarement de la première heure, on se ressaisira et que Dieu nous suscitera un nouveau Néhémie qui dira à ses frères découragés : Levons-nous et bâtissons ! S'il est une vérité que démontrent nos agitations stériles, c'est que le seul remède à une situation aussi troublée, c'est un réveil profond.

Travaillons à l'amener par nos prières et par nos efforts. »

C'est encore pendant qu'il résidait à Courbevoie que Matthieu Lelièvre célébra son jubilé pastoral et son soixante-dixième anniversaire. Il n'était pas de ceux qui ne portent aucune attention à des événements de ce genre et qui sont insensibles aux marques d'affection et aux égards de leurs frères. Il en jouissait et il aimait à faire partager son bonheur. Il est possible que la liberté avec laquelle il en parlait ou en écrivait ait quelquefois surpris certains de ses amis et amené un léger sourire sur les lèvres de quelques autres. M. Lelièvre n'a jamais feint de méconnaître sa propre valeur ; mais il avait plus de simplicité et de candeur qu'on lui en aurait attribué. Ses collègues étaient ses frères, son Église était sa famille spirituelle, ses lecteurs étaient ses amis. Sa nature affectueuse et émotive le portait à leur laisser voir le fond de son âme et à croire que les détails de sa vie les intéressait presque autant que lui. On pouvait y reconnaître une charmante naïveté.

Dans tous les cas, son jubilé pastoral ne pouvait mieux tomber. Le Synode était réuni à Nîmes et ses membres lui firent la surprise de lui offrir un modeste témoignage de leur affectueuse estime et d'acclamer quelques lignes bien senties qui furent imprimées dans les Actes de cette année-là (1908). Le dimanche suivant, il occupa la chaire de la chapelle et fit suivre son sermon de ceci, que j'ai retrouvé parmi ses Notes :

« Au moment de clore cette prédication, je me sens pressé d'ajouter quelques mots d'un caractère personnel. Je me sens plus libre qu'ailleurs de le faire dans cette Église que j'ai servie pendant douze ans et dans cette chapelle que j'ai fait bâtir durant l'Année terrible.

Le Synode qui vient de se terminer marque le cinquantième anniversaire de mon entrée dans le ministère évangélique, et mes chers collègues ont bien voulu célébrer mon jubilé pastoral de la manière la plus aimable et la plus fraternelle. Mais il manquerait quelque chose à cette fête du souvenir si je n'obtenais de vous que vous vous y associiez par votre sympathie et par vos prières. Et c'est ce que j'ose vous demander en ce moment.

Voilà donc un demi-siècle que j'ai entendu l'appel du Père : *Mon fils, va aujourd'hui travailler à ma vigne.* Et j'ai obéi, et je n'ai jamais regretté d'avoir obéi.

Mais que de sujets d'humiliation pour moi dans ces cinquante années d'activité ! Que d'infidélités ! Que de lacunes ! Que de déficits dans ma piété et dans mon ministère ! Qu'elle est petite la part de la vigne du Père que j'ai cultivée, et combien peu abondants seront les fruits que j'apporterai au Maître comme résultat de ma journée terrestre ! En regardant à moi, je n'ai d'autre prière à faire que celle du Péager : *O Dieu, sois apaisé envers moi qui suis pécheur !*

Mais si je regarde à Dieu (et c'est à Lui surtout qu'il faut regarder), que de sujets de reconnaissance ! que de grâces ! que de délivrances ! Et je m'écrie : *Que rendrai-je à l'Éternel ? tous ses bienfaits sont sur moi !* ... »

Mes frères, bénissez l'Éternel avec moi, et louons son nom tous ensemble ! »

Il fit entendre la même note le 7 janvier 1910, au moment où il achevait sa soixante-dixième année :

« Ce n'est pas ici le lieu de confesser ce qui a manqué à ma vie pour être ce qu'elle aurait pu être pour la gloire de notre Dieu et le bien de mes semblables. Ce que je puis dire en toute sincérité, c'est que tout ce que j'ai fait, dit et écrit me paraît misérable, et que, si j'étais sur mon lit de mort, je n'aurais d'autre prière à adresser à Dieu que celle du péager : *O Dieu, sois apaisé envers moi qui suis pécheur.* Si Wesley, mourant, pouvait dire après saint Paul : *Je suis le plus grand des pécheurs, mais Jésus-Christ est mort pour moi*, j'ai infiniment plus que lui le besoin de faire cette confession et de m'abriter sous la croix de mon Sauveur.

> Ne me dites autre chose
> Sinon qu'il est mon Sauveur,
> L'auteur, la source, la cause,
> De mon éternel bonheur.

Si les soixante-dix ans écoulés (et combien rapidement) me laissent de nombreux sujets d'humiliation, ils me laissent surtout d'abondants sujets de reconnaissance. Je n'ai ni la place ni le désir de les énumérer, Dieu a été bon envers moi, et les hommes aussi l'ont été, sauf de très rares exceptions. Je m'écrie avec le psalmiste, en terminant cette septième décade d'années : *Mon âme, bénis l'Éternel, et n'oublie aucun de ses bienfaits. C'est lui qui pardonne tous tes péchés, qui guérit toutes tes infirmités.*

Parmi tous ces bienfaits du Seigneur, l'un des ; plus grands c'est de pouvoir encore prêcher l'Évangile par la parole et par la plume. Et, pour préciser davantage, c'est le privilège de pouvoir parler chaque semaine à un millier de lecteurs dans ce modeste journal. Je ne sais pour combien d'années ou de mois, je pourrai continuer ce ministère. Demandez à Dieu pour moi, chers lecteurs, la grâce d'être trouvé les reins ceints et la lampe allumée quand le Maître viendra. Le *cela va bien* des hommes ne saurait me suffire : puissé-je entendre un jour celui de Dieu ! »

Avant de suivre notre frère au Havre, où il passa, dans une retraite, encore laborieuse, mais pourtant plus complète, le reste de sa vie, il faut que nous le considérions d'un peu plus près comme prédicateur, journaliste, historien et théologien. Nous le ferons rapidement, bien décidés à lui laisser la place et le temps de se faire entendre lui-même. Il ne nous sera guère possible de ne pas donner, par moments, l'impression de revenir sur des points déjà mentionnés ou entrevus; j'ose espérer que personne ne trouvera dépourvues d'intérêt les quelques pages que nous allons y consacrer.

10.
LE PRÉDICATEUR

Matthieu Lelièvre eut, dès sa prime jeunesse, une double vocation : celle de prédicateur de l'Évangile et celle d'écrivain. Du prédicateur évangélique il avait le credo, l'expérience religieuse et la ferveur missionnaire. Il en avait aussi les dons : la voix, le style, le geste. Il aurait pu, sans effort, cultiver la grande prédication ; car, pour peu que l'occasion s'y prêtât, il atteignait la haute éloquence. La nouvelle génération ne l'a pas connu sous cet aspect, et je conviens que ceux qui ne l'ont entendu qu'au cours des vingt ou vingt-cinq dernières années pourraient trouver que j'exagère. Il n'en est rien. Pendant les trente premières années de sa carrière, il a été parmi les prédicateurs les plus distingués, et même les plus brillants du protestantisme français.

Son talent fut précoce. Converti à douze ans, il prêchait à seize ans et demi ! On m'a assuré qu'il parlait aussi bien à vingt-deux ou vingt-trois ans qu'à quarante ou cinquante ; avec moins de maturité sans doute, mais avec urne correction, une abondance et une élégance de style remarquables.

Quelques-uns ont pensé que si un tel homme avait évolué dans un cadre plus grand que le méthodisme français, prêché dans des lieux de culte plus spacieux, son talent se serait davantage développé et aurait porté plus de fruits. Peut-être sa réputation aurait été plus grande. Aurait-il mieux prêché et fait plus de bien ? C'est moins sûr. D'abord, le méthodisme méridional de 1860 à 1880 lui offrait des auditoires compacts et sympathiques, plus intelligents des choses religieuses, plus avides de nourriture spirituelle, plus aptes à apprécier un bon et même un beau sermon, que la majorité des auditoires d'aujourd'hui. Ensuite, très ouvert à toutes les influences de l'Esprit, très prompt à sentir les besoins de la foule et à la satisfaire, Matthieu Lelièvre a été toute sa vie le plus wesleyen de nos prédicateurs. Je l'ai entendu dans quelques grandes occasions, au dehors des milieux méthodistes. Jamais je ne l'ai vu si riche d'idées, si maître de sa pensée et de sa parole, si puissant sur ses auditeurs, que dans nos modestes chapelles. Leur atmosphère était celle qui convenait le mieux à son tempérament.

Quand l'idée me vint, voici quelques années, de faire à nos candidats au Saint Ministère, qui étaient en cours d'études, une série d'entretiens sur *Quelques prédicateurs que j'ai connus*, je songeais à Matthieu Lelièvre, comme à l'un des trois ou quatre pasteurs méthodistes que je mettrais dans la série. Je lui demandai de bien vouloir m'envoyer quelques-uns de ses plans de prédications. Il m'en adressa une bonne douzaine, qu'il accompagna d'une lettre où je copie ceci :

« Je n'ai au titre de prédicateur que des prétentions fort modestes. J'ai écrit douze ou quinze sermons, la plupart de circonstances, et qui ont été imprimés en brochures. Le reste a été improvisé sur des notes que j'avais généralement devant moi. Je n'ai jamais appris par cœur mes sermons. Ma mauvaise mémoire me l'interdisait. »

Ces notes, avec une centaine d'autres qui les ont rejointes, sont plus substantielles, plus soignées que beaucoup de sermons d'aujourd'hui. Rien n'y manque : l'exorde, les divisions et subdivisions, la péroraison ; tout y est. Ecrites d'une écriture très lisible, quoique très fine, elles tiennent sur une simple page de papier à lettre et ont la matière d'un sermon copieux (comme on le verra plus loin), où rien, explications exégétiques, développements, illustrations, applications, n'était laissé à l'improviste. Pas une rature, pas une tache d'encre ne les déparent. Presque toutes ont beaucoup servi, cinq, huit, dix fois ; même, quelques-unes, quinze, vingt, et l'une d'elles au moins jusqu'à vingt-sept fois, entre 1870 et 1920. L'auteur avait si bien fait son plan, placé son texte dans son cadre, qu'il semble avoir pu se resserver de sa méditation sans la modifier.

C'était le fort et le faible du prédicateur. Son travail de méditation et de rédaction, quoique fait souvent au dernier moment, n'était jamais improvisé. C'était toujours conforme aux règles du discours, complet, d'une impeccable correction. Aussi, quand, après quelques années, un texte déjà étudié s'imposait à sa pensée, était-il tenté de reprendre ses notes et n'éprouvait-il pas le besoin de les remettre sur le métier. Il nous disait un jour que si un incendie avait brûlé toutes ses analyses de sermons et l'avait forcé de prêcher sur des préparations tout à fait nouvelles, il y aurait beaucoup gagné et ses auditeurs aussi. Cependant, Matthieu Lelièvre n'était pas l'esclave de ses notes et, comme beaucoup de prédicateurs de race, c'est quand il les oubliait qu'il parlait le mieux. Que de fois n'a-t-il guère dépassé la première partie de son discours préparé. Sous l'inspiration du moment, au contact d'un auditoire recueilli, idées et paroles affluaient ; émaillées de traits, de mots saisissants. Alors, il savait se résumer et avait de ces expressions à l'emporte-pièce qui vous touchaient le cœur...

Je m'abandonne ici à des souvenirs d'enfant, que ceux de jeune homme n'ont pas effacés. J'étais dans ma douzième année quand il quitta Nîmes, après son premier séjour, et il touchait à la quarantaine. Ses visites chez mes parents et ses prédications étaient un de nos plus grands plaisirs et contribuèrent beaucoup à mon développement intellectuel et religieux, même si je ne m'en rendais pas compte. J'ai le souvenir très vivant d'un certain dimanche d'été qu'il consacra à deux ou trois villages des bords du Vidourle, en commençant, le matin, par une prédication à Vic-le-Fesq. Quelle belle et touchante simplicité ! Quel régal pour ces quelques poignées de méthodistes disséminés dans les villages des environs, depuis Clairan jusqu'à Sommières ! L'après-midi, on le suivit dans une autre localité. Et on aurait dit que le cheval lui-même partageait l'enthousiasme des amis, tant il monta là vive allure la côte de la sortie de Vic.

Avec l'âge, le ralentissement du débit et la nécessité d'être toujours plus court, Matthieu Lelièvre dut souvent être embarrassé par l'ampleur de ses plans. Il était porté tout naturellement à donner un certain développement à sa pensée dès le début du discours, et se voyait souvent obligé de se ramasser, et même de sacrifier une bonne partie de sa préparation. Il le faisait fort bien ; mais il arrivait à ceux qui l'écoutaient de ne pas connaître comment le sermon devait finir.

Ce qui le contraria beaucoup, comme prédicateur, ce fut la dureté d'oreille dont il fut affligé dès la cinquantaine et qui, à la longue, faussa le timbre de sa voix et l'isola de ses auditeurs, dont il finit par ne plus entendre le chant. Ce fut aussi de ne pas faire de visites pastorales, ou du moins d'en faire très peu.

Matthieu Lelièvre avait un genre didactique, oratoire, et quand il commençait à parler, on pouvait penser qu'il allait faire un discours. On s'apercevait vite que ce serait une prédication, comportant une sérieuse étude biblique et une exégèse attentive du texte, d'une portée pratique, et dont le pur langage, les passages éloquents, les traits et les images, ne feraient que renforcer le caractère d'exhortation et d'appel. Il prenait, généralement, des textes connus et frappants. Neuf fois sur dix, je le lui ai ouï dire, dans le Nouveau Testament. Cependant, vers la fin, les Psaumes étaient un aliment de sa piété. Il ne négligeait pas les fêtes chrétiennes et ses notes pour les sermons de Noël, de la Semaine Sainte, de Pâques et de Pentecôte forment une partie importante du dossier que j'ai pu parcourir. Il y figure des séries d'études connues des lecteurs de *L'Évangéliste* : *Notre Père* et les *Béatitudes*. Il en a une sur les Paraboles et une sur les vérités élémentaires de notre foi qui sont d'une grande clarté et d'une grande force. En vieillissant, il fut de plus en plus simple et pratique.

Le tête-à-tête que je viens d'avoir avec ces pages de méditations religieuses jaunies par le temps et couvertes d'une écriture menue et serrée m'a été très doux. Elles ont souvent été écrites dans la nuit du samedi au dimanche et elles ont séjourné, on le voit à leurs plis, dans le portefeuille du prédicateur. Au verso, elles portent des noms de villes et de villages, ainsi que des dates qui nous permettent de suivre leur carrière. La majorité d'entre elles ont été écrites dans le Midi, mais il y en a passablement de parisiennes, d'autres sont jersiaises, drômoises ou normandes. Elles sont montées dans quelques hautes chaires et ont connu des lieux de culte spacieux et solennels ; plus souvent, elles ont figuré sur la table de modestes chapelles ou de salles de réunions sans prétentions ; Nîmes, Caveirac, Bernis, Milhaud, Vauvert, Codognan, Congénies, Vergèze, Malesherbes, Les Ternes, Levallois, Asnières, Grove-Place, Bourdeaux, Le Havre en ont entendu beaucoup ; Le Cailar, Mus, Aigues-Vives, Dieulefit, et d'autres localités également. Quelques-unes ont parcouru les Cévennes, d'autres se sont dépliées à Montpellier, à Uzès, à Saint-Quentin-la-Poterie, et jusqu'à Lausanne, Villeneuve, en Suisse. Elles ont connu les courses pédestres, les vieilles diligences, les voitures de louage et d'amis, les rails du chemin de fer et sans doute, un tout petit nombre, les autos rapides. Et je ne dis pas qu'entre les mains d'un homme de sens telles d'entre elles ne pussent encore servir. Mais elles ont fait leur temps et rempli leur tâche. Paix leur soit !

Parmi les textes que Matthieu Lelièvre reprenait volontiers, j'en citerai quelques-uns :

— Une seule chose est nécessaire, ou la bonne part. (Luc.10.12)
— Mon enfant, donne-moi ton cœur. (Prov.23.26)
— Je puis tout par Celui qui me fortifie. (Philip.4.13), ou la vertu du Saint-Esprit.)
— Venez à moi, vous tous qui êtes fatigués et chargés... (Matth.11.28-30)
— Je viens bientôt : tiens ferme ce que tu as, afin que personne ne te ravisse ta couronne. (Apoc.3.11)
— La parabole de la maison bâtie sur le roc et de la maison bâtie sur le sable. (Luc.6.47-49)
— Je vous exhorte donc, frères, par les compassions de Dieu, à offrir vos corps, etc. (Rom.12.1)

Le larron converti, le péager, le grand festin ont été souvent le sujet de ses prédications.

S'il me fallait marquer l'époque où cette prédication fut la plus puissante pour le Réveil et, par son apport à la vie religieuse, je songerais aux années qui suivirent la guerre de 1870, et particulièrement à celles de 1872 à 1876, quand Matthieu Lelièvre, sous l'influence du Réveil anglais et de la Mission Intérieure, eut une activité extraordinaire et une ferveur de piété communicative intense. Ses sermons de cette époque en portent la marque. C'est ainsi, par exemple, qu'elle est manifeste dans une prédication du 27 juin 1875, sur le relèvement de Pierre, qui débute ainsi :

« Ne pouvons-nous pas nous écrier avec le père de Jean-Baptiste : Béni soit le Seigneur, le Dieu d'Israël, de ce qu'il a visité et racheté son peuple ! Oui, nous sommes les témoins d'une grande visitation de Dieu à son Église… Nous avons vu ce mouvement sous ses deux faces : le réveil des chrétiens, le réveil des masses inconverties. Des multitudes de chrétiens cherchant et obtenant par la foi une consécration plus complète et une délivrance plus entière… L'œuvre de l'évangélisation atteignant les masses et les ébranlant… Le Seigneur peut nous dire : *Vos yeux sont heureux de voir les choses qu'ils voient…* Le relèvement de l'Église, pour être efficace, doit être individuel… La consécration de l'Église au Seigneur ne sera que la résultante de consécrations individuelles… Où est le mal ? En nous ; il y a eu chute, perte du premier amour… De là, sécheresse de cœur ou activité remuante et stérile…

Chrétiens, vous avez eu votre heure de reniement comme Pierre ; il vous faut une heure de relèvement. »

Le sermon qui suit cet exorde est sur le même ton. Il aura deux points : I. Le relèvement de Pierre ; II. Notre propre relèvement. Les subdivisions sont nettement marquées ; les quatre ou cinq idées qui rempliront chacune d'elles aussi ; avec des phrases courtes et des points de suspension qui permettent de reconstituer la pensée. Arrive la fin, qui, dans sa brièveté, nous montre bien l'homme de réveil qu'il fut à cette époque :

« Vous qui vous reconnaissez dans l'exemple de Pierre, qu'allez-vous faire ?... L'heure est solennelle, la nuit est passée, le chant matinal du coq ne vous a-t-il pas réveillés ? Le regard de Jésus n'est-il pas fixé sur vous ?... Debout pour la repentance ! Debout pour la consécration !

Jésus vient vers vous : *M'aimes-tu ?* Oh ! décidez-vous. Ne dites plus : Je l'ai aimé ! Je l'aimerai ! Dites : Je t'aime ! »

Une autre méditation, qui date de ce temps, mais qui fut reprise au moins une vingtaine de fois dans la suite, a pour sujet la guérison du sourd-muet de Marc.7.32-35. En voici le commencement :

« Il est des gens qui, en lisant les récits des guérisons dont nos évangiles sont remplis, sont disposés à ne voir guère en Jésus qu'un guérisseur merveilleux. C'est là une vue bien superficielle des choses. Oui, Jésus guérit les corps : sa compassion s'allume au contact des souffrances humaines ; sa puissance se déploie. Il montre qu'il a bien *pris sur lui nos maladies.* Mais ces miracles ont toujours une portée morale : il vise l'âme et ses maladies, en portant remède aux souffrances du corps... Son action s'exerce simultanément dans ces deux domaines.

Aussi, les miracles de Jésus sont-ils d'un intérêt permanent pour nous, et pouvons-nous en toute confiance appliquer aux maladies spirituelles, les moyens que Jésus emploie pour soulager les misères matérielles. Ce récit, par exemple, ne demande qu'à être suivi trait après trait... »

C'est ce qu'il fait. Et il achevait ainsi :

« ... Connaissez-vous ce bonheur du sourd-muet qui a recouvré ses sens perdus ? Connaissez-vous cette joie de l'affranchissement, la plus grande, la plus sainte, celle qui dictait à notre grand Pascal ces mots entrecoupés : *Certitude, joie, pleurs de joie !* qu'il écrivit le jour de sa conversion ?... Oh ! laissez-moi vous conduire à Jésus, vous laisser seuls avec Lui. Il vous touchera de ses mains divines, il prendra pitié de vous, il dira : Ephphatah ! »

Nous pourrions multiplier les citations. Voici le dernier mot de sa méditation sur : *Je vous exhorte donc, mes frères, par les compassions de Dieu...*

« ... Chrétiens, moi aussi, indigne missionnaire de Jésus-Christ, *je vous exhorte...* mais que parlé-je de moi ? ce sont les compassions de Dieu qui vous exhortent... Laissez-les parler ! Leur voix monte de tous les moments de votre vie ; souvenirs du passé, réalités du présent, espérances de l'avenir. Que vous disent-elles ?... Et à vous, les indifférents, même appel... »

La méditation sur : « Qui a le Fils a la vie ; qui n'a point le Fils n'a point la vie » devait finir par cette question :

« Vivons-nous ? Question sérieuse que chacun doit se poser... En d'autres termes : Avez-vous le Fils ? Etes-vous à Lui ? »

Celle sur : « Venez à moi, vous tous qui êtes fatigués et chargés » est dans le même ton :

« ... Où sont, ici, les âmes fatiguées et chargées ? Je voudrais dire : Où ne sont-elles pas ? A qui irez-vous ? N'avez-vous pas assez de vos recherches vaines ? Oh ! laissez-moi lui répondre en votre nom : Oui, Seigneur Jésus, nous venons ! Assez longtemps nous t'avons fui... Nous voici, car à qui irions-nous qu'à toi : tu as les paroles de la vie éternelle. »

Voici la conclusion du sermon sur : « Je viens bientôt, tiens ferme ce que tu as » :

« Ne sommes-nous pas à l'une de ces heures décisives où Jésus-Christ passe en revue ses troupes et répète à chaque soldat cette suprême exhortation ?

Je le vois en cet instant aller, par son Esprit, de banc en banc, dans cette assemblée et dire à chacun des siens : *Tiens ferme !* Vous l'entendez, n'est-ce pas ?... Mais je lis dans le regard inquiet de tel de mes auditeurs cet aveu : Elle n'est pas pour moi cette parole !...

Pourquoi pas, mon frère ? Ce n'est pas une armée fermée que celle de Jésus-Christ. S'il passe ici pour affermir l'âme de ses soldats, il y passe aussi pour en enrôler de nouveaux. Ne serez-vous pas de ceux-là ? »

Comme la plupart des hommes de Réveil de son temps, Matthieu Lelièvre se plaçait au cœur de l'Évangile, qu'il recevait dans toute sa grandeur régénératrice.

Le fond de sa prédication c'était l'Évangile du salut gratuit, offert à toute âme d'homme, sans restriction aucune, conformément à l'enseignement de Jésus. Il insistait sur la nécessité d'une conversion individuelle, accompagnée du témoignage du Saint-Esprit et du renouvellement du cœur, selon la déclaration de Jésus à Nicodème : Jean.3.3, et celle de saint Paul : « Si quelqu'un est en Christ, il est une nouvelle créature. » Il proclamait la possibilité du salut pour tous, mais prêchait aussi la possibilité des rechutes et de l'apostasie. Il présentait la sainteté chrétienne comme une grâce, et un état de grâce réalisable ; sans s'arrêter par la considération que les « saints » ne sont pas nombreux dans ce monde, et préférant prendre pour mesure de la piété à laquelle nous pouvons, parvenir, non la piété contemporaine, mais celle que lui fixe l'Écriture sainte. Quant à la forme de cette prédication, il la voulait simple, directe, pressante, procédant plutôt par affirmations appuyées sur la Bible et sur l'expérience chrétienne que par des considérations philosophiques et de grands gestes oratoires.

Voici en quels termes, dans son zèle évangélique, il recommandait les réunions en plein air :

« Rien de plus aisé que de les convoquer et de les faire réussir. Il faut s'assurer du concours de trois ou quatre chrétiens, pasteurs ou laïques, capables de parler d'une manière intéressante et vivante ; il sera bon d'amener avec soi quelques amis pouvant conduire le chant. Il est nécessaire également de se mettre en quête d'un endroit propice, ni trop éloigné, ni trop rapproché d'un lieu habité, où les auditeurs aient de l'herbe pour s'y asseoir et quelques arbres pour s'abriter du soleil. Pour peu qu'on ait à redouter la malveillance, il vaut mieux demander à un particulier l'usage d'un pré quelconque, ombragé d'un bouquet d'arbres, où l'on jouira des immunités qui appartiennent à la propriété privée.

Il est quelques petits conseils dictés par l'expérience qu'il est utile de rappeler : que les allocutions soient simples, précises et courtes ; qu'elles évitent avec soin de glisser dans le genre sermon et qu'elles se gardent des prétentions à la haute éloquence comme du feu. Pas de controverse, et surtout pas de politique ; mais l'exposition pure et simple de l'Évangile, et avec cela des récits, des comparaisons qui mettent la vérité à la portée des plus ignorants et des plus distraits... »

Il continuait :

« La prédication en plein air a une glorieuse histoire. Née sur les bords du lac de Génézareth, elle a été presque l'unique moyen dont Jésus s'est servi pour communiquer avec les masses. Son rôle a été grand aux temps apostoliques, et elle a reparu sous des formes diverses aux époques de réveil. Il est à peine besoin de rappeler qu'elle a été la suprême ressource de l'Église sous la croix, retrouvant au désert son culte et son Dieu. On sait qu'elle a été le grand moyen d'évangélisation de l'Angleterre au temps de Wesley et de Whitefield et qu'elle a joué un rôle immense dans l'Ouest des Etats-Unis... Que Dieu nous donne cet esprit de foi qui sait profiter des portes ouvertes. »

C'est surtout dans ses articles de *L'Évangéliste* que Matthieu Lelièvre a émis ses idées sur la prédication, et l'on est un peu surpris que cet homme, qui était lui-même un maître de la parole, et qui tenait à la formation d'un corps pastoral instruit, se trouve être aussi un de ceux qui ont le plus encouragé et apprécié la prédication laïque, qui est souvent dépourvue de tout art, et recommandé de se méfier du sermon traditionnel dont la rhétorique, les éclats de voix et les périodes ronflantes constituaient souvent les éléments les plus frappants. Il souffrait plus que d'autres des libertés qu'on prenait avec les règles de la grammaire et les règles du discours ; il estimait que le culte doit être digne de Dieu qu'on loue, qu'on prie et dont on proclame l'amour ; qu'à tant faire que de parler, il faut s'efforcer de le faire correctement, mais il voulait qu'on sente en celui qui parle un homme convaincu, disant sans prétention ce qu'il sait, ce qu'il a expérimenté. Il est revenu sur ce sujet bien des fois.

Les missions de Moody et Sankey, en Ecosse en 1873 et à Paris même en 1882, furent de bonnes occasions pour aborder cette question, car leur genre de prédication ou de réunions, et les effets de leurs visites offraient d'abondants points de réflexions et de discussions. Notre ami n'avait pas de préjugés contre les évangélistes américains, ni contre les ministères laïques, pas plus qu'envers les conversions instantanées et l'enthousiasme religieux que leur visite provoqua. Il n'était pas non plus porté à sous-estimer le beau réveil qui, de proche en proche, s'étendit d'Ecosse dans le nord de la Grande-Bretagne. Il écrivit le 22 janvier 1874 :

« Ces deux Américains, auxquels Dieu accorde l'honneur de si grands succès, ne sont ni de profonds théologiens, ni des prédicateurs éloquents ; prédicateurs et théologiens ne manquent pas dans cette studieuse cité d'Edimbourg, où la parole simple et laïque de ces étrangers produit la plus vive sensation. Autour d'eux se pressent des hommes qui les surpassent de beaucoup, assurément, au point de vue de la culture intellectuelle, mais qui n'hésitent pas à reconnaître qu'il y a dans la prédication un peu inculte de ces évangélistes, un élément de puissance spirituelle que n'a pas au même degré leur propre parole. Le fait est qu'ils ont réussi à créer un vif intérêt pour les choses religieuses dans certaines, couches de la population que n'atteignaient pas les prédicateurs ordinaires, et qu'ils ont remué une autre classe, blasée depuis longtemps, et qui dormait du plus paisible sommeil, sous la prédication évangélique. Les meilleurs juges s'accordent à déclarer que l'Ecosse n'avait rien vu de pareil depuis les jours de Whitefield.

C'est en effet à la simple prédication de l'Évangile qu'il faut attribuer ce mouvement religieux. Toutes les relations qui nous parviennent insistent sur ce caractère des allocutions de M. Moody et de ceux qui se sont associés à lui. Comme saint Paul, ils ramènent tout leur enseignement à ce sujet essentiel : *Christ, Christ crucifié*, en rattachant à cette doctrine centrale toute la vérité et toute la vie chrétienne. Ce n'est pas la première fois que la prédication évangélique, ainsi ramenée à ses éléments primitifs et dépouillée des ornements et des surcharges qui la voilaient, a retrouvé une puissance qui semblait lui avoir échappé. L'écrin avait fait oublier la perle de grand prix qu'il contenait ; l'épée de l'Esprit avait été mise dans un fourreau si riche et si beau qu'on l'y laissait dormir. Et voici quelqu'un qui a mis de côté l'écrin et jeté loin de lui le fourreau, et les foules, en voyant briller la perle de grand prix dans toute sa pureté et en voyant reluire l'acier brillant de l'épée de l'Esprit, ont crié à la nouveauté et se sont émerveillées. C'est l'histoire de toutes les époques de réveil, et c'est l'histoire de ce qui se passe aujourd'hui en Ecosse. »

Et notre auteur d'ajouter :

« N'essaierons-nous pas quelque chose de pareil ? Ne laisserons-nous pas une bonne fois de côté notre rhétorique et nos précautions oratoires pour en revenir purement et simplement à cette chose divine, si simple et si profonde, qui s'appelle d'un nom qui dit quel accueil attend, de la part de la pauvre conscience humaine si malade, *la Bonne nouvelle de Jésus-Christ* ? Puisse l'exemple qui nous vient de l'Ecosse nous mettre au cœur la résolution de tenter quelque chose chez nous ! Non, le réveil n'est pas plus impossible en France qu'ailleurs. Mais, pour l'obtenir, il faut deux choses : prêcher l'Évangile avec une foi profonde en sa puissance, et regarder à Dieu pour le succès ! »

On pense bien que lorsque, en 1882, Moody et Sankey vinrent à Paris, M. Lelièvre, qui était à la Chapelle Malesherbes, suivit les réunions des évangélistes avec un vif intérêt et revint sur le sujet. Il leur consacra notamment un article sous ce titre : *Comment il faut prêcher*, au cours duquel, tout en se défendant de donner Moody comme professeur d'éloquence sacrée, il fait des réflexions qui, pour être moins nécessaires aujourd'hui, méritent cependant d'être retenues :

« La première impression qui s'impose, en entendant Moody, est celle-ci : Cet homme ne prêche pas, — il parle. Ses discours, quoique soigneusement préparés, auraient pu également être dits dans un salon ou dans une cuisine que dans l'Oratoire. Sa parole est simple, claire, honnête, comme celle qui convient à un homme parlant à d'autres hommes, non pour les éblouir, mais pour les persuader. Pas trace de rhétorique, pas la moindre pruderie littéraire, pas d'hésitation dans l'emploi du mot propre, abondance de ces faits qui donnent vie au raisonnement et le fixent dans la mémoire de l'auditeur : en un mot, toutes les qualités qui plaisent et persuadent, dans la conversation d'homme à homme, et que le préjugé seul a banni de la chaire, au grand détriment de celle-ci.

... Et puis, il y a autre chose. L'homme qui est là, dans cette chaire ou sur cette estrade, ne parle pas pour parler, mais pour décharger sa conscience et, comme dit l'Écriture, pour délivrer son âme. Il ne disserte pas sur quelque aspect intéressant, mais secondaire, de la vérité ; il ne démontre pas ce que nul ne conteste dans l'auditoire. Il pose la question du salut, cette question vieille comme l'humanité, et pourtant toujours nouvelle et toujours urgente ; il la pose nettement devant chaque conscience, et sollicite, au nom de Dieu, une réponse. »

Après avoir caractérisé, peut-être un peu sévèrement, la façon dont on écoute trop souvent les prédications ordinaires, l'auteur de l'article continue :

« Regardez, au contraire, un auditoire de Moody : tout le monde écoute et nul ne dort, tous les regards sont fixés sur celui qui parle ; l'ouvrier paraît s'étonner de tout comprendre, aussi bien que son voisin le bourgeois ou le lettré. Parfois, un récit piquant ou un trait humoristique amène un sourire sur les visages, mais bientôt la voix émue du prédicateur fera courir un frisson dans toutes les âmes. Les gens difficiles (il y en a toujours) déclareront qu'on ne leur a pas prêché selon les règles, mais, s'ils sont de bonne foi, ils reconnaîtront qu'ils ont été remués. »

Matthieu Lelièvre a prêché au moins six sermons de consécration de pasteurs. Dans ces circonstances solennelles, comme pour ses sermons devant le Synode, il ne s'aventurait plus à parler. Ne pouvant se fier à sa mémoire et craignant d'être trop ému ou de ne pas avoir assez de liberté d'esprit pour improviser les développements de sa pensée, il prit l'habitude très répandue et fort compréhensible de lire son discours. Ce discours y gagnait quelque chose au point de vue académique ; mais l'orateur, retenu par son manuscrit, était comme un oiseau qui aurait un fil à la patte et ne peut prendre son vol. S'il avait pu surmonter cette méfiance et parler comme là l'ordinaire, il est probable qu'il eût oublié des parties importantes et des mots particulièrement bien frappés, mais il en aurait eu d'autres, peut-être tout aussi utiles, justes et vivants. Ce que le sermon y gagnait, le prédicateur le perdait. Dans tous les cas, nous avons préféré saisir le prédicateur à d'autres moments plus communs, et plus près des temps où l'homme de Réveil qu'il était, sans être retenu par le sentiment paralysant de quelque lourde fonction, se mouvait librement dans son rôle de prédicateur de l'Évangile.

Notre ami est souvent revenu sur le sujet de la prédication. Dans l'impossibilité de citer tout ce qui serait digne de l'être, nous ferons encore deux ou trois extraits.

A propos d'une lecture sur les efforts d'éloquence que sont tentés de faire des pasteurs qui s'inquiètent plutôt de bien parler que des résultats positifs de leurs discours, il écrivait dans *L'Évangéliste* du 30 septembre 1892 :

« Ceux qui ont reçu ce don supérieur de l'éloquence sont exposés au danger d'en faire un mauvais usage, et de s'en servir à édifier leur propre gloire, plutôt que celle de Dieu. Mais combien ce danger est plus grand lorsque l'éloquence n'est qu'un procédé littéraire et qu'un exercice de rhétorique ! C'est bien alors que la préoccupation de bien parler et de plaire exclut les effets réels et les conversions efficaces.

Cette préoccupation n'est-elle pas le défaut principal de la prédication contemporaine ? N'est-elle pas trop souvent son but et sa fin à elle-même ? On prêche pour prêcher, et non pour convertir. Le sermon est une parole qui veut plaire et non une action qui veut entraîner.

Ce qu'il faut à la prédication aujourd'hui, c'est ce qui a fait son efficacité au temps des apôtres, au temps de Colomban, au temps de Farel, au temps de Wesley, non l'éloquence sacrée, mais la puissance religieuse. La première ne peut-être que le privilège de quelques-uns, et un privilège périlleux ; la seconde est à la portée de tous ceux, qui cherchent, dans leurs prédications, comme dans leur expérience intime, *premièrement le royaume de Dieu et sa justice* ».

La semaine suivante, il consacra un article assez copieux au même sujet :

« Tout prédicateur ne peut pas être éloquent, au sens technique du mot, mais tout prédicateur peut être puissant. Je veux dire par là que quiconque a reçu de Dieu la vocation, sans laquelle on n'est pas un vrai ministre de l'Évangile, peut et doit acquérir la faculté d'intéresser, d'édifier, de convertir ses auditeurs. L'absence complète des dons qui font qu'un homme agit sur ses semblables n'est pas conciliable avec une vraie vocation. Ceux que Dieu envoie au combat, il les équipe pour le combat. L'appel divin peut aller chercher un Amos parmi les bergers de Tékoa, mais cet homme peut dire : C'est l'Éternel qui m'a pris derrière le troupeau et c'est lui qui m'a dit : Va, prophétise à mon peuple d'Israël. (Amos.7.15). L'appel divin peut descendre sur un Esaïe *dont les lèvres sont impures*, mais le charbon de feu pris sur l'autel purifie ses lèvres (Esaïe.6.6), et Esaïe, comme Amos, devient un puissant témoin de Jehova.

La puissance du prédicateur de l'Évangile consiste dans l'adaptation de ses talents naturels et acquis à la grande œuvre du salut des âmes. Ces talents peuvent être très modestes, au point de vue de l'art oratoire ou de la science théologique ; s'ils suffisent pour réveiller et convertir les pécheurs et pour édifier les croyants, ce sont les dons de l'ordre le plus élevé, les seuls qui méritent d'être ambitionnés par un vrai serviteur de Jésus-Christ. A ces dons-là, on peut appliquer ce que l'apôtre dit de la charité : Quand je parlerais les langues des hommes et des anges, si je n'ai pas la charité, je suis un airain qui résonne ou une cymbale qui retentit. (1Cor.13.1). Sans eux, un prédicateur pourrait avoir *la science de tous les mystères et toute la connaissance, il n'est rien!*

... Il n'est pas un prédicateur de l'Évangile qui ne puisse recevoir ce baptême d'Esprit et de puissance, s'il le demande. Il n'est pas de ministère, si humble soit-il, qui ne puisse être transformé et fécondé par cette intervention du Saint-Esprit, dans la vie intérieure du pasteur tout d'abord, et dans sa vie pastorale ensuite.

Ce qu'il faut donc à nos Églises avant tout, ce sont des pasteurs pieux, tranchons le mot : saints! C'est par le réveil des pasteurs que nous arriverons au réveil des Églises. Oh! si, au commencement de cette saison d'hiver, chacun de nous, chers collègues dans le ministère, renouvelait sa consécration à Dieu, rompait avec les habitudes ou les occupations qui affaiblissent son témoignage et se donnait sans partage au Seigneur, Dieu répandrait son Esprit sur nous et sur nos Églises et il honorerait notre ministère en nous donnant des âmes pour salaire. De même qu'il y a dans la nature des forces improductives, qui n'attendent que d'être mises en œuvre pour centupler les produits du travail de l'homme, ainsi il y a dans le domaine spirituel des forces qui, sommeillent et qui, si nous savons les utiliser, multiplieront à l'infini les fruits de notre activité chrétienne. »

Voilà du Matthieu Lelièvre tout pur. Tel est le fond de la pensée du prédicateur qui, en se retrouvant à Nîmes et s'y croyant au début d'un nouveau ministère, se souvenait des expériences religieuses de vingt ans auparavant. Nous savons où il cherchait l'inspiration et la puissance religieuse de sa prédication.

# 11.
LE JOURNALISTE

Chez Matthieu Lelièvre, le prédicateur, le journaliste et l'historien firent toujours bon ménage. S'ils se disputèrent souvent son temps, il faut constater qu'ils s'entr'aidèrent. Parmi eux, le journaliste est bien celui pour qui il eut le plus de faiblesse, celui pour qui il fit le plus de sacrifices et qui lui donna les émotions les plus vives. Des pasteurs en assez grand nombre ont été de bons directeurs de journaux et des rédacteurs appréciés. Lui, était journaliste : le fauteuil de rédacteur était celui qu'il préférait entre tous ; l'article à faire faisait son souci et sa joie, l'arrivée des courriers où il trouvait les faits de la semaine à noter et à apprécier faisait ses délices. Je ne vois guère que deux ou trois de nos journalistes protestants de sa génération qui l'aient égalé.

Il est probable qu'il a écrit des articles ou a rêvé d'en écrire sur les bancs de l'école, peut-être dès qu'il a pu en lire. Le premier que j'aie découvert de lui, dans les *Archives du Méthodisme*, est dans le numéro du 1ᵉʳ mars 1857, mais je ne garantis rien, et si on me disait qu'il est né un porte-plume d'une main et un journal dans l'autre, je ne dirais pas non. Le titre du dit article, écrit à dix-sept ans, il faut en excuser la modestie, n'est ni plus ni moins que : *Accord entre la Science et la Révélation*. Deux colonnes et demie ! L'Encyclopédie, la Science, la Révélation, le premier chapitre de la Genèse de Gaussen, tout y passe ! La Conférence de cette année-là, ainsi que je l'ai déjà dit, le plaça à Paris, pour y faire des études et pour y commencer son noviciat. Il n'y était pas depuis quelques mois qu'il laissait entrevoir l'écrivain religieux qu'il allait devenir, et était déjà recherché par plusieurs feuilles protestantes. Il se fit la main dans des *Variétés* et *Nouvelles missionnaires*, des *Comptes rendus*, des *Revues de livres*, et, avec Paul Cook, devint le fournisseur attitré de *Communications* appréciées.

A vingt ans, il était déjà abondant ! Le numéro du 1ᵉʳ décembre 1860, de *L'Évangéliste* (les *Archives du Méthodisme* ayant pris ce titre avec leur numéro du 1ᵉʳ janvier 1858) renferme de lui une *Revue de l'année* qui ne tient pas moins de trois colonnes compactes et qui dénote une étendue d'informations, une sûreté de style et une maturité de jugement peu communes chez un jeune homme de cet âge. Tel numéro de 1863 compte cinq articles de lui, ce qui ne l'empêchera pas d'en écrire trois de plus pour le numéro suivant ! On était un peu prolixe dans *L'Évangéliste* de ce temps-là, Matthieu Lelièvre comme les autres. Il ne consacra pas moins de quatre articles à la *Vie de Jésus* de Renan, et de trois à un commentaire sur l'épître de Jacques. Aujourd'hui, nous nous contenterions d'une colonne et nous croirions leur avoir fait bonne mesure. Il avait déjà des projets de biographies dans l'esprit.

Cela le conduisit jusqu'en 1870. Au cours de ces dix ans,

L'Évangéliste était passé des mains de James Hocart et de Paul Cook à celles de Luc Pulsford (1860-1866), puis entre celles de Gédéon Jaulmes, qui, ayant une bonne plume, lui avait donné beaucoup de soin et en avait fait un journal d'édification fort apprécié. En l'automne de 1870, G. Jaulmes dut quitter Paris. La Conférence mit M. Lelièvre à Nîmes et lui confia la direction du journal, avec Paul Cook comme rédacteur-adjoint.

Ce fut providentiel, d'abord parce que le journal avait désormais un vrai journaliste à sa tête ; ensuite, parce que ce périodique comptait dans le Midi le plus grand nombre de ses lecteurs et que les Églises du Midi étaient son vrai milieu. C'est grâce à ce changement qu'il parut sans interruption pendant toute la durée de la guerre franco-allemande et des événements qui la suivirent, alors que les autres journaux religieux, enfermés dans Paris, durent interrompre leur publication. Il fallut se hâter. Le premier numéro publié à Nîmes porte la date du 22 septembre, au moment où les Prussiens se dirigeaient à marches forcées sur la capitale, dont le désastre de Sedan leur avait ouvert la route.

Voici ce qu'écrivit le nouveau rédacteur en entrant en fonction :

« Nous prenons en main la rédaction de ce journal à un moment solennel.

Notre chère patrie traverse une crise redoutable, où il ne s'agit plus pour elle d'une question d'amour-propre national ou de prépondérance militaire, mais où il s'agit de son existence même et de son avenir. Etre ou n'être pas, voilà la question qui se pose pour elle. D'ici à quelques semaines, nous saurons si ce grand peuple, qui s'appelle la France, doit être relégué parmi les peuples du passé, ou s'il a quelque vitalité et quelque avenir. On ne saurait se placer en face d'une pareille alternative sans éprouver un douloureux serrement de cœur...

Cette crise nationale, unique dans l'histoire, se complique d'une crise politique qui en a été la conséquence forcée. L'homme dont les fautes nous ont conduits au bord de l'abîme a roulé lui-même jusqu'au fond, et un trône qui, il y a quelques mois, trouvait sept millions de voix pour l'étayer, s'est effondré en un moment... »

Alors, au milieu de l'effroyable tempête déchaînée sur son pays, le journaliste chrétien, sentant la difficulté et la responsabilité de sa tâche, bien décidé à profiter du régime de liberté dans lequel on entrait pour dire ce qu'il croira être la vérité, demande la bienveillance de ses lecteurs, tend la main à ses collaborateurs, et indique son intention ferme de suivre la même ligne de fidélité et de largeur chrétienne que le journal suivait depuis sa fondation :

« ... Nous n'oublierons jamais que notre feuille est essentiellement religieuse, et que le beau titre qu'elle porte l'appelle surtout à une mission d'évangélisation. Mais, d'autre part, nous avouons ne pas comprendre, et surtout ne pas admettre ce point de vue étroit qui sépare absolument les questions religieuses des questions générales. Le chrétien ne nous apparaît pas comme un homme cantonné dans un petit domaine entouré de hautes murailles ; c'est au contraire l'homme qui a gravi le plus haut sommet des choses et qui, selon la parole de saint Paul, *juge de tout*. Nous voudrions arriver à naturaliser parmi nous une presse religieuse semblable à celle de l'Angleterre et des Etats-Unis, qui semblent avoir pris à tâche d'étudier toutes les questions au point de vue religieux, en portant dans tous les domaines la lumière de l'Évangile.

Nous nous efforcerons de suivre le mouvement religieux contemporain sous toutes ses formes, avec la plus grande attention, tout en consacrant une place spéciale aux Églises méthodistes qui ont pris une part si grande au réveil. C'est cette cause du réveil de l'Église que nous voudrions surtout servir de toutes nos forces... »

Les événements contribuèrent au succès de la nouvelle rédaction. Trois pasteurs méthodistes, E. Farjat, H. de Jersey, A.

Lagier avaient été attachés à des ambulances à titre d'aumôniers. D'autres, Emile Cook, Georges Schefter, Jean-Wesley Lelièvre, en avaient ouvert dans leurs chapelles. Leurs communications étaient palpitantes d'intérêt. Dès le premier trimestre, Puaux père, Mme de Gasparin empruntaient les colonnes de L'Évangéliste. Des journaux réformés avaient disparu. Ils devaient se transformer pour reparaître, et les chefs de file ne se pressaient pas. Dans le désarroi où se trouvait le parti réformé évangélique, le journal de Matthieu Lelièvre devint le porte-parole d'une minorité active, gagnée à la cause du Réveil, sympathique aux idées de son directeur sur la Séparation de l'Église et de l'Etat et la formation d'une Église réformée évangélique. Bientôt, Daniel Benoît, Gustave Meyer, G. Ducros, Armand Martin, Eug. Arnaud, et d'autres, y écrivirent fréquemment. Paul Cook, Matthieu Gallienne fils, J. Hocart père et fils, William Cornforth — je ne prétends pas les citer tous — formaient autour du chef un état-major dont tout journal aurait pu être fier. Les articles de Mlle S.-P. Blundell et ceux de Mlle Levat, plus tard ceux de Mlle Néel, y apportaient une variété de genre et de sujets appréciée. Ed. de Pressensé, Armand Delille, le Dr Gustave Monod lui adressaient des communications. Le journal se fit, en peu de temps, dans la presse protestante, une place très honorable. Il était souvent cité, quelquefois combattu, toujours respecté. Ecrivains et lecteurs lui venaient de tous côtés. Ils avaient reconnu un homme de cœur, un maître-écrivain, un journaliste de race dans celui qui le dirigeait. Le chiffre de ses abonnés doubla en peu d'années : le Gard lui en fournissait la moitié. La Drôme suivait. Il est probable qu'une bonne moitié de cette clientèle lui vint des réformés. Il faut tout de suite ajouter que cette prospérité ne dura que de 1870 à 1876. Vraisemblablement, du fait que les réformés se groupèrent davantage autour du *Christianisme*, que les journaux religieux protestants se multiplièrent et que la crise du phylloxera s'étendit cruellement sur le Midi, le dépeuplant et l'appauvrissant.

Le régime républicain fut propice au journal. Matthieu Lelièvre y inaugura une *Chronique de la Semaine* qui, dans les campagnes surtout, et dans ces temps où les quotidiens y étaient peu lus, faisait plaisir. Bientôt il fit suivre ses premiers *Nîmes* de paragraphes où il jugeait les principaux faits du jour. C'est peut-être dans ces *Notes sur les hommes et les choses* qu'il se révéla encore meilleur journaliste que dans ses articles proprement dits. Il savait exposer vite et bien un fait divers, un litige, et, d'une plume alerte, porter sur lui un jugement remarquablement avisé. C'est ce qu'on lisait souvent en premier lieu, et je me souviens qu'étant enfant j'ai vu quelquefois, le vendredi soir, arriver chez mon père quelque parent ou quelque voisin qui tenait à savoir ce que notre pasteur disait de tel ou tel incident de la vie nationale qui préoccupait les esprits. Ces innovations ne se firent pas sans peine. Des collègues et des collaborateurs étaient moins républicains que le rédacteur ; ils avaient peur que l'œuvre religieuse fût compromise par ses incursions dans un domaine qu'ils jugeaient un peu dangereux. Notre ami tint bon, et bien rares furent, je crois, ceux qui ne finirent pas par lui donner raison.

La foi républicaine du nouveau rédacteur était ardente, et il paraît bien aujourd'hui qu'il s'y mêla quelques illusions. Il faut toutefois remarquer qu'il ne flatta jamais les passions populaires, et que c'est toujours à la lumière de l'Évangile qu'il jugea les hommes et les événements. Ses articles étaient du même ton que ses conférences sur *Les Vertus républicaines* et *La République des Etats-Unis*. Dans son journal, comme dans la chaire, ou dans les salles de réunions où il se faisait entendre, Matthieu Lelièvre ne cessa de prêcher la repentance, la conversion, le recours à la prière, et même au Saint-Esprit. Il travailla de toutes ses forces au réveil des consciences, comme au réveil des Églises, soit par la parole, soit par la plume. Son premier *Nîmes, 21 septembre* 1870, dont nous avons donné des extraits, et qu'il accompagna d'un article : *Ce que nous devons à la République* est, dans le même numéro, suivi d'une méditation de lui sur ce texte : « Humilions-nous sous la puissante main de Dieu », au cours de laquelle il trouva des accents douloureux pour confesser la frivolité, l'orgueil, l'impiété, non pas de l'Empire, mais de sa génération. C'est tout à fait typique. Et, chose curieuse, ce troisième article fut reproduit dans deux journaux politiques de la région.

Fidèle à son titre, le journal fut un évangéliste. Cet *Évangéliste* s'attarda moins que ses aînés aux lits de mort des chrétiens, ainsi qu'aux menus détails de la vie religieuse. Ses articles nécrologiques furent plus courts ; ses *Variétés* et *Faits divers* plus resserrés. Il était soigné sur sa personne, comme dans ses discours ; il ne rabâchait pas, et il n'improvisait pas. Sa parole était bien française, évitant tout ensemble le patois de Canaan et l'argot des faubourgs : un *Évangéliste* bien convaincu, sans prétention au beau langage, et sans grands gestes, mais ayant un message, sachant ce qu'il disait parce qu'il l'avait appris dans l'Évangile et qu'il l'avait expérimenté. Les réunions d'édification mutuelle et de prière, les manifestations d'une piété vivante et animée de l'esprit missionnaire, étaient tout à fait son affaire. Il adressait des appels, des exhortations. Il fit des campagnes pour des causes aujourd'hui gagnées, du moins théoriquement, comme le ministère de la femme, la prédication laïque, la Séparation des Églises et de l'Etat, les missions de réveil, les œuvres parmi la jeunesse ; non seulement parce que ce sont là des sujets intéressants, mais parce qu'il avait des convictions, qu'il se tenait à l'avant-garde de l'armée du Christ et qu'il s'efforçait à la porter en avant, y voyant les conditions nécessaires au salut de l'Église et du pays.

La production de Matthieu Lelièvre fut énorme pendant sa première rédaction. Ce n'était pas que sa plume courût très vite. Il pouvait toujours lui tenir pied et il ne lui laissait jamais la bride sur le cou. Mais il travaillait intelligemment et beaucoup. Il était l'âme, l'animateur de son journal. Jeune et vibrant, tous les événements avaient leur retentissement en lui ; mais son esprit, cultivé par des lectures étendues et parfaitement ordonné, son sens critique, lui permettaient d'émettre un avis juste, d'écrire de sang-froid, même sur des sujets brûlants. Quand son article était fait, il était rare qu'il y eût quelque chose à changer.

Il fut également fidèle au sous-titre de *L'Évangéliste* : « journal des intérêts chrétiens et particulièrement du Méthodisme pour les pays de langue française ». Il se hâta, cependant, de l'abréger et de le rajeunir par celui-ci : « Journal religieux hebdomadaire, organe de l'Église évangélique méthodiste ». La formule nouvelle n'eut cependant qu'une vie courte. Elle disparut dès le 10 août 1871, pour faire place à celle-ci : « Journal religieux paraissant tous les jeudis ». Et il expliquait ainsi la transformation :

« Cette suppression n'implique *aucun* changement dans les principes ni dans la marche du journal ; il continuera à entretenir les mêmes rapports que précédemment avec l'Église méthodiste française dont il fera connaître la marche et les travaux. Nous nous décidons à supprimer ce sous-titre par déférence envers l'opinion de quelques collègues qui craignent que le public, se méprenant sur sa portée, ne veuille rendre l'Église méthodiste solidaire des opinions politiques des rédacteurs. »

Matthieu Lelièvre, bien convaincu que la République était le régime démocratique qui convenait à la France, ne cacha jamais ses convictions républicaines. Il savait que presque tous ses lecteurs le suivaient et qu'il exprimait le sentiment intime de quatre-vingt-dix pour cent des membres de son Église. Il fit pourtant de la politique, s'engageant à fond contre les projets de restauration monarchique qui furent tentés pendant les années qui suivirent la proclamation de la République, et, par exemple, patronna la *Lettre aux députés protestants* que son ami et voisin Jules Méjan écrivit en 1874. Mais il ne pouvait pas ne pas avoir cette politique-là, et il la suivait en se plaçant uniquement au point de vue de la foi et de la liberté religieuse.

Cette liberté religieuse, il la réclamait pour toutes les Églises évangéliques, dont la diversité ne lui faisait pas peur, pourvu qu'elles fussent fidèles à leur vocation et animées, entre elles, de l'esprit d'amour et d'entr'aide, tel que cet esprit se manifestait dans l'Alliance évangélique. Quand il prit le journal, il était déjà assez connu pour que chacun sût à quoi s'en tenir à ce sujet. Mais il eut souvent, dans sa carrière de journaliste, l'occasion de s'expliquer. C'est ainsi qu'à la date du 20 janvier 1905, au moment où la Séparation des Églises et de l'Etat était à l'ordre du jour, Matthieu Lelièvre écrivit :

« On nous dit que pour faire impression sur le peuple français, il convient que le protestantisme fasse corps et lui présente, en raccourci, une image de la grande unité catholique. Il y a quelque chose de puéril dans ce souci de faire grand, qui hante tant de cerveaux parmi nous. Comme si notre prétendue grandeur, même en faisant appel au ban et à l'arrière-ban de notre armée, n'était pas insignifiante, comparée à celle de l'Église romaine ! ... Un réveil qui se produirait parmi les protestants français aurait bien plus de prise sur l'opinion qu'un rétablissement laborieux d'une unité extérieure, qui cacherait mal les divergences profondes de tendances et de doctrines. »

Il s'étonnait plus tard (10 avril 1919) qu'on fît état du « qu'ils soient un » de la Prière sacerdotale, — un de ses sujets de prédilection, — pour vouloir « unifier » des catégories de gens qui ne comprenaient pas de la même manière, précisément, le passage où se trouve cette parole du divin Maître, et il en concluait que l'unité religieuse n'est possible qu'entre croyants. Sur ce point, il n'y a jamais eu chez lui de variation, ni ombre de changement :

> « Il suffirait d'ailleurs, pour ne pas se méprendre sur la volonté du Maître, de ne pas séparer son *qu'ils soient un*, de ses deux compléments : *comme nous* et *en nous*, qui donnent à l'unité des croyants un type divin et une réalisation surnaturelle.
>
> C'est méconnaître la pensée de Jésus que de voir, dans son appel à l'unité, la sanction des compromis bâtards que l'on rêve entre croyants et incroyants, entre Églises où l'on entre par la naissance, et qui sont souvent des institutions plus politiques que religieuses, et des églises qui reposent sur la profession personnelle de la foi... Saint Paul, dans sa fameuse comparaison de l'Église assimilée au corps humain, fait de Christ la tête de ce corps, et dit : *Nous sommes un seul corps en Christ et membres les uns des autres*, affirmant, lui aussi, que l'unité de l'Église est *en Christ*, et pas ailleurs. »

A l'unification extérieure qui, à son point de vue, n'est qu'illusoire, qu'il attribuait au levain de romanisme qui fermente toujours dans certaines âmes, notre journaliste opposait l'union des cœurs. Il écrivait le 8 mai 1919 :

> « De grâce, n'essayons pas de substituer la dure et froide uniformité des réglementations synodales aux impulsions et aux inspirations de l'amour fraternel. Ce serait mettre un bloc de glace dans un foyer pour en activer la combustion. L'union des cœurs doit précéder l'union des Églises, et cette double union est l'œuvre de l'Esprit de Dieu. Les Pentecôtes d'abord, l'organisation ecclésiastique ensuite. »

Notre rédacteur considérait donc que, dans l'état actuel des choses, toute fusion serait prématurée et porterait atteinte aux

intérêts du Règne de Dieu. Il repoussait tous les nationalismes et toutes les Églises d'Etat. Mais il était généreux, de sa plume et de son journal, envers toutes les causes qui se réclamaient de l'Évangile. La décade qui marqua son apogée dans le journalisme fut féconde dans l'histoire religieuse. Elle fut marquée par les Réveils de Brighton, de Montmeyran, de Dieulefit, de Nîmes et de beaucoup d'autres régions, ou localités bien connues de lui. Un bon vent soufflait, l'amour fraternel débordait, et, s'il y eut quelques fausses notes, il demeure qu'on pouvait appliquer aux disciples de Christ les paroles des Actes : « Ils n'étaient qu'un cœur et qu'une âme, et le Seigneur ajoutait tous les jours à l'Église ceux qui étaient sauvés. » C'est dans cette atmosphère que Matthieu Lelièvre composait son journal et donnait toute sa mesure.

Il ne pouvait faire autrement que de porter une grande attention aux destinées de l'Église réformée. D'abord, parce que, s'il y avait *une* Église où il était né à la vie spirituelle et qu'il servait avec bonheur, cet attachement ne le portait nullement à oublier ses devoirs envers *l'Église*, considérée comme la collectivité des disciples de Jésus-Christ : la première est une famille, la seconde est une patrie. Ensuite, parce qu'il savait que les destinées du protestantisme français sont étroitement unis à ceux de l'Église réformée de France. Et il aurait voulu que celle-ci, au lendemain de la déclaration de la République, affirmât sa fidélité à la doctrine évangélique, appuyât de toute sa force la cause de l'Évangélisation et du Réveil, et conquît son indépendance ecclésiastique.

Il y eut alors, pour les deux fractions de l'Église réformée, une période critique, et Matthieu Lelièvre ne marchanda ni son temps ni sa peine, pas plus que les colonnes de son journal au parti évangélique. D'ailleurs, il y était poussé et soutenu par toute une aile de ce parti, et par beaucoup de lecteurs dont *L'Évangéliste* exprimait le sentiment et l'intime espoir. Mais sa participation vigoureuse et décidée aux affaires ecclésiastiques d'une autre Église que la sienne ne fut pas du goût de tous, et les articles de polémique, les passes d'armes même, ne furent pas rares dans les journaux religieux de cette époque. Peut-être notre rédacteur y donna-t-il lieu quelquefois en se mêlant, avec un peu d'indiscrétion et beaucoup d'insistance, aux démêlés entre réformés orthodoxes et libéraux, et en y apportant une sûreté d'information, une fermeté de principe, une liberté et une force d'argumentation qui gênaient et agaçaient ceux qui, dans le camp de l'orthodoxie réformée, étaient plus timorés, moins avancés, et moins libres de leurs mouvements que lui.

Il se sentait très fort. Il se savait envié. Et je ne dirai pas qu'il ne soit jamais arrivé, dans cette polémique, que le vieil homme n'ait, chez lui, prêté assistance à l'homme nouveau. Mais, d'autre part, les prétentions de ceux qui s'attribuaient, parce que membres de l'Église officielle, un certain monopole religieux et avaient une mentalité de préfet ou de sous-préfet de l'Empire, plutôt que celle d'un ministre de Jésus-Christ des temps modernes, ne pouvaient lui convenir. Il n'acceptait pas leur domination sur les héritages du Seigneur, et il ne se privait pas de le leur dire.

L'on ne peut relire Matthieu Lelièvre sans être tenté de relever bien des *Notes* et même bien des pages de cette polémique, presque toujours courtoise de part et d'autre, mais quelquefois un peu vive et trahissant quelque impatience. Les rieurs, s'il y en avait — car le sujet de discussion était presque toujours grave, — devaient souvent être avec lui. Non seulement l'avenir devait lui donner raison, mais la raison était presque toujours déjà et très visiblement de son côté, et il fallait être singulièrement aveugle ou obstiné pour ne pas le voir. Puis, plus que ses adversaires, Lelièvre avait le trait, la main leste, et ce grain de sel qui donnait une saveur spéciale à ses ripostes journalistiques. Tout cela est périmé. Ce sont des cendres refroidies. Mais, au moment où ces interventions d'un parti opposé aux influences méthodistes et indépendantes se produisirent, leur effet fut déplorable.

Notre ami en avait gardé un souvenir pénible, quelque chose comme une blessure au cœur. Il en parlait avec regret, même quand, vingt-cinq ans plus tard, il touchait discrètement à cette période de sa vie :

« Ce fut, en effet, pendant ces années 1874 et 1875 que se produisit le beau réveil de sanctification qui, malgré ses misères, donna un élan nouveau à la piété de beaucoup de chrétiens et -de pasteurs... Si ce réveil ne porta pas tous les fruits que nous en attendions, il est certain qu'une des causes principales fut le réveil de l'esprit ecclésiastique, qui ne réussit que trop à désunir ceux que l'Esprit de Dieu avait unis. S'il n'eût fait tort qu'à la caisse des journaux de la dissidence, en détachant d'eux une partie de leur clientèle, le mal ne serait pas grand : plaie d'argent n'est pas mortelle. Mais, en déchaînant l'esprit sectaire, il a contribué à arrêter le réveil, et cela nous ne le lui pardonnons pas. »

Nous avons caractérisé assez longuement le journaliste qu'était Matthieu Lelièvre pour être plus court sur les deux autres périodes où il fut de nouveau à la tête de *L'Évangéliste*. Pendant les huit ans qu'il passa à Jersey et à l'Église des Ternes, Paris, c'est son frère Jean-Wesley, ensuite O. Prunier qui le remplacèrent. Quand il revint au journal, il n'eut qu'à renouer le fil et à continuer la tradition.

Il en changea cependant le format et y plaça deux manchettes qu'il a gardées depuis : « Malheur à moi si je n'évangélise pas »

(Saint Paul) ; « Le monde est ma paroisse » (Wesley), comme pour bien montrer que L'Évangéliste resterait voué à l'évangélisation et que sa sympathie pour l'œuvre de Dieu continuerait à être universelle. Bientôt, il y introduisit le feuilleton. Ses articles furent généralement plus courts que précédemment ; d'une facture plus simple, mais gardèrent une rare correction, ainsi que leurs traits distinctifs de clarté, de mesure et de force. Sans se répéter et sans lasser, le rédacteur revenait sur les sujets essentiels : la prière publique et privée, l'évangélisation des protestants et des catholiques, la conversion, la prédication laïque, la Fédération des Églises, la puissance spirituelle. Ses *Notes de la Rédaction* étaient fréquemment nombreuses et n'avaient rien perdu de leur saveur.

Si je devais choisir entre les trois périodes de la rédaction de Matthieu Lelièvre et la quarantaine d'années qu'elles recouvrent, je crois bien que j'opterais pour l'année 1892, quand le journaliste, rafraîchi et renouvelé par la détente des huit ans qu'il avait passés sans faire beaucoup d'articles et ayant accru son fonds d'expérience, reprit la plume, bien décidé à faire un journal varié, pratique, édifiant. Il ne fut pas plus brillant qu'une douzaine d'années auparavant, un peu moins peut-être, si par brillant on entend étincelant d'esprit, traversé de traits lumineux ou même éblouissants. L'actualité y tenait un peu moins de place ; mais, comme valeur permanente, c'est bien ce que le directeur a donné de mieux. On peut aussi y relever l'absence à peu près complète de polémique. Lui-même avait fait cette remarque, et il se demandait :

« Etait-ce assagissement, amené par les années, dans le tempérament du rédacteur ? Etait-ce surtout absence de questions brûlantes dans le monde et dans l'Église ? Je ne sais ; c'était probablement les deux choses à la fois. »

Au bout d'un an et demi notre ami dut céder aux ordres du docteur et passer la plume à Emile Bertrand. Celui-ci mourut prématurément quand il touchait à la quarantaine, l'avant-dernier jour de 1900. M. Lelièvre, dont la santé était maintenant normale, se voyait déjà réduit à un ministère pastoral diminué par sa surdité. Il ne pouvait refuser de servir Dieu et sa cause dans la voie qui se rouvrait devant lui :

« Je puis parler et je puis écrire, se dit-il, donc je dois parler et écrire jusqu'à ce que le Maître me dise : C'est assez ! »

Voilà comment il redevint, pour la troisième fois, directeur de *L'Évangéliste*. Il pensait que ce ne serait que pour peu d'années. Cela devait durer un quart de siècle ! Mais, à la fin de 1914, jugeant que la ville du Havre, où il habitait, n'était peut-être pas un lieu de tout repos pour son bien-aimé journal, et se souvenant des expériences de 1870, il le confia à son collègue Edmond Gounelle, qui devint son collaborateur assidu dès ce moment-là, et lui succéda plus tard. Il en garda cependant la direction effective jusqu'en 1925. De sorte que ce fut cette dernière série qui, contrairement à toutes les prévisions, fut la plus longue. Il y écrivit assidûment jusqu'à la fin de 1925, et, plus ou moins, jusqu'à peu de mois avant son décès.

Pendant cette période, notre rédacteur fut de moins en moins combatif. On n'a pas, après soixante ans, les goûts belliqueux qu'on avait à trente. Mais il est probable, qu'il consacra à sa feuille hebdomadaire plus de temps que jadis. Il lui rendit tout de suite cet air distingué, ce cachet de journal bien fait, dont il avait le secret.

On ne put s'empêcher de constater que le vieux directeur restait fidèle aux amours de sa jeunesse, tout en suivant le cours des choses. A peine s'était-il remis en contact avec ses lecteurs, — et ce ne fut pas long, — qu'il les rendit attentifs aux vérités essentielles de la foi et qu'il les initia au mouvement religieux mondial qu'il n'avait pas cessé de suivre d'un œil vigilant. Le Réveil, les missions de Réveil, les assemblées de prière pour le Réveil, ainsi que les manifestations du christianisme social, occupaient sa pensée et lui fournissaient des sujets d'articles. Le vieux feu brûlait. Voici quelques lignes du 20 janvier 1905. La Séparation est dans l'air. La fidélité à l'Évangile, qui lui paraît de toute nécessité, le préoccupe. Et l'ancien lutteur se réveille. Pour un peu, il croiserait le fer comme vingt-cinq ans plus tôt :

« Constatons d'abord le besoin, pour notre protestantisme français, de retrouver les sûres fondations en dehors desquelles on ne peut édifier rien de solide ni de durable. La Babel ecclésiastique que bâtissent nos jeunes théologiens avec une ardeur qui pourrait être mieux employée, verra flotter à son sommet, si elle s'achève, le drapeau de l'indifférence doctrinale. Qu'on y prenne garde, on ne se passe pas impunément du seul fondement qui a été posé : Christ crucifié et ressuscité. On ne fait pas une Église avec quelques souvenirs historiques ou quelques aspirations sociales et humanitaires. Il lui faut une doctrine, c'est-à-dire des affirmations et non des doutes, un enseignement qui ne dise pas oui et non, qui ne souffle pas par la même bouche le chaud et le froid... »

Toutefois, le ton de la controverse ecclésiastique a changé. Matthieu Lelièvre est maintenant vénérable et vénéré. Ses confrères ont des égards, et se sont assagis, comme lui. Tout se passe avec mesure, tact et charité. Si j'ose porter un jugement sur cette période, je dirai que notre frère fut éminemment édifiant, constructif; mais que, comme journaliste, il abusa des études qui donnaient lieu à des séries d'articles un peu longues et vers lesquelles l'inclinaient ses qualités d'historien. Ainsi, dans la seule année 1902, il ne consacra pas moins de dix articles copieux à l'histoire de son journal ; il n'en publia pas moins de quinze sur Adolphe Monod, à l'occasion de son centenaire, de onze sur la comtesse Agénor de Gasparin. Que ces articles fussent bien pensés et bien écrits, qu'ils fussent édifiants et instructifs, c'est certain. Ils auraient pu être moins nombreux et un peu plus courts, et ils y auraient gagné. Je constate que, s'il reléguait les faits du jour dans ses, *Notes de la Rédaction*, il continuait à en parler comme personne ne pouvait le faire dans son journal, et que ses collaborateurs mettaient de la variété et de l'actualité dans les autres matières qui le remplissaient.

J'ajouterai, avec tous les égards que je dois à sa mémoire, et cette sorte d'affection filiale que j'ai toujours eue pour lui, que, vers la fin de sa vie, du fait de l'âge et du rôle de patriarche que nous avions largement contribué à lui faire accepter, il se livrait à des souvenirs personnels et à des joies ou douleurs familiales avec une facilité et une abondance excessives. Il associait ses lecteurs aux émotions de son jubilé, à celles de ses noces d'or et de diamant, avec une touchante mais un peu discutable simplicité de cœur et d'esprit. Pourquoi pas ? N'étaient-ils pas, eux et lui, dans les meilleurs termes d'amitié et de confiance, et comme de la même famille ? Il arrivait alors que ce qu'on lui disait à l'oreille était proclamé sur les toits. Et on se retenait, de peur de se voir imprimé tout vif. Mais c'était comme les éclairs et les lointains roulements de tonnerre de certains beaux soirs d'été, qui n'ont rien de dangereux et qu'on ne perçoit que quand le soleil est couché ; ou comme le mouvement intérieur d'un homme qui, ayant aimé les siens, les aime jusqu'à la fin et est sûr d'être aimé d'eux.

Je crois que notre frère aurait pu écrire au terme de son activité journalistique ce qu'il écrivit après sa première période de rédaction, la plus mouvementée de toutes :

« Ceux qui ne se sont jamais assis dans un fauteuil de rédacteur ne peuvent comprendre que peu de jouissances sont aussi pures et aussi élevées que celles du journaliste qui prend sa tâche au sérieux, qui se considère comme ayant charge d'âmes et appelé à distribuer le pain de la vérité à des milliers de lecteurs. »

12.
L'HISTORIEN

Il n'est pas probable que, lorsque Matthieu Lelièvre fit paraître ses premiers livres, il eût la moindre prétention au titre d'historien. Son but était de faire connaître des hommes dans la communion spirituelle desquels il vivait, qui inspiraient et alimentaient sa vie religieuse et qu'il jugeait aptes à orienter l'Église dans la voie d'une consécration plus complète au service de Jésus-Christ.

Mais ces livres mêmes témoignent de longues. et patientes recherches, de sérieux efforts pour remonter aux sources et faire œuvre d'historien, en même temps qu'œuvre d'édification et de vulgarisation. Dans la suite, notre auteur prit goût à ce genre de travail, et quand il se livra à des, œuvres d'un caractère vraiment historique, comme : *Le méthodisme dans les îles de la Manche* ; l'*Histoire des martyrs de Crespin* ; *De la Révocation à la Révolution*, ou qu'il prépara les éditions successives de son

John Wesley, il y apporta des qualités qui l'ont classé parmi les historiens. Vraisemblablement, c'est sous cette désignation que son souvenir demeurera le plus longtemps. Les articles de journaux doivent trop à l'actualité, toujours changeante, pour n'avoir pas une existence éphémère, sans compter qu'ils ne sont pas faciles à retrouver; la parole publique, même si elle a électrisé des foules, a vite fait son temps. Un livre bien composé, riche d'informations et d'idées, a une valeur plus permanente. Or, dans le cadre où ceux de notre ami sont établis, ils ont tout à fait ce caractère. Dans aucune langue, vous ne pouvez rien avoir de plus complet, de plus pondéré, de mieux fait que sa IVe édition de la Vie de John Wesley, et vous ne trouverez pas d'étude sur les doctrines et l'enseignement du Réveil du XVIIIe siècle, connu sous le nom de méthodisme, qui surpasse sa *Théologie de Wesley*. Je serai moins positif en ce qui concerne l'édition des *Martyrs de Crespin*, à laquelle son nom est attaché, et son livre *De la Révocation à la Révolution*, ces sujets m'étant moins familiers. Je les tiens pour des œuvres de premier ordre, mais, sur leur compte, je suis bien aise de pouvoir donner, un peu plus loin, le jugement d'un homme parfaitement compétent.

J'ai aligné devant moi les ouvrages de notre auteur que, sauf les trois gros volumes de l'Histoire des martyrs de Crespin, je l'avoue en toute humilité, j'ai tous sous la main. Ils forment une œuvre imposante. Sauf erreur, il y en a seize. Et, en toute justice, il faudrait y ajouter la traduction du livre de William Arthur : *La loi physique et la loi morale*, une douzaine de brochures et de sermons, sa traduction ou adaptation des Mémoires de *Peter Cartwright*, le vaillant et excentrique prédicateur de l'Ouest américain, qui n'ont paru qu'en feuilleton, beaucoup d'articles de la *Revue chrétienne*, du *Bulletin de l'Histoire du Protestan-*

tisme français, la série d'articles historiques qu'il publia dans le *Journal des Écoles du Dimanche*, de 1890 à 1908, pour la Fête de la Réformation, ainsi que sa contribution à l'*Encyclopédie des Sciences religieuses*, de F. Lichtenberger, sur des sujets anglais, irlandais, américains, qui, sans former un nombre de pages considérable, nécessita une documentation sûre et étendue. Que de veilles ! Etonnez-vous qu'il ait souffert de migraines, à un âge où beaucoup d'hommes ont leur pleine santé et sont encore jeunes !

Sans doute, Matthieu Lelièvre composait des livres et des articles de revues, même historiques, comme d'autres construisent des maisons ou dirigent quelque grosse industrie. On se tromperait toutefois si on s'imaginait qu'il les écrivait sans effort. Que d'après-midi il a passées dans les bibliothèques publiques à vérifier un texte, à chercher le sens d'une phrase obscure, à déchiffrer quelque vieux papier ! Des feuilles couvertes de notes de sa main, dont chaque ligne porte l'indication de documents à consulter, avec noms d'auteurs, numéros de volumes, d'années, de pages, quelques-unes barrées parce que le travail a été fait, et que je retrouve dans un vieux dossier sur lequel est écrit : « Travaux sur le XVIe siècle, Conférences ou Publications », me remplissent de confusion. Elles m'ont rappelé ce que j'avais remarqué il y a longtemps, dans la Préface de sa *Vie de Jean-Louis Rostan*, à savoir qu'il n'avait pas réuni, classé, élagué moins d'un millier de pièces pour faire ce livre ; et qu'il n'y était arrivé qu'à force de bonne volonté. Car M. Lelièvre lui-même, tout passionné qu'il fût pour ses héros, avait autre chose à faire que des livres et devait subir les exigences ainsi que les contrariétés de la vie. On n'écrit pas toujours quand on veut, et il y a des jours où l'on ne trouve ni le temps ni le moyen de le faire. Alors, il faut saisir au vol les moindres moments ; et c'était souvent aux heures tardives d'une fin de journée, ou même pendant la tranquillité de la nuit, que sa plume marchait de son pas réglé. Je n'ai pas oublié ce qu'à cette époque il écrivait à propos de Hunt, l'apôtre des cannibales :

« Le travail que je livre au public m'a occasionné quelques fatigues, mais il m'a procuré de bien vives jouissances. J'ai souvent oublié le sommeil au milieu des Fidjiens, et les lueurs matinales du jour m'ont surpris plus d'une fois, tout absorbé par les scènes terribles ou touchantes de leur histoire. »

Quand nous lisons des pages qui semblent écrites d'un seul jet, tant leur style est clair, simple et élégant, nous nous imaginons parfois qu'elles n'ont pas demandé plus de peine à leur auteur qu'elles n'en demandent à leurs lecteurs. Elles sont souvent, même pour de grands talents, le prix de gros efforts.

Matthieu Lelièvre s'est complu à nous dire comment il a été amené à écrire la plupart de ses livres. Il avait besoin de se lier avec son public et à lui parler à cœur ouvert, et cette manière a contribué à rendre la lecture de ses ouvrages plus facile et sympathique.

Rostan, le premier en date, avait été l'ami et le collègue de son père ; jeune enfant, il avait appris à l'aimer et à le vénérer. La figure de ce fils des Alpes était éclairée pour lui par celle de Félix Neff et par tout ce qu'il avait conservé dans sa nature, si originale et si pure, de son pays natal. Jeune pasteur, Matthieu Lelièvre avait vu, dans la Drôme et dans la Vaunage, la profonde influence, la puissance de conversion et de sanctification que Rostan y avait eues. C'est un livre de piété, un trésor d'expérience religieuse, qu'il voulut réunir pour les amis et pour l'Église sur l'intrépide missionnaire que Dieu avait repris à lui.

Hunt et *Taylor* durent leur publication à l'esprit missionnaire dont M. Lelièvre était animé. Pouvait-on mieux faire, pour nourrir la piété de la jeunesse chrétienne qui prenait conscience de ses devoirs, que de lui donner l'exemple de ces deux hommes, dont l'un, pris aux rudes travaux des champs, ajouta un archipel des plus sauvages au Royaume de Dieu sur terre ? et l'autre, prédicateur original à poigne, comme le méthodisme américain du milieu du siècle passé en avait beaucoup, qui osa attaquer l'ennemi dans son antre, lui disputa ses victimes et fut un moyen de bénédiction pour toute la Californie ? C'était le temps où notre ami envoyait des *Nouvelles missionnaires* à plusieurs journaux, et celui où les pionniers du méthodisme américain l'attiraient beaucoup.

Dans sa Préface à la IVe édition de *John Wesley*, notre auteur a raconté comment trois hommes, dont aucun n'était wesleyen, l'encouragèrent à écrire la vie de cet homme de Dieu : Frédéric Monnier, auditeur au Conseil d'Etat impérial, qu'il avait connu à l'Union de Paris ; Eugène Bersier, le futur orateur de l'Etoile, et Louis Bridel, le pasteur distingué de l'Église libre de Lausanne. Ils ne firent que souffler sur un feu déjà allumé. Toutefois, grâce à eux, lorsqu'en 1867, la Conférence méthodiste française ouvrit un concours pour la meilleure vie populaire de Wesley, Matthieu Lelièvre se trouva tout préparé à concourir. Son manuscrit fut couronné par le jury et son livre, bien qu'il fût loin d'être ce qu'il est devenu avec la IVe édition, eut la chance de tomber entre les mains de Charles de Rémusat, qui lui consacra un article de trente-six pages dans la Revue des Deux-Mondes. L'ouvrage reçut du public français un accueil empressé ; il s'en écoula une édition française de 2500 exemplaires, ainsi qu'une édition anglaise de 15 000. Il fut traduit en plusieurs langues. Un autre bonheur était réservé a sa IVe édition, l'édition définitive et, à notre sens, aussi parfaite qu'un ouvrage sur un tel homme, et dans les dimensions où il se tient, peut l'être. Elle fut traduite en anglais par le frère aîné de l'auteur, Jean-Wesley, qui fit ce tour de force de rendre parfaitement le livre dans une langue qui n'est pas sa langue maternelle.

[Le livre eut, du vivant de son auteur, une 5ᵉ édition, en Belgique, et par les soins des Méthodistes épiscopaux, mais, à notre sens, moins réussie, comme forme, que la 4ᵉ. En traitant avec ses éditeurs, M. Lelièvre eut la précaution de dire qu'il ne s'agissait que de cette édition-là, attendu que l'ouvrage étant né d'une initiative de la Conférence méthodiste française, celle-ci doit en avoir la propriété. L'ouvrage devait aussi être désormais imprimé sans modification. « Le livre a sa forme définitive et doit la garder après que j'aurai disparu... »(Lettre particulière de M. L. à Th. R., du 12 mars 1924.)]

Dans Les Prédicateurs pionniers de l'Ouest américain, l'écrivain nous fait assister aux premiers jours de la colonisation de cet immense pays et à la lutte des prédicateurs méthodistes itinérants, dont Francis Asbury fut le chef, pour suivre le mouvement semi-barbare d'une population excessivement mêlée et la sauver par la proclamation de l'Évangile et l'éducation chrétienne. Comme ses prédécesseurs, il date d'une époque où son auteur, dans de nombreuses conférences, donnait la République des Etats-Unis en exemple à la nôtre, sans en cacher ou en méconnaître les faiblesses. Je trouve parmi quelques manuscrits de ces conférences-là un bout de papier où il avait noté évidemment la péroraison de l'une d'elles. Elle nous initie à l'esprit dans lequel il parlait et écrivait sur les choses d'Amérique entre 1870 et 1880 :

« Un siècle s'est écoulé depuis l'émancipation : deux guerres formidables : une au commencement qui a affranchi l'Amérique de l'étranger, une autre à la fin qui l'a affranchie de l'esclavage... Pendant ce siècle, tout a grandi merveilleusement : le pays qui s'est étendu jusqu'au Pacifique, la population qui a plus que décuplé, les institutions qui sont devenues toujours plus libérales, les mœurs qui se sont purifiées...

Or, Messieurs, quel est le roc sur lequel tout cela repose ? Quel est le lien qui rattache toutes les parties de ce vaste organisme ? Quelle est la raison d'être de tous ces progrès ? Cherchez bien, et vous arriverez à reconnaître que toute cette grandeur dérive de ce Livre que les Puritains du XVIIe siècle apportèrent sous leur manteau et qui fut la première charte de ce peuple.

La Bible, Messieurs, la Bible crue et pratiquée, a été jusqu'à présent la grande École de libéralisme des temps modernes : elle a fait la Hollande, la Suisse, l'Angleterre, les Etats-Unis... En dehors d'elle, la France en est la preuve, la liberté est précaire... Quelle différence entre ce siècle là-bas et ici !...

La sagesse que montre notre peuple dans cette troisième et décisive expérience de la République, nous fait espérer qu'il saura profiter des expériences de ses devanciers, et que tournant le dos aux pharisiens qui dénaturent la religion et aux sceptiques qui la méconnaissent, il ira demander à la religion de la Bible comment on fonde la liberté et comment on la fait vivre... »

L'*Histoire du Méthodisme dans les Îles de la Manche* fut publiée, comme nous l'avons dit, à l'occasion du Centenaire. Quoique composée un peu rapidement, elle est copieuse et renferme cent cinquante pages d'un intérêt spécial pour les protestants français ; celles consacrées à la Réforme huguenote dans ces îles et au régime presbytérien sous lequel elles vécurent pendant une centaine d'années. Il y a là quelques chapitres qui doivent avoir nécessité à l'auteur un rude labeur, pour lequel son sens historique l'a beaucoup aidé et qu'il fut le premier à écrire. Ils parurent également dans le *Bulletin de l'Histoire du Protestantisme français* en 1885. Quand il aborda les commencements du méthodisme, en 1783, son travail fut plus facile : les luttes de celui-ci, pour conquérir la liberté, son action, son développement, ses missions et ses missionnaires, forment une lecture singulièrement attachante.

C'est pour compléter l'œuvre de Paul Cook, et sur des documents réunis par lui, que notre auteur publia, en 1897, la seconde partie de la Vie de Charles Cook, un volume où il mit sa peine et son cœur, qui n'a pas moins de 375 pages, et qui, grâce au *Résumé de la première partie*, qu'il a placé en tête de sa propre rédaction, peut suffire à ceux qui ne peuvent acquérir la première partie, maintenant épuisée en librairie. Paul Cook avait eu quelques scrupules à écrire la vie de son père, et avait été embarrassé pour parler de polémiques auxquelles, bien malgré lui, son père s'était trouvé mêlé, quand ces discussions étaient à peine refroidies. Mais cette *Vie* méritait trop d'être achevée, et il était trop nécessaire de raconter jusqu'au bout ce chapitre de l'histoire des Églises de France et des travaux missionnaires de l'Église méthodiste française, pour que Matthieu Lelièvre n'y vît pas un impérieux devoir. Il le remplit avec beaucoup de tact et une connaissance minutieuse des faits qu'il avait à raconter.

Le même esprit, le même souci le guidèrent quand il écrivit l'histoire de deux gentilshommes bretons : *Pierre de Pontavice*, en 1904, et *Armand de Kerpezdron*, en 1913, tous les deux missionnaires méthodistes et pasteurs réformés, l'un mort encore jeune parmi ses amis de Beuville (Calvados), à la fin de 1810 ; l'autre décède à Mer (Loir-et-Cher), en 1854, âgé de 82 ans. Le premier était né à Fougères (Ille-et-Vilaine), le second à Josselin (Morbihan). Tous les deux étaient d'origine catholique, bien entendu. La tempête révolutionnaire de leur pays les jeta sur les îles normandes, soldats découragés d'une cause perdue. Ils y furent convertis, initiés par de lentes épreuves et une éducation religieuse nouvelle aux vérités évangéliques, et le méthodisme insulaire les rendit à leur pays, soldats pieux et zélés de la cause de Christ. Sous leur format de deux cents et quelques pages, ces deux biographies me paraissent être des modèles du genre.

Si, parmi ces volumes également bons sous le rapport de l'enseignement et de l'édification, je devais faire un choix, mes préférences iraient d'abord à la IVe édition de la *Vie de Wesley*, ensuite à la *Théologie de Wesley*, et, en troisième lieu, aux *Prédicateurs pionniers*.

Le premier de ces ouvrages a été l'œuvre de prédilection de Matthieu Lelièvre. Je ne suis pas loin de penser qu'on n'y pourrait rien changer, rien ajouter, sans le gâter. Dans des limites trop réduites pour que l'auteur ait pu être abondant, il ne laisse dans l'ombre rien d'essentiel; il est bien ordonné et bien écrit. J'en ai fait, qu'il me soit permis de l'indiquer, une sorte de preuve récemment. Un autre travail que celui-ci m'avait conduit à relire bon nombre d'ouvrages sur John Wesley, en français et en anglais, ainsi que bien des portions du *Journal* de J. Wesley lui-même. Et, naturellement, j'étais amené à remarquer la diversité des narrations, des appréciations. C'est toujours chez M. Lelièvre que je trouvais le plus de précision, de clarté et de bon sens. Cela n'avait qu'un inconvénient : les autres auteurs, je pouvais les résumer à ma façon, ajouter, retrancher, changer. M. Lelièvre, il fallait le copier; pas moyen de toucher à sa pensée ou à son style sans l'altérer!

Sans en dire tout à fait autant de sa Théologie de Wesley, qui est plutôt une œuvre de sa vieillesse, — mais lentement élaborée dans son esprit, — quand il ne songeait ni à en faire un cours pour des candidats au saint ministère, ni un livre, — je la tiens, en considérant les limites où, elle aussi, se trouve renfermée, pour un travail soigné et achevé, qui gagne à être relu et étudié.

La théologie de Wesley n'était pas toujours très profonde ni très originale ; l'évangéliste inventait moins qu'il n'adaptait ; c'était un constructeur qui savait se servir des matériaux que d'autres avaient mis à pied d'œuvre, et qu'ils n'avaient pas toujours su employer. Mais elle était pratique, claire, scripturaire. Et son interprète a magnifiquement exposé sa pensée, sans se priver toujours de laisser voir la sienne, ou de la compléter par celles de quelques théologiens méthodistes plus contemporains, ce qui ne gâte rien.

Naturellement, parmi ses autres livres d'un caractère biographique et historique, l'apport de Matthieu Lelièvre à la *Vie de Charles Cook* a une valeur unique pour nous. Cela noté, ma prédilection va aux *Prédicateurs pionniers de l'Ouest américain*. *Rostan*, si pieux, si personnel, avec ses 600 pages serrées, est le double trop long pour les gens de notre siècle ou de notre tempérament. *Hunt* même, qui est d'un bon tiers moins volumineux, et qui n'est jamais lourd, ainsi que les autres, que je regarde avec émotion, et dont j'ai parlé avec amour, n'ont pas tout à fait pour moi le charme des *Pionniers*, d'un style si coloré, si élégant, si rapide. C'est une œuvre de jeunesse, écrite par morceaux ; elle vous rafraîchit et vous entraîne.

Matthieu Lelièvre préluda à ses études huguenotes par des articles et des conférences de vulgarisation dont il trouva les éléments dans des ouvrages d'histoire protestante et des publications érudites. Dès 1865, il donna à la *Revue Chrétienne*, un *Essai sur la poésie protestante au* XVIe *siècle*, et, en 1879, un résumé des deux gros volumes de O. Douen : *Clément Marot et le Psautier huguenot*. Une conférence sur la *Révocation de l'Édit de Nantes* fut faite par lui à Nîmes, à Jersey et peut-être ailleurs, au cours de la décade suivante. Mais je lui ai ouï dire que c'est en préparant la réimpression d'un volume publié en Hollande en 1688, retrouvé en Suisse en 1880, et qui lui fut adressé pour *L'Évangéliste* : *Un Déporté pour la Foi*, quatre lettres du sieur Serres, de Montpellier, qu'il prit goût aux documents originaux et conçut le projet d'exploiter, de façon plus spéciale, le filon qui venait de s'entr'ouvrir devant lui. Il voulut donc étudier l'histoire sur les sources originales, au lieu de résumer et vulgariser les travaux des historiens. Justement, bientôt après, son livre sur le méthodisme dans les îles de la Manche lui en fournit l'occasion en le portant vers les documents mêmes du XVIe siècle. Mais c'est en éditant *Crespin* qu'il allait s'y livrer à fond et y acquérir une rare maîtrise. C'est ce labeur qui lui fournit la matière de ses communications à l'Assemblée générale de la Société du Protestantisme français, à son *Bulletin*, ainsi que celle de beaucoup de ses *Portraits et récits huguenots*, et des articles annuels du *Journal des Écoles du dimanche*.

Un petit mystère a longtemps plané pour moi sur l'édition de l'*Histoire des martyrs de Crespin*, par D. Benoît et M. Lelièvre. Je savais quelle peine notre frère s'était donnée pour mener à bonne fin ce gros travail, et j'avais cru comprendre que l'accueil qui lui fut fait avait été plutôt froid. Lui, toujours très ouvert, et généralement heureux quand on le mettait sur le chapitre de ses publications, que ce fût par la correspondance ou dans la conversation, s'était montré à ce sujet d'une discrétion qui n'était pas tout à fait dans ses habitudes et que j'avais respectée. M. le pasteur Ch. Bost, du Havre, m'en a donné la clé.

Après m'avoir rappelé qu'en 1883 la *Société des Livres religieux de Toulouse* prit la décision d'éditer l'*Histoire des martyrs de Crespin* par les soins du pasteur Daniel Benoît, et que cela déplut à la *Société de l'Histoire du Protestantisme*, attendu que Toulouse ne lui paraissait pas indiquée pour cette publication, s'étant spécialisée dans des ouvrages d'un autre genre, M. Charles Bost poursuit :

« M. D. Benoît publia le premier volume de Crespin, en 1885, avec une introduction et des notes succinctes... Il se rendit compte alors qu'il avait assumé une tâche trop lourde et la passa à Matthieu Lelièvre. M. Lelièvre travailla, à Paris, dans la Bibliothèque du Protestantisme français. Il eut le mérite de voir aussitôt ce qu'exigeait son œuvre. Il consulta les éditions anciennes, les éditions successives de Crespin, où, à chaque fois, le volume était augmenté ou corrigé ; chercha dans les écrits du temps la confirmation ou la correction des récits fournis. Surtout, il se mit à correspondre avec des historiens d'Ecosse, d'Angleterre et de Hollande, pour connaître les sources originales auxquelles avait puisé Crespin pour ses récits d'Angleterre et de Flandre, et il observa, pour la France, qu'une bonne partie du livre de Crespin, qui concerne Paris, a été textuellement copiée dans un volume du pasteur de Chandieu, pasteur à Paris au XVIe siècle, au temps même des martyrs. Les deux volumes que publia Matthieu Lelièvre, le II^{e}e en 1887, le IIIe en 1881), représentent un travail immense et d'une très grande valeur. Les notes en sont excellentes. M. Lelièvre, ayant constaté que des recherches du même ordre auraient dû être faites pour le Ier volume, a inséré dans un supplément de son IIIe volume de notes qui se rapportent au Ier. Mais quand le travail fut achevé et que M. N. Weiss, secrétaire-bibliothécaire de la Société d'Histoire, fut appelé à en rendre compte dans le *Bulletin*, il se contenta d'écrire à ce propos un article assez court, où il parlait en même temps de l'édition de l'*Histoire Ecclésiastique* de Th. de Bèze. Il remercia en gros MM. Benoît et Lelièvre pour leur Crespin, loua d'un mot la valeur des notes érudites, parla « de ces beaux livres », mais ne mit pas du tout en lumière l'importance de l'édition. Sûrement, il craignait, en louant trop fort l'auteur (qu'il avait cependant conseillé et aidé), de louer aussi la Société de Toulouse (Bulletin, tome XXXVIII, 1889, p. 555). M. Weiss ni personne ne revinrent jamais, dans le *Bulletin*, sur cette édition, bien que M. Weiss renvoyât toujours à l'édition de Toulouse quand il avait à citer Crespin.

Le silence fut tel, dans le monde savant, que M. H. Hauser, professeur d'Université, auteur d'un ouvrage extrêmement utile sur les

Sources de l'Histoire de France, publié en 1909 (XVIᵉ siècle, II, François Iᵉʳ et Henri II), ne nomma même pas la réédition de Toulouse en étudiant les éditions diverses du Martyrologe. Il écrivit : « Il nous manque un travail critique où seraient étudiés les matériaux de Crespin », ignorant absolument que M. Lelièvre avait fourni ce travail dans ses notes. Je portais sur le cœur ce déni de justice depuis quelques. années, lorsque, à l'occasion d'une demande de renseignements relative au Martyrologe, j'ai cru devoir rappeler dans le *Bulletin* ce que fournissait l'édition Lelièvre. Ces pages ont été lues alors par M. H. Hauser qui, très honnêtement, a avoué ses torts et rendu hommage à M. Lelièvre. J'ai pu faire lire cette amende honorable à Matthieu Lelièvre sur ses vieux jours, à la fin de 1928, et il m'a été doux de lui procurer cette joie. (Vous trouverez tout ceci rappelé dans le Bulletin LXXVII, année 1928, p. 178 et 477.) » Evidemment, il y avait eu dans l'édition de M. Lelièvre une lacune. Au lieu de se borner à un simple Avertissement (tome II), il aurait dû, une fois son labeur de détail achevé avec le vol. III, écrire une introduction d'ensemble, où il aurait ramassé, en les énumérant, toutes ses découvertes, indiquant en même temps de façon précise les diverses éditions anciennes dont il s'était servi, les décrivant en, bibliographe et disant à qui appartenaient les exemplaires rares qu'il avait eus en main. Cet exposé aurait nettement appris, et d'un seul coup, tout ce qu'on devait à sa patience. On peut donc dire que l'ouvrage n'est pas parvenu, comme édition, au point où une expérience plus longue l'aurait conduit. Mais, tel qu'il est, il est remarquable et d'une suprême utilité. On y trouve, dans les notes, beaucoup d'observations qui ont été, depuis, présentées par d'autres comme nouvelles, et on ne dira jamais assez de bien des services que rend la table alphabétique immense qui termine l'œuvre. »

Le livre : De la Révocation à la Révolution est une sorte de réponse que notre historien se donna à lui-même à une question que ses travaux sur le Réveil au sein du protestantisme français, sa *Vie de Charles Cook* notamment, avait posée devant son esprit : Comment se fait-il que l'Église du Désert ait donné naissance à l'Église médiocre du dernier quart du XVIIIᵉ siècle ? Pourquoi a-t-il fallu que le Réveil vînt en grande partie du dehors au XIXᵉ siècle ? Comment expliquer l'effondrement de l'Église huguenote en 1793 et les démissions peu édifiantes de ses pasteurs [a] ? Je savais que la réponse de Matthieu Lelièvre avait été jugée sévère par des hommes comme N. Weiss et Frank Puaux ; que d'autres, sans parler si péremptoirement, faisaient plus grande que notre auteur la part des circonstances atténuantes. Je me demandais si ces trois hommes, Matthieu Lelièvre, Weiss et F. Puaux, quoique animés d'un amour égal pour les Huguenots, étaient, après tout, capables de voir les choses du même œil : l'un fils du Réveil et homme de Réveil, beaucoup plus protestant que calviniste, les autres, traditionalistes à fond, gardiens patentés du patrimoine protestant français ; si fiers d'avoir les Huguenots pour pères qu'ils en étaient, sans doute, venus à n'en point voir les défaillances ou à se croire obligés, par amour filial, de les couvrir. Mais je reconnais que, sur ce point encore, le lecteur a besoin d'une autre autorité que la mienne, et suis aussi heureux que reconnaissant de passer la plume à mon honoré collègue du Havre, M. le pasteur Charles Bost, qui connaît fort bien, le sujet et a souvent parlé de tout cela amicalement avec Matthieu Lelièvre. Voici tout uniment ce qu'il m'a écrit :

« L'ouvrage n'est pas établi sur des sources manuscrites ou sur des documents nouveaux. Mais l'auteur a dépouillé avec soin la collection du *Bulletin*, ainsi que des ouvrages modernes et anciens ; parmi ces derniers un certain nombre de publications très rares qui lui avaient été confiées par M.- F. de Schickler et la Bibliothèque du Protestantisme. On y trouve les renseignements les plus précieux sur les abjurations, les pasteurs apostats, les prisonniers pour la foi... Tous les chapitres ne sont pas de même valeur, mais ceux qui concernent les prisonniers, ceux surtout consacrés aux galériens, et notamment au témoignage des forçats, devraient être republiés, comme groupant des documents qui n'ont été nulle part ailleurs utilisés et qui sont magnifiques. Le tout

---

a. Préface de l'ouvrage cité, p. VI.

témoigne d'une patience et d'une ténacité de recherches qui passent de beaucoup l'ordinaire.

On sait que. ce livre suscita une polémique. M. Lelièvre avait conclu de diverses citations que le protestantisme français, lorsque Louis XIV abattit sur lui le coup de la Révocation, était dans un, état douloureux de déchéance morale et religieuse.

Personnellement, Je crois que M. Lelièvre a attribué une valeur excessive au témoignage que fournissent sur le protestantisme d'alors des sermons de jeûne, où les prédicateurs ne ménageaient pas leurs troupeaux, et je tiens son jugement pour trop sévère. Mais les réponses de M. Weiss, et surtout celles de M. Puaux, ne me satisfont pas entièrement. Ces Messieurs, dans l'intimité, disaient que M. Lelièvre, sans s'en douter, avait cédé à une impulsion *méthodiste*, et avait condamné les Églises du XVIIe siècle, de la même manière que les méthodistes du début du XIXe siècle avaient condamné les Églises *nationales* du temps et leur tiédeur. Je trouvais, à part moi, qu'eux, pour exalter les martyrs, oubliaient trop facilement les innombrables apostats, et notamment les pasteurs infidèles, dont quelques-uns, à la Révocation, étaient devenus des traîtres. M. Lelièvre n'avait pas voulu voir que la lumière, il avait montré les ombres. Son récit, dans l'ensemble et par ce fait même, était plus vrai que tant de publications qui transforment en héros tous les réformés d'alors, et ne parlent pour ainsi dire jamais de ce qui est si douloureux pour notre conscience d'aujourd'hui. On m'a reproché, à moi aussi, d'avoir fait sortir de la nuit certains traits pénibles à connaître de ces temps de souffrance huguenote, M. Lelièvre était d'avis qu'un historien de l'Église a le droit — le devoir — de dire toute la vérité. Avant moi, par exemple, il a écrit, page 514 : *Les auteurs protestants, Antoine Court à leur tête, ont eu tort de voiler les atrocités commises par les Camisards.* Si je crois devoir adoucir certaines de ses condamnations, il en est beaucoup que j'oserais prononcer comme lui. »

Je crois cette appréciation juste.

Sur ce, je vais remettre les ouvrages de Matthieu Lelièvre à leur place, car voici quelques semaines qu'ils encombrent un peu la table où j'écris. J'ai toujours aimé les sentir là, tout près, même quand il se passe des mois et des saisons sans que je les rouvre.

Ils sont tous bons, et quelques-uns sont mes amis de toujours. Si j'ai pris quelque peine à écrire les pages que je viens de leur consacrer, ce n'est pas leur faute. Ils ne m'ont jamais fait que du bien. S'ils n'ont pas enrichi leur auteur, ils ont sûrement enrichi la vie de beaucoup de ceux qui les ont lus.

13.
LE THÉOLOGIEN

Des quatre titres que nous lui avons donnés, c'est celui-ci que Matthieu Lelièvre aurait contesté. Journaliste, il était très sûr de l'être, et il n'en faisait pas mystère. Il se déclarait volontiers historien. Dans la seconde période de sa vie, il n'accueillait celui de prédicateur qu'avec des réserves ; mais il l'était et, surtout, il l'avait été, incontestablement. Je ne crois pas qu'il se soit jamais piqué d'être théologien, bien qu'il ait fait de la théologie toute sa vie, qu'il ait, dès sa jeunesse, montré des dispositions spéciales pour le devenir, qu'il ait professé la théologie pendant quelque temps, qu'il sût ce qu'il croyait, pourquoi il le croyait et pût l'exposer doctement.

Sa théologie était biblique, christocentrique, constructive et, pour tout dire en un mot, wesleyenne ; c'est-à-dire pratique et expérimentale, enracinée dans sa foi en l'amour infini de Dieu et la vertu, sans limite aussi, du sacrifice rédempteur et du pouvoir du Saint-Esprit. Elle était sans étroitesse pointilleuse de formule ou de dogme.

C'était l'orthodoxie évangélique, vivifiée par le Réveil et soulagée de la prédestination calvinienne ; le credo positif, ailé et grave, des hommes de foi et d'action qui ont prêché la conversion et la sanctification, créé les œuvres d'assistance, de conservation et de mission, fait de la piété quelque chose de vivant et de communicatif : un principe de vie nouvelle.

Sur les points essentiels de cette foi, il était très ferme.

Voici, par exemple, l'exorde d'un de ses sermons de Pâques. Il est de 1879, sur Jean.20.16 :

« Devant le grand événement que célèbre l'Église Universelle en ce jour il y a des hommes qui, se refusant à la fois à l'admettre et à le nier, le déclarent indifférent. Je ne suis pas sûr qu'on n'entende pas aujourd'hui des prédicateurs soi-disant chrétiens dire à leurs auditeurs : La résurrection de Jésus-Christ est un problème historique fort ardu : croyez-y si vous le pouvez ; n'y croyez pas si cela vous convient : cela importe peu.

Nous pensons, au contraire, que cela importe beaucoup. Et la preuve c'est que c'est le soleil du jour de la résurrection qui a fait éclore la foi en Jésus-Christ dans l'âme des disciples ; cette foi qui n'en est plus sortie que pour se répandre dans le monde. C'est la vue du Ressuscité, qui éleva l'âme de l'apôtre Jean de l'amour à la foi : *Et il vit et il crut*, nous dit-il lui-même (Jean.20.8-9). C'est la vue du Ressuscité qui fit passer Pierre d'une foi morte, qui se conciliait avec les lâchetés du cœur, à une foi aimante et courageuse. C'est la vue du Ressuscité, qui fit passer Thomas des résistances d'un esprit critique à l'hommage de l'adoration : *Mon Seigneur et mon Dieu !* C'est la vue du Ressuscité qui rendit l'espérance aux deux disciples qui s'en allaient découragés à Emmaüs. Qu'on essaie d'expliquer sans le fait de la résurrection ces transformations morales ! Ce sont là les œuvres d'un vivant, et non celles d'un mort.

C'est aussi la vue du Ressuscité qui, de Marie-Madeleine, pauvre femme désolée, fait la joyeuse messagère de la bonne nouvelle... »

Et, vingt-cinq ans plus tard :

« Le retour à Jésus-Christ, Parole vivante, et à la Bible, Parole écrite, c'est là, croyons-nous, la nécessité primordiale de l'Église chrétienne. La Bible, même en tenant sérieusement compte des résultats acquis de la science, ne perd rien de son autorité et de son efficacité, pour celui qui y a trouvé la double révélation du péché et du Sauveur. On peut, et selon nous, on doit se faire de l'inspiration une idée plus large et moins mécanique que celle qui a longtemps prévalu ; mais Dieu nous garde de laisser s'affaiblir notre foi en l'autorité souveraine des Saintes-Écritures ! Le christianisme de demain sera scripturaire ou il ne sera pas. *Les Écritures rendent témoignage de moi*, a dit Jésus. Cette affirmation de notre Maître nous suffirait au besoin pour défendre notre vieille Bible, contre ceux qui veulent la dépouiller de son autorité.

En même temps que Jésus-Christ et la Bible (l'un appuyant l'autre), il faut que le christianisme de demain retrouve la foi au Saint-Esprit, c'est-à-dire l'agent de tout réveil et de toute régénération dans l'individu et dans la société. Notre orthodoxie calviniste l'a toujours un peu négligé, et la déclaration de foi de 1872 l'a passé sous silence. Ce que l'on appelle, dans les milieux orthodoxes, *le témoignage du Saint-Esprit*, n'est pas précisément ce que saint Paul appelait de ce nom (voy. Rom.8.16). Et quant à la *religion de l'Esprit* de Sabatier, elle n'a que des rapports assez lointains avec l'enseignement de l'apôtre. Ne faut-il pas attribuer à cette éclipse de la doctrine du Saint-Esprit l'absence à peu près complète de conversions dans beaucoup d'Églises dites évangéliques, où pasteurs et paroissiens considéreraient comme un illuminé l'homme qui ferait ouvertement profession de s'être converti à telle date ?... »

Très affirmatif sur le fait même de l'inspiration des Saintes-Écritures, Matthieu Lelièvre n'a pas une théorie de l'inspiration, mais les théologiens qu'il cite avec une évidente sympathie montrent qu'il entend que les écrivains sacrés ont écrit sous une influence si plénière et si immédiate du Saint-Esprit qu'on peut dire que Dieu parle aux hommes par eux, et non seulement qu'ils parlent de la part de Dieu et par son autorité. Le Dr W.-H. Pope, qu'il suit de près sur ce sujet, relevait différents degrés dans l'inspiration. Selon lui :

— il y a des portions de la Bible où l'Esprit a dû suggérer et la vérité et les termes qui l'expriment ;
— d'autres, où il semble que l'Esprit fût donné pour comprendre et développer la doctrine évangélique : comme dans beaucoup de chapitres de saint Paul ;
— il en est où les écrivains étaient réduits à raconter, à rendre témoignage et où l'inspiration leur laisse leurs facultés d'observations, leur tournure d'esprit, toute leur originalité ;
— d'autres enfin, où l'écrivain a fait ce que nous appellerions aujourd'hui un travail d'éditeur, de rédacteur. Il en est ainsi de portions considérables de l'Ancien Testament, et c'est le rôle que s'est assigné saint Luc lui-même dans le Nouveau.

En définitive, Matthieu Lelièvre se rattachait à l'idée d'une inspiration que l'on a appelée dynamique. Elle conçoit l'Esprit saint agissant sur l'esprit des hommes qui ont été les organes de la révélation, comme une force vivifiante et illuminatrice, toujours proportionnée aux nécessités de la tâche qu'ils avaient à accomplir, par voie de pénétration intime et en respectant leur individualité. La Bible était pour lui plus que l'histoire de la révélation ; elle en est aussi le produit.

Il admettait la préexistence de Christ et les faits rédempteurs. Mais il n'a pas cherché à expliquer l'inexplicable et s'en est tenu sans plus aux textes de l'Évangile. La mort de Christ était pour lui le sacrifice pour le péché. C'était la justice divine qui l'avait rendu nécessaire et l'amour divin qui l'avait consommé. Il lui donnait la portée d'une expiation et d'une rédemption. Il considérait cette rédemption comme universelle. Le salut est gratuit, présent, complet ; mais, en fait, ceux-là seuls seront finalement sauvés, qui acceptent librement la grâce qui leur est offerte en Jésus-Christ et persévèrent dans cette foi et dans l'obéissance à la loi de Dieu.

Pour l'appropriation du salut, il mettait l'accent sur la repentance et présentait la foi comme un acte de confiance et d'amour, et non pas seulement comme un assentiment de l'intelligence et de la conscience. Il relève la distinction que fait Wesley entre la justification et la rédemption (quoique inséparables), spécifiant que la première nous rendait la faveur de Dieu et la seconde son image, l'une ôtant la coulpe, l'autre la puissance du péché. Notre ami écrivait à ce propos :

« Cette distinction nous paraît d'une logique lumineuse. Il convient de dire toutefois qu'on ne la trouve nulle part énoncée avec cette netteté dans l'Écriture. Elle résulte du rapprochement des textes bibliques, plutôt que d'une déclaration unique. La justification par la foi est l'enseignement spécial de Paul ; la régénération par le Saint-Esprit est l'enseignement spécial de Jean. L'un a vu dans la conversion surtout l'œuvre de Dieu pour nous, et l'autre l'œuvre de Dieu en nous. La tâche de la théologie est de rapprocher ce double enseignement, et Wesley l'a fait avec sa clarté habituelle [a]. »

Sur le péché originel, le baptême, la Sainte-Cène, la divinité de Jésus-Christ, Matthieu Lelièvre avait la doctrine orthodoxe, que le méthodisme a rectifiée cependant sur quelques points, toujours sous l'empire de sa ferveur missionnaire et de leur effet pratique sur la vie religieuse. Ainsi, il n'admet pas que, par la chute, l'homme ait été complètement abandonné à la puissance

---

a. La Théologie de Wesley.

du péché ; d'après lui, si l'homme ne possède aucun fonds de bonté originelle, il participe à la grâce prévenante et n'est donc pas réduit à une absolue impuissance. Ce que l'homme a perdu en Adam, il lui est offert en Christ. A la solidarité dans le mal est venue se superposer la solidarité dans le bien. La Rédemption est le remède à la corruption originelle. Dans le cas de ceux qui meurent dans l'enfance et avant que le péché originel ait eu le temps ou l'occasion de se transformer en péché personnel, le remède agit de lui-même : la Rédemption annulant les effets de la coulpe. Dans le cas des adultes, qui portent la responsabilité du péché et de la condamnation qui pèse sur lui, le remède demande un acte personnel d'appropriation. Mais nul ne périra éternellement par suite du seul péché originel, dont il n'est nullement responsable.

Une théologie biblique ne nous paraît pas pouvoir écarter la Trinité. Sur ce point aussi Matthieu Lelièvre était wesleyen. Wesley croyait à la Trinité, sans jamais tenter d'expliquer ce mystère. « A vrai dire, écrivait-il à un de ses correspondants le 3 août 1771, le mystère ne gît pas dans ce fait : *les trois sont un*, mais dans le mode ou le comment de ce fait. Et de cela je refuse de m'occuper. Je crois le fait, mais, quant à son mode d'opération, ma foi n'y est pas intéressée. » Il allait jusqu'à déclarer, dans un sermon prêché à Dublin quatre ans plus tard : « Je n'attache aucune importance à ce qu'on croie telle ou telle explication de la Trinité. J'estime même que tout homme sensé s'abstiendra de toute explication. » Matthieu Lelièvre y croyait parce qu'il la trouvait enseignée dans les Écritures et qu'il la voyait à la base de tout le christianisme expérimental.

« Si on repousse le dogme de la Trinité, a-t-il écrit, que reste-t-il de la personne et de l'œuvre de Jésus-Christ et de l'application au croyant de cette œuvre ? Que deviennent la régénération, le témoignage du Saint-Esprit, la sanctification ? La foi du plus humble croyant ne s'inquiète pas des disputes des théologiens sur le mystère de l'essence divine, pas plus que le locataire d'une maison ne se préoccupe de la forme et des dimensions des pierres cachées dans les fondations de l'édifice. Ce qui n'empêche pas que la foi du croyant s'appuie sur ces substructions cachées, comme la confiance de l'habitant d'une maison repose sur le bon état des fondations de sa maison. »

Nous nous rappelons les regrets qu'il a exprimés de voir le Saint-Esprit laissé trop souvent dans l'ombre. J'ai remarqué, en parcourant ses notes de sermons, qu'il parlait du Saint-Esprit à d'autres moments de l'année qu'à la Pentecôte, aussi bien que ce jour-là. Ainsi, cette conclusion d'un sermon sur *la vision des os secs*, prêché à deux périodes différentes de sa vie, et chaque fois en novembre et décembre :

« La Pentecôte fut la pleine réalisation de cette vision prophétique... Jésus avait, durant trois ans, prophétisé à ces ossements desséchés de l'Israël dégénéré... Les disciples prophétisent à l'Esprit, et l'Église est fondée...

L'œuvre préparatoire n'est-elle pas faite aujourd'hui ? Depuis trois siècles, que faisons-nous en France, et depuis cinquante ans en particulier ? Vastes semailles. A qui demanderait encore du temps, nous dirions : *Vous dites qu'il y a quatre mois avant la moisson...* Chrétiens, faites attention aux signes des temps, écoutez la voix de Dieu qui vous crie : *Prophétise à l'Esprit...* »

Voici les trois idées de la troisième partie d'un sermon sur : « Avez-vous reçu le Saint-Esprit quand vous avez cru ? » (Actes.19.1-2.)

1) *Revenir à une foi plus biblique*. Quand la doctrine du Saint-Esprit pâlit dans notre esprit, l'œuvre du Saint-Esprit s'affaiblit dans notre cœur. Enseignement de Jésus à ce sujet et témoignage de l'Église apostolique.

2) Revenir personnellement au Saint-Esprit... « Souviens-toi d'où tu es déchu, fais tes premières œuvres et repens-toi... » Chercher le témoignage du Saint-Esprit, qui fit la force de nos pères... Les grâces qu'il apporte : sainteté, amour, liberté.

3) Ramener l'Église au Saint-Esprit. Ce sera la replacer dans son atmosphère natale... Appeler sur elle une effusion de l'Esprit... Nous parlons du surnaturel ; notre génération n'y croira que quand elle le verra vivant en nous.

Mais en parlant du Saint-Esprit, M. Lelièvre pensait aussi à la doctrine de l'assurance du salut, que les docteurs des premiers siècles de l'Église chrétienne et les réformateurs avaient crue et enseignée et qui, dans les temps de tiédeur spirituelle, s'était voilée pour reparaître avec le méthodisme. Celui-ci reprit les paroles de notre Seigneur rapportées par saint Jean (Jean.15.26 ; 16.13-15) ; celles surtout de saint Paul (Rom.8.15-16 ; Gal.4.6), et déclara que le privilège du croyant fidèle est de posséder la certitude intime qu'il est sauvé. « C'est, disait Wesley, une impression directe de l'Esprit de Dieu sur mon âme, par laquelle il témoigne à mon esprit que je suis enfant de Dieu ; que Jésus-Christ m'a aimé et s'est donné pour moi ; que tous mes péchés sont effacés et que moi, oui moi-même, je suis réconcilié avec Dieu. » Wesley ne disait pas que ce témoignage fût donné à tous, ni au même moment, ni de la même façon, et qu'il ne pût être perdu ; au contraire. Mais il prêchait, soutenu par l'expérience d'un grand nombre de membres de ses Sociétés, que l'Esprit divin « agit sur l'âme par une influence immédiate et forte, de telle manière que les vents et les vagues s'apaisent et qu'il se fait un grand calme, le cœur se reposant doucement dans les bras de Jésus, et le pécheur recelant une pleine conviction que Dieu est réconcilié, que toutes ses iniquités sont pardonnées et ses péchés couverts ».

En admettant que Matthieu Lelièvre ait, accepté cette doctrine de l'assurance du salut de confiance, quand il était sous l'influence directe de son père et dans l'atmosphère du réveil de la Drôme, on peut s'assurer, par le soin qu'il a mis à l'exposer dans son livre, qu'il la considéra sous toutes les faces, et que, si elle soutint sa vie religieuse et son activité évangélique, si elle s'exprima dans ses sermons, c'est parce qu'il l'avait repensée. Ce qui me paraît avoir emporté son assentiment, c'est l'Écriture, et la pondération, le bon sens que Wesley mit dans son enseignement sur ce sujet. Il fut affermi dans cette conviction par le fait que les anciens docteurs de l'Église, saint Augustin en particulier et les Réformateurs y avaient cru et que l'Église l'avait toujours professée, sauf aux époques de sommeil spirituel ; que les chrétiens appelés à la vie spirituelle par le méthodisme, faisaient profession de posséder cette joyeuse assurance. Enfin, des considérations comme celles-ci : Le Saint-Esprit peut-il être dans l'âme régénérée sans y manifester sa présence ? Comment l'homme pourrait-il être l'objet d'une transformation aussi profonde sans en avoir conscience ? Comment l'enfant de Dieu, — si quelque chose comme une voix, du dedans de lui, crie à Dieu : « Père », — ne ressentirait-il pas une profonde impression de pardon et de paix ?

Matthieu Lelièvre ouvrit son journal à des études, des témoignages sur la sanctification, même sur l'entière sanctification. Le chapitre qu'il lui consacre dans l'ouvrage plusieurs fois cité ici est d'une précision, d'une clarté qui ne laissent rien à désirer. Il débute par un paragraphe du professeur J.-S. Banks, D. D., et se termine par quelques lignes résumant l'état de la question, qui me paraissent exprimer son sentiment personnel. Entre les deux se trouvent une douzaine de pages où, après avoir rappelé comment Wesley fut amené à son point de vue, il spécifie qu'il ne s'agit nullement d'une perfection absolue, excluant l'idée de progrès ou de rechute, ni d'une sorte d'infaillibilité, nous préservant de toute erreur d'ignorance ou de jugement, mais trouve sa juste définition dans le sommaire des dix commandements donné par notre Seigneur.

Voici l'extrait du Dr Banks :

« La possibilité et la nécessité de la sainteté parfaite font partie de la foi de la chrétienté universelle. Le seul point sur lequel l'enseignement méthodiste va au delà de celui des autres Églises est l'affirmation qu'elle est possible dans la vie présente. Les uns croient qu'elle ne se réalise qu'à la mort ; d'autres après la mort, dans un état intermédiaire de purification. L'Église romaine a imaginé un purgatoire où les fidèles se perfectionnent et se préparent à voir Dieu. Mais pourquoi cette purification aurait-elle lieu à la mort ou après la mort ? Pourquoi n'aurait-elle pas lieu plus tôt ? Quelle puissance purificatrice sera alors à l'œuvre qui ne puisse agir dès maintenant ? S'il existait une limitation ou une restriction à cet égard, l'Écriture la mentionnerait sûrement. L'absence d'une telle restriction dans l'enseignement biblique est déjà une présomption en faveur de la doctrine méthodiste. »

Et voici le dernier mot de Matthieu Lelièvre sur le sujet :

« En résumé, la doctrine de l'entière sanctification n'implique pas pour Wesley la suppression absolue de tout péché, si l'on entend par ce mot les transgressions involontaires, mais la délivrance de toute désobéissance consciente et volontaire. On peut trouver qu'il restreint la notion du péché ; mais il est difficile de contester, l'Écriture à la main, que la délivrance du péché, dans le sens où il l'entend, ne soit une doctrine scripturaire et confirmée par l'expérience de l'élite des croyants. »

Notre théologien, peu spéculatif, a été très sobre de la parole et de la plume sur les choses finales. Le retour de Jésus-Christ faisait partie de sa foi, mais il n'a pas éprouvé le besoin de faire autre chose que de l'indiquer, de prêcher la vigilance et de conseiller la sagesse à ceux qui étaient portés à vouloir définir et éclaircir les événements dont nul ne connaît la date et, de manière certaine, le développement. Il a même avoué ne pas avoir d'opinion sur le millénium, et quelque peine à prendre à la lettre le seul passage du Nouveau Testament où il en soit question (Apoc.20.1-10), attendu que cette description abonde en symboles et images de couleurs voyantes et que les chiffres de l'Apocalypse ont un sens symbolique qui nous reste plein de mystère.

Ce qui l'a préoccupé davantage, c'est le mystère même dont s'enveloppent les voies de la Providence ; les catastrophes, les morts prématurées, les criantes et cruelles injustices de la vie qui torturent l'âme de *Pourquoi ?* et de *Comment ?* Il l'a quelquefois abordé dans des articles, exposant le problème dans toute son acuité, sans cacher qu'à son avis ceux qui croient trouver le mot de l'énigme dans la limitation de la puissance ou de la connaissance divine se trompent. Finalement, il déclarait que tout et tous avaient échoué à résoudre la question, lui comme les autres, et accepter la vieille solution qui peut se résumer en ces quelques paroles bibliques :

Le salaire du péché c'est la mort, mais le don de Dieu c'est la vie éternelle par Jésus-Christ notre Seigneur. — Dieu châtie celui qu'il aime, et il frappe de ses verges ceux qu'il reconnaît pour ses enfants. — Tu ne sais pas maintenant ce que je fais, tu le sauras plus tard. — Nous attendons, selon sa promesse, de nouveaux cieux et une nouvelle terre où la justice habite.

Et si l'on objecte, ajoutait-il, que ces textes ne résolvent pas le problème, nous en conviendrons franchement, et nous emprunterons encore au vieux Livre la parole qui nous semble l'attitude qui convient devant les problèmes insolubles : « Je me tais, je n'ouvre pas la bouche, car c'est toi qui agis [a]. »

Deux ans plus tard, 5 février 1909, reprenant le sujet à propos d'une catastrophe, il écrivait que :

« ... les *pourquoi* de l'homme sont souvent comme ceux de l'enfant : *Pourquoi Dieu a-t-il permis cela ? Pourquoi Dieu ne l'a-t-il pas empêché ?* — Après avoir reconnu que ce sont quelquefois propos d'incrédules ou d'athées, sur un ton blasphématoire et auxquels on pourrait se borner à répondre par la parole de l'apôtre : *Qui es-tu, ô homme, pour contester avec Dieu ?*, ou par la parole plus rude de Pascal : *Humiliez-vous, raison impuissante ; taisez-vous nature imbécile. Ecoutez Dieu* »,

il constate qu'il y a des pourquoi honnêtes et sérieux et poursuit :

« Jésus, ne l'oublions pas, a été lui-même aux prises avec les questions insolubles. A Gethsémané, il a demandé à Dieu pourquoi il devait boire le calice d'amertume, et à ce pourquoi douloureux le silence de Dieu seul a répondu. Et à Golgotha, un pourquoi encore plus tragique s'est posé devant la conscience du Fils de l'homme : *Mon Dieu, pourquoi m'as-tu abandonné ?* Et cette fois encore le silence de Dieu a été terrifiant. Mais, de ces deux luttes, Jésus est sorti victorieux par la pleine soumission de sa volonté à la volonté du Père, incomprise mais acceptée : Non pas ce que je veux, mais ce que tu veux ! Père, je remets mon esprit entre tes mains ! Voilà la double victoire de la foi ! Voilà, en attendant la pleine lumière, la petite lampe qui éclaire les pas du pèlerin, même — et surtout — dans la *vallée de l'ombre de la mort.* »

En conclusion, Matthieu Lelièvre fut un théologien orthodoxe, mais d'une orthodoxie qui ne fut jamais froide, autoritaire et exclusive, et que nous appellerons tout simplement évangélique.

Il n'était pas dissident par principe ni par tempérament. Mais il était attaché à l'Évangile, à une méthode de piété, il avait fait des expériences religieuses, il savait le fort et le faible des

---

a. *L'Évangéliste*, 1er mars 1907, art. : Le problème de la mort prématurée.

doctrines du Réveil. C'est ce qui explique son attitude dogmatique comme son attitude ecclésiastique. Il était un chrétien toujours prêt à lever et à défendre son drapeau. Mais cela dans un esprit de largeur, de confiance et de communion envers ses frères, même quand ils ne partageaient pas ses opinions les plus chères. Et il s'est élevé contre tout ce qui nuisait à l'amour fraternel et pouvait jeter quelque suspicion sur des disciples et des serviteurs de Jésus-Christ.

14.
LE VIEILLARD

C'est à la fin de 1910 que les Matthieu Lelièvre allèrent se fixer au Havre, où ils avaient trois de leurs enfants : Mme Emile Cook, MM. Alfred et Charles. Ils s'installèrent chez les Charles ; mais, dans la suite, ils demeurèrent à Sainte-Adresse, chez les Alfred, où l'un et l'autre devaient mourir. A cette date, leur fils aîné, M. Théodore Lelièvre, était pasteur à Alès, leur fille aînée, Mme Hunt, résidait à Providence (Etats-Unis), et Mme Th. Vernier, à Dôle (Jura).

Il me serait facile de m'étendre sur cette période de la vie de notre vénérable ami, car, pendant une dizaine d'années, au moins, elle fut passablement active, et que, tant qu'il tint facilement la plume, la correspondance ne chôma guère entre lui et moi. J'en suis bien un peu responsable : Onésime Prunier vieillissait vite, Matthieu Gallienne s'était retiré à Guernesey, G. Whelpton avait regagné l'Angleterre. Matthieu Lelièvre était à peu près le seul, parmi mes aînés, qui suivit de très près toutes nos affaires. On avait même le sentiment qu'on lui faisait plaisir quand on avait recours à lui. « Allons, m'a-t-il dit plusieurs fois, quand j'allais le voir, — beaucoup plus rarement que je n'aurais voulu, — mettez-moi un peu à la page. » Il aimait qu'on lui fît le tableau des séances des Comités dont il avait fait partie, qu'on lui en rendît l'atmosphère, qu'on lui parlât des anciens membres qu'il connaissait et des nouveaux qu'il ne connaissait pas. Il comprenait le point de vue des autres et savait accueillir les nouvelles idées. Alors, il vous déclarait parfois que tout ce que vous veniez de lui dire était pour lui du petit lait. Et, comme il lui était plus facile de parler que d'écouter, il prenait son tour de parole. Lorsqu'il n'était pas de votre avis, il vous le disait sans détour et vivement, étant de ceux qui croient que les bons comptes font les bons amis.

Si je manquais de lui écrire, après nos réunions de l'Exécutif, du Synode, ou une visite au Comité missionnaire de Londres, il m'arrivait de recevoir un petit rappel :

« Je vous serais reconnaissant de me tenir au courant. Je suis resté un vieux journaliste qui a le goût des nouvelles, surtout de celles qui ne courent pas les journaux. »

Mais, de son côté, il prenait la peine de vous remercier pour les articles, de s'excuser s'il devait les faire quelquefois attendre, de dire le plaisir qu'il avait pris à vous lire, et, s'il s'avisait que vous aviez été cité dans un journal, il vous envoyait la coupure avec quelques mots aimables. Je n'ai pas eu d'ami plus bienveillant, plus confiant que lui et de correspondant plus fidèle.

Cependant, cette correspondance roulait presque toujours sur des sujets aujourd'hui oubliés ou dépourvus d'intérêt. Y puiser, quand je sais qu'il s'y livrait en toute liberté et intimité, me ferait l'effet, pour me servir d'une image qui est justement de lui, d'une sorte de violation de domicile.

Mais, même quand on vieillit dans les meilleures conditions possibles, et c'était bien son cas, ce n'est pas toujours chose facile et agréable de vieillir. Matthieu Lelièvre n'était pas optimiste de nature. Son sens critique, averti et aiguisé, le portait souvent à voir le pire côté des choses ; et, vers la fin, il s'exagérait quelquefois le péril de telle situation, que son éloignement ne lui permettait pas de saisir sous tous ses aspects. Sa foi au Réveil, aux Vertus républicaines, au Progrès reçut, au cours de sa longue vie, de vifs assauts. Il souffrit, dans le doux nid que lui firent ses enfants, de l'éloignement des centres religieux qui avaient été la patrie de son âme, de l'alanguissement général de la piété ; et le contact des livres, la communion spirituelle avec de chers amis, la présence de collègues aimés, ne l'empêchèrent pas de sentir fortement la solitude d'un homme qui survit à sa génération et prend figure d'un étranger attardé dans ce monde. Il avait des heures tristes.

Le décès de ses compagnons d'arme, confrères, collègues et laïques influents, qui le devançaient au Royaume de Dieu lui pesait beaucoup. Il aimait à leur rendre hommage, mais leur mort trouvait un douloureux retentissement dans son âme fraternelle. Et un pli barrait son front :

« Le départ de nos cadets nous avertit de nous tenir prêts. En attendant, je mets ordre à ma maison, brûlant de vieilles lettres, réglant mes comptes avec les hommes, et aussi, je l'espère, avec Dieu. Je me fais l'effet d'un fossoyeur fort occupé et je me dis que mon tour ne tardera pas. »

Marquons quelques étapes de ces derniers vingt ans de sa vie.

M. et Mme M. Lelièvre célébrèrent leurs noces d'or le 25 juillet 1912. Leur frère, Jean-Wesley, les avait mariés à Jersey, c'est leur ami et parent par alliance, le pasteur Jules Guiton, qui présida la cérémonie des noces d'or. Leurs six enfants étaient présents, bon nombre d'autres membres de leur parenté et amis du Havre aussi. Mais M. Lelièvre y associa toute sa famille de *L'Évangéliste*. Il s'y était préparé la semaine d'avant par une méditation bien sentie sur : « Mon âme bénis l'Éternel ! » Il devait en faire durer le plaisir et l'édification par l'insertion de lettres de bon nombre d'amis, et son discours du jour de fête, dont un passage peut être cité ici :

« Nous n'oublions pas, en ce beau jour, ceux qui nous ont aimés, aidés, supportés. Les hommes ont été bons et indulgents pour nous, et moi, qu'on a parfois taxé de pessimisme, c'est par une note d'optimisme que je conclus ce grand chapitre de notre vie. »

Pendant la guerre, M. Lelièvre fit de son mieux pour soutenir le courage de ses lecteurs et suppléer ses collègues mobilisés. Il participa aux joies de la victoire. Mais sa joie était grave. Il m'écrivait le 11 décembre 1918 :

« Comme vous le dites, j'ai vibré tous ces temps-ci. J'ai courbé la tête en 1871, j'allais dire : sous le talon de Bismark, je préfère dire : *sous la puissante main de Dieu*, qui nous châtiait pour nos péchés nationaux. Aujourd'hui, je relève ma vieille tête, blanchie pendant ces longues années, mais où il y a encore place pour l'enthousiasme, et je crie : Vive Clemenceau ! Vive Foch ! Vive Wilson ! mais surtout : Vive Dieu ! qui a déployé son bras et agi. Comme le disait l'humble vierge de Nazareth : *Il a dissipé les desseins que les orgueilleux formaient dans leurs coeurs ; il a renversé de leurs trônes les puissants, il a élevé les humbles.* Soyons reconnaissants et ayons foi en Dieu et aussi en ce peuple de France, en qui il y a de si grandes qualités et de si admirables vitalités. Que n'est-il chrétien ! Mais, y a-t-il des peuples chrétiens ? On peut se le demander quand on considère les crimes et l'effondrement du peuple de Luther. »

On voit que notre ami était encore vigoureux la plume à la main, à la veille de devenir octogénaire. A la rigueur, nous aurions pu attendre ses quatre-vingts ans pour le qualifier de vieillard. Car si la surdité avait sensiblement augmenté et si la marche était pesante, le reste allait bien. Le 17 janvier 1920, il faisait, sous ce titre : « Octogénaire », des réflexions qui me paraissent marquer une date :

« Quatre-vingts ans ! Quelle longue vie ! 29 220 jours, 701 280 heures ! Plus de 42 millions de minutes ! Quand on cherche à décomposer ainsi le temps dont est faite la vie d'un vieillard parvenu à cet âge avancé, on éprouve une sorte de vertige. C'est comme un fleuve dont les eaux se succèdent sans interruption. Quelle puissance dans cette accumulation des jours, quand elle est au service d'une volonté unique, dirigée elle-même par des principes de justice et d'amour émanés de Dieu ! Que d'occasions de faire le bien représentent ces jours nombreux et ces heures presque innombrables ! »

Mais, à la lumière du Psaume 90, qu'il médite, il passe bientôt à un autre aspect de la vie, et il voit cette vie courte et emportée, s'évanouissant comme un souffle :

« Cette fuite éperdue des jours, cet évanouissement des années, les jeunes gens ne s'en rendent pas compte, les années à vivre leur semblent lentes à venir et longues à s'écouler ; mais les vieillards qui les voient dans un passé irréparablement fini, comprennent la parfaite justesse de ces images : un souffle qui passe, une fleur qui se fane, un songe qui s'efface du souvenir. »

Sa méditation finit par un élan de reconnaissance :

« Si, avec Jacob, je puis dire que les jours de mon pèlerinage terrestre ont été courts, je ne dirai pas comme lui qu'ils ont été mauvais. Non, la vie a été bonne pour moi, ou, pour parler plus chrétiennement, l'Auteur de la vie a été pour moi et pour les miens plein de miséricorde et d'amour. Cinquante-huit ans de vie conjugale, six enfants conservés à notre affection, et qui entourent notre vieillesse de leur amour et de leurs soins. C'est assez pour que j'affirme, malgré mes péchés et mes défaillances, dont je demande humblement pardon, que ma semaine de vie, telle que Dieu l'a faite, a été bonne, en attendant *le repos qui reste pour le peuple de Dieu*, qui sera infiniment meilleur. »

Je lui ai connu en 1921 un gros chagrin et une maladie. Le chagrin fut de ne pouvoir prendre part, sauf par la plume et le mouvement de son cœur, au Centenaire du méthodisme français, ou plutôt au centenaire de l'installation de Charles Cook dans le Midi ; et je crois que nous lui fîmes, bien involontairement, de la peine, en ne le nommant pas au moins membre du Comité d'organisation. La présidence d'honneur lui en serait revenue, car il était peut-être déjà le dernier survivant de ceux qui avaient vécu dans l'intimité de celui dont nous voulions rappeler l'activité et l'influence. Nous le savions trop âgé pour entreprendre cette tournée, et nous le regrettions sincèrement. Mais nous aurions pu le lui dire et l'associer plus directement à nos assemblées. Quels discours il aurait prononcés s'il avait pu se trouver là ! Quant à sa maladie, qui, « grâce à Dieu, semblait avoir bien tourné », elle lui inspira des réflexions qui montrent qu'il n'était pas encore pressé de nous quitter :

« Souvent on meurt parce qu'on le veut bien et parce qu'on acquiesce à la mort, alors qu'on pourrait lui résister et s'approprier l'énergique : *Je ne mourrai point* du Psalmiste. L'attitude du malade chrétien qui, dès le début de sa maladie, imite le patriarche Jacob et retire ses pieds dans le lit pour mourir (Gen.49.33), n'est peut-être pas le dernier mot de la sagesse. Elle peut sans doute signifier soumission ! mais ne signifie-t-elle pas souvent défaillance ? Accepter de mourir est bien, vouloir vivre est mieux. »

Et il rappelle la maladie d'Ezéchias et sa prière ; le cas d'Epaphrodite, le « compagnon d'œuvre et de combat » de saint Paul ; le *veux-tu être guéri ?* de certaines guérisons de Jésus.

Les noces d'or avaient trop bien réussi en 1912 pour qu'on ne célébrât pas les noces de diamant en 1922. La cérémonie eut lieu à Sainte-Adresse, dans la maison de M. et Mme Alfred Lelièvre, où les vénérables jubilaires furent entourés de la plupart de leurs enfants, petits-enfants et de quelques amis. M. le pasteur J. Guiton la présida. Après lui, et un autre ami de la famille, le pasteur Charles Bost, Matthieu Lelièvre lui-même, comme on peut s'y attendre, parla avec beaucoup d'émotion. Les sentiments de reconnaissance et de confiance remplissaient son cœur. Voici les derniers mots de son allocution :

« ... Quoi qu'il en soit, ayons confiance ! L'avenir est à nous, là-haut, sinon ici-bas, puisqu'il est à notre Père céleste qui saura bien tirer parti de notre bonne volonté. » — (Ces derniers mots sont une allusion à un nouveau livre que le vieil écrivain souhaitait encore d'écrire.) — « En attendant, je voudrais vous citer une parole qui m'a frappé dans ma lecture de ce matin, dans le bon petit *Pain quotidien* nommé *Lumière sur le sentier*. C'est le texte final du 25 juillet : *Saisis la vie éternelle.* Il m'a semblé que Dieu avait mis ce texte sous mes yeux comme le mot de la situation, à l'adresse des vieux époux que nous sommes ;... et pour les autres aussi. »

Matthieu Lelièvre avait encore huit ans à passer ici-bas, et il se complut toujours plus dans ses souvenirs de jeunesse. Sa pensée, son style, son écriture ne tardèrent pas à montrer des signes de l'âge. Mais sa foi garda sa fraîcheur et sa force, et il ne perdait pas l'occasion de dire que son credo se résumait dans la parole du Sauveur qui en avait été la base et qui suffisait pour assurer la paix de son cœur, même sur son lit de mort : « Dieu a tant aimé le monde qu'il a donné son Fils unique, afin que quiconque croit en lui ne périsse point, mais qu'il ait la vie éternelle. » (Jean.3.16)

Il aimait aussi à raconter combien, dans les longues veilles de la nuit, il trouvait de consolation et de douceur à se remémorer des passages bibliques, mémorisés dans son enfance, et des versets de cantiques qu'il chantait à demi-voix, ou tout simplement en esprit :

« Croyez-moi, les cantiques emmagasinés, paroles et mélodies, dans la mémoire, sont une ressource précieuse pour l'édification. Quand l'insomnie vous tient sous son étreinte tenace, que des préoccupations diverses vous obsèdent, avec ce pouvoir que possède l'imagination de changer en montagnes les taupinières ;... quand le bataillon formidable des souvenirs humiliants de nos péchés anciens passe devant nous, et que chacun d'eux nous crie en passant : C'est moi ! me reconnais-tu ? une strophe de cantique, chantée ou prononcée à haute voix, sera souvent le cri de victoire. Celle-ci, par exemple :

> Rien, ô Jésus, que ta grâce,
> Rien que ton sang précieux,
> Qui seul mes péchés efface,
> Ne me rend saint, juste, heureux.
> Ne me dites autre chose,
> Sinon qu'il est mon Sauveur,
> L'auteur, la source, la cause,
> De mon éternel bonheur ! »

Le sujet lui tenait, car il y revint :

« Pour les vieillards qui connaissent les longues insomnies de la nuit, quel privilège de retrouver dans sa mémoire des cantiques qui, répétés à demi-voix, alimentent la méditation, inspirent la prière et, par surcroît, amènent le sommeil, ce bienfait que l'on n'apprécie bien que quand on en est privé ! Ce ne sont pas toujours les cantiques les plus beaux au point de vue littéraire qui remontent alors à la mémoire. Tel vieux cantique morave, telle composition dès longtemps oubliée de César Malan, ou même ce Jean de Quetteville, telle cantilène d'École du dimanche, sortent de la pénombre du passé et nous disent d'une voix un peu vieillotte : Me reconnais-tu ? C'est moi que ta mère chantait. Et puis accourent à l'appel de la mémoire et du cœur les beaux cantiques, nos chefs-d'œuvre, trop peu nombreux, hélas ! mais qu'on n'évoque jamais en vain. »

Et il cite : « Que ne puis-je, ô mon Dieu, Dieu de ma délivrance », avec d'autres. Il finit par : « Je pense à mes cantiques pendant la nuit. Je fais des réflexions au dedans de mon cœur, et mon esprit médite. »(Psa.77.7)

La maladie de Mme Lelièvre, en 1923, lui inspira un article d'édification dont voici le premier paragraphe :

« Depuis un mois, je passe mes journées dans une chambre de malade. Nous n'échangeons pas beaucoup de paroles, ma chère malade et moi, étant sourds l'un et l'autre. Mais nous nous récitons de beaux versets de cantiques et de beaux passages de la Sainte Bible. Celui qui est entre nous, comme un mot de passe, et que nous nous répétons souvent dans la journée et le soir encore en nous séparant pour la nuit, c'est : « Il est bon d'attendre en repos la délivrance de l'Éternel. Les malades dont l'esprit est fatigué par l'âge et par la souffrance n'ont pas besoin qu'on leur fasse de longs discours ou de longues prières. Un texte comme celui-ci, court, plein de substance, facile à retenir, c'est tout ce qu'il leur faut « pour vivre et pour mourir ». Pour moi, après avoir expérimenté sur ma chère malade l'effet bienfaisant de cette parole, je demande qu'on ne manque pas de me la répéter quand viendra ma fin, qui n'est sans doute pas éloignée. Il y en a bien d'autres assurément pour servir de viatiques au mourant ; nous n'en excluons aucun, mais celui-ci mérite qu'on lui fasse une place à part. »

Mme Lelièvre mourut un mois plus tard. Son mari l'annonça en ces termes : « Elle est enfin venue cette délivrance qu'attendait dans le repos de la foi la fidèle compagne de ma vie. » C'était le 20 janvier 1924. Ils avaient vécu soixante-deux ans ensemble. Et quand des amis sympathiques, où des confrères bien intentionnés, à propos de ce départ pour la vie éternelle, employèrent le terme ordinaire de « perte cruelle », une note fut glissée dans *L'Évangéliste* : le mot de perte cruelle ne venait pas de la famille, qui considérait le départ de cette bienheureuse épouse et mère « comme une délivrance pour laquelle ils rendent grâces à Dieu ». On a écrit que l'état religieux du pays et les misères sociales avaient assombri un peu les dernières années de Mme Lelièvre :

« Comment puis-je être joyeuse, aurait-elle dit parfois, quand les âmes ne se donnent pas à Dieu, quand des milliers de gens meurent de faim, quand les Églises sont si indifférentes ?... »

La séparation fut une rude épreuve pour le vieillard, comme le montre cette phrase d'une lettre écrite le 26 février suivant, de son lit, à 5 heures du matin :

« ... Ce n'est pas que je sois malade, mais j'ai le travail lent et difficile ; je vous parle affaires, quoique j'aie le cœur plein de tristesse et les yeux de larmes. Mais mon travail (quoique fort interrompu et imparfait) a été pour moi, non seulement une utile diversion, mais une bénédiction. Je cherche à pratiquer la soumission, mais la plume à la main. Que Dieu soit béni de m'avoir conservé une œuvre à faire et les moyens de la faire. »

Un autre coup frappa Matthieu Lelièvre en plein cœur six mois plus tard : la mort de sa fille aînée, Bella (Mme Hunt). Le père et la fille avaient beaucoup de traits communs et étaient restés très attachés l'un à l'autre. Depuis quelque temps, les nouvelles de celle-ci n'étaient pas bonnes ; puis, poussée par un irrésistible besoin, elle arriva au Havre, vers le milieu de juin, comme si le climat natal et l'atmosphère familiale devaient la remettre. Mais elle était trop atteinte pour guérir, et elle ne vécut pas toute une semaine dans la chambre qu'avait occupé sa mère !

Le pauvre père, en nous annonçant le départ de sa chère fille pour un monde meilleur, nous écrivait :

« C'est demain que nous déposerons son enveloppe mortelle près de celle de sa mère, au cimetière de Sainte-Adresse ; ma place y est retenue pour quand Dieu voudra. »

Dès lors, notre patriarche s'affaissa, son écriture n'eut plus cette correction ferme qui l'aurait fait reconnaître entre mille et ne tint plus la ligne droite, son style eut des défaillances, et il devint de plus en plus tendre. Il lui arrivait de signer sa lettre : « Un bon frère, qui a bonne mémoire et à qui le passé est cher » ; ou de faire une allusion à mes parents, me demander des nouvelles de l'œuvre, et d'ajouter : « Ce cher Caveirac ! » Il se livrait à des examens de conscience. C'est ainsi que, le 8 juin 1925, à propos de quelques critiques peu obligeantes sur quelqu'un de ses livres dont il lui était parvenu l'écho, il m'écrivait :

« Ecrire, ce n'est pas bavarder, c'est agir, et il me semble que, malgré les infirmités et les préoccupations personnelles (mélange peut-être inévitable de nos actions), malgré la trop grande place qu'a occupé le *Moi* dans mon travail, je puis dire que *mon œuvre a été pour le Roi.* »

C'était à peu près à la même époque, et pour un cinquantenaire de chapelle. Il craignait d'avoir écrit trop tard pour que sa lettre fût parvenue au bon moment. Il s'excusait et m'expliquait que l'âge l'avait rendu oublieux.

« Le remède serait de ne pas renvoyer à demain. Si je vis, je veux tâcher d'être fidèle à cette règle. Mais vivrai-je ? *Nos jours sont en tes mains.* Dieu est bien *l'arbitre de nos destinées*, et il est bon qu'il en soit ainsi. Pour moi, j'aime à redire : *Sur toi je me repose*, et avec ma bien-aimée Lizzie : *Il est bon d'attendre en repos la délivrance de l'Éternel.* »

Il continua à rédiger quelques articles et à correspondre avec ses amis. Le retour de ses anniversaires l'affectait. Il célébra le 86ᵉ par une effusion touchante dans laquelle, après avoir évoqué son enfance, son père surtout, il poursuit :

« Merci à ma chère famille, à ces frères et à ces sœurs qui ont été pour moi des modèles, et qui, convertis dès l'enfance, sont demeurés jusqu'à la fin humblement fidèles à leur Dieu et à leur père. Demeuré le dernier survivant de ma génération, je désire que ma fin ne soit pas indigne de celle de Loïs et de Paul, que j'ai racontée. C'est une grande chose d'appartenir à une famille qui, sortie des plus humbles commencements, *a suivi des craignans Dieu la trace*, comme dit un de nos vieux auteurs huguenots.

Merci à toute cette génération huguenote ou méthodiste, ou catholique ; merci à tous ces ancêtres selon la chair et selon l'esprit, auxquels j'ai tant emprunté et je dois tant. Merci à la noble armée des martyrs dont j'ai remué les cendres en éditant Jean Crespin, dont la fréquentation a mis un peu de fer dans mon sang. »

J'ai à cœur de recueillir encore quelques mots de la vieillesse de notre ami. Ceux-ci du 16 novembre 1928 :

« Ma main tremble, mais mon cœur est chaud. J'ose m'approprier, quoique bien timidement, cette belle parole : *Comme il avait aimé les siens, il les aima jusqu'à la fin*. Ma vue s'est affaiblie, ma mémoire l'est aussi. Mais ce qui m'en reste, je veux l'utiliser pour Celui que je sers depuis les jours du réveil de Bourdeaux de 1851, dont mes frères et sœurs furent les premiers fruits. Ma vie n'a pas porté tous les fruits qu'elle aurait pu et dû porter. Je m'en humilie. Je redis le cantique d'Henri Monod :

> Tel que je suis, avec mes luttes,
> Mes craintes, ma timide foi,
> Avec mes doutes et mes chutes,
> Jésus, je suis à toi.

Allons à Lui, et pour nous se réalisera la promesse ; *Je ne mettrai point dehors celui qui vient à moi.* (Jean.6.37) »

Il m'écrivit la veille de son entrée dans sa 89e année :

« ... Quoi qu'il en soit, je suis à moi-même un sujet d'étonnement. Il est vrai que je suis à la retraite depuis longtemps, mais l'entrée dans une ère de complet repos est récente. Cependant, l'affaiblissement de la vue est un élément avec lequel il faut compter. Peut-être perdrai-je la vue avant de perdre la vie. Ce serait une grande épreuve en m'interdisant la lecture. Mais : Ta volonté soit faite, ô mon Père ! De quel droit me plaindre après tant de bienfaits. Je suis ici entouré d'enfants et de parents qui m'aiment. Et, par la bonté de Dieu, je ne mourrai pas seul. »

Un jour, que je lui rendais visite à Sainte-Adresse, probablement l'avant-dernière visite, et qu'il m'avait parlé avec une évidente satisfaction de ses livres, et passablement de La Fléchère, à qui il songeait beaucoup, il jeta un coup d'œil à l'endroit de sa bibliothèque où ils se trouvaient, puis sa voix s'altéra, et mettant sa main sur moi :

« Eh bien, mon cher ami, ne croyez pas que je m'en glorifie devant Dieu. Non, non ! Le pauvre pécheur que je suis ne compte que sur la grâce. »... « Dans les heures, surtout celles de la nuit, m'écrivait-il une autre fois, où je suis seul avec mes pensées, je n'ai nullement le désir de me glorifier de mes œuvres. J'en connais les faiblesses. J'ai recours au sang purificateur et à la miséricorde de Dieu. »

Il m'est aussi resté ces lignes de lui :

« Qu'il fait bon connaître le refuge assuré, permanent, éternel contre les tristesses et les souffrances de la vie, et surtout de la vieillesse, et de croire à une jeunesse renouvelée. Mais qu'il est difficile de réaliser pleinement cette proximité de la vie éternelle avec Jésus ! La vie actuelle, même quand elle est dégagée de la plupart de ses devoirs et de ses soucis, est un lourd fardeau. Je sais en qui j'ai cru, mais, comme disait notre vieil ami Rostan sur son lit de mort, avec un de nos cantiques :

> Oh ! quand viendra cette heure que j'attends
> Où de Sion je franchirai les portes ;
> Où des élus les heureuses cohortes
> Me recevront en leurs glorieux rangs !

Au revoir là-haut ! »

C'est dans ces dispositions que notre vénéré frère s'en alla tout doucement à Dieu pendant son sommeil, à 4 heures du matin, le 9 août 1930. Le lendemain, par une de ces matinées grises comme il y en eut plusieurs au cours de ce mois-là, quelques amis accompagnèrent sa dépouille mortelle sur la colline où il repose, ainsi qu'il l'avait souhaité, auprès de sa femme et de sa fille aînée.

Peu nombreux furent ceux qui eurent la consolation de lui rendre ce pieux devoir, la dispersion de l'été et des vacances les tenaient loin de Sainte-Adresse. Mais ils n'ont pas manqué de lui rendre hommage, et l'unanimité de la presse protestante de langue française à cette occasion fut bien une des choses les plus heureuses et les plus significatives. On comprendra que je ne dise rien des articles qui lui furent consacrés dans *L'Évangéliste* même, et que je ne reproduise pas la notice que le Synode méthodiste de 1931 a insérée dans ses Actes. Là, Matthieu Lelièvre était toujours chez lui, et c'étaient les parents du premier degré qui exprimaient leurs sentiments intimes. Mais on comprendra également que je place ici au moins une phrase ou deux d'un certain nombre de périodiques qui lui ouvrirent leurs colonnes dans les semaines qui suivirent son décès.

Par la plume du pasteur François Méjan, *Le Christianisme au XXe Siècle* dit de lui, le 30 octobre 1930, et entre autres choses :

« ... Cet homme, vraiment complet, fut un chrétien ferme dans sa foi, profondément attaché aux vieilles doctrines évangéliques, sachant les affirmer et, au besoin, les défendre par la parole et par la plume; en même temps, un chrétien aimable, fraternel, qui, en bon méthodiste, on l'a fait très justement remarquer, cherchait avant tout la vie religieuse, et communiait de toute son âme avec les cœurs pieux. »

Dès le 27 août, *Évangile et Liberté* lui consacrait deux articles, l'un du pasteur Henry Dartigue, où je relève ceci : « ... Il se sentait de la race de ces héros de la foi et ne se contentait point de les honorer et de défendre leurs saintes mémoires, joignant à la prédication et au livre la parole volante des articles et des traités; il avait encore gardé leur héritage intact et leur constance dans la profession de l'Évangile.

Son zèle missionnaire était fait d'amour chrétien. Rédacteur pendant de longues années de *L'Évangéliste*, il avait au service de sa plume un style cursif, net et clair, relevé de sel et de bonne humeur. Mais jamais, même aux temps des luttes intérieures et des conflits ecclésiastiques où se sont consumés tant de zèle et de talent, il n'employa le trait qui perce et qui dépasse les bornes dans les pensées et dans les paroles, et qui laisse de l'amertume. »

L'autre, du pasteur Charles Bost, qui, l'ayant beaucoup vu, a pu écrire : « Ses moindres paroles, pendant les derniers mois de sa vie terrestre, aboutissaient toujours à Dieu. Une paix magnifique émanait de ce vieillard. C'est pour moi une grande bénédiction que de l'avoir connu, — et une grande leçon aussi, car rien de ce que je lui ai entendu dire, ni rien de ce que j'ai lu de lui n'est indifférent ».

Le *Journal des Écoles du Dimanche* d'octobre 1930, sous la signature de son directeur, le pasteur Jean Laroche, porta à Matthieu Lelièvre le tribut de l'Association des Écoles du Dimanche de France. J'en retiens ceci : « De son temps, on n'employait pas autant qu'aujourd'hui le vocable *pédagogie* ; ses articles, épîtres et conférences n'avaient pas moins une grande valeur éducative, et il y a encore aujourd'hui beaucoup à y prendre. Dans ses *Notes* sur les *Leçons bibliques*, il se montrait conservateur, mais sans étroitesse...

Il a fidèlement frayé la voie à ses successeurs, en homme de Réveil, qui mit toujours au premier plan la prédication de la conversion. »

Comme on pouvait s'y attendre, le *In Memoriam* d'Elie Gounelle, dans *Le Christianisme Social* d'août-septembre 1930, fut l'un des mieux réussis des articles de la série. Elie Neel, s'il avait vécu, en eût fait un de la même encre. Elle Gounelle caractérisa très bien le milieu et le genre de celui qu'il avait beaucoup connu :

« Né en 1840, il appartenait à la seconde génération du Réveil, à cette admirable équipe de pionniers méthodistes que nous avons aperçue et entendue dans notre tendre enfance, et qui nous a laissé l'inaltérable souvenir d'hommes de Dieu, absolument consacrés et dévoués, orthodoxes, sans doute, mais sans intransigeance, sans dogmatisme et sans orgueil, d'une grande cordialité, dévorés de zèle, sans cesse prêts à parler du Christ à n'importe qui et n'importe où, toujours sur les routes pour évangéliser, adressant leurs appels directs, souvent « à bout portant », sans jamais choquer personne, parce que ces appels étaient toute leur vie, leur raison d'être, et parce qu'ils étaient dictés par un inlassable amour des âmes... Par son talent, par sa culture, par son action, par ses publications, Matthieu Lelièvre a été sans conteste au tout premier plan dans la famille méthodiste française, et ce n'est pas là un mince éloge... »

Au lendemain de son décès, j'avais comparé Matthieu Lelièvre à ces arbres « témoins », que laissent debout les bûcherons qui abattent une forêt, voyant en lui un survivant d'une génération de chrétiens presque totalement disparue aujourd'hui. Cette impression n'a fait que grandir, et elle me porte à terminer par cette strophe d'une poésie de son frère Paul [a], que nous avons souvent ouï chanter jadis, et qui faisait toujours beaucoup d'effet :

> Éternel, ils sont morts, ces hommes de courage
>   Qui suivirent ton étendard ;
> Mais tout n'est pas fini. De cet immense ouvrage,
>   Ils n'ont achevé que leur part.
> Notre tâche est encore immense,
> Et le monde veut l'agrandir.
> Nous sentons notre insuffisance,
> Nous craignons de nous endormir.
> Viens donc, Seigneur, Dieu de nos pères,
> Nous enflammer de ton amour,
> Et de tes regards tutélaires
> Accompagne-nous chaque jour.

---

a. Chant sacré *Le Réveil*, notice sur Paul Lelièvre, par M. Lelièvre, p. 117.

Choix d'articles

QU'EST-CE QUE LA CONVERSION ?

Je n'ai pas l'intention de traiter cette question théologiquement, mais pratiquement. La théologie du sujet est dans le Nouveau Testament, dans les paroles de Jésus-Christ et dans les enseignements de ses apôtres, et j'y renvoie nos lecteurs. D'ailleurs, il n'y a pas, je crois, de contestation entre chrétiens évangéliques sur la théorie de la conversion. Pour tous, elle est ce *grand changement*, comme dit la vieille liturgie réformée du baptême, ou, comme dit Jésus lui-même, cette *nouvelle naissance*, sans laquelle il est impossible à un homme de « voir le royaume de Dieu ». Mais si l'accord règne, quant à la théorie, il cesse dès que l'on arrive à la pratique.

Pour beaucoup de pasteurs et de laïques, la conversion est et doit être une œuvre lente, imperceptible, graduelle, dont celui qui en est l'objet ne saurait en général préciser ni le moment ni le mode. Au lieu de pouvoir dire : « Je me suis converti, donc je suis chrétien », on dira : « Je suis chrétien, donc je dois être converti ». Ce second raisonnement serait juste, si le terme de chrétien avait conservé sa vraie signification, et si le langage courant n'en avait pas fait le synonyme de partisan de la doctrine de Christ. Or, être chrétien, dans ce sens-là, n'implique nullement la conversion du cœur à Jésus-Christ. On peut adhérer intellectuellement à l'Évangile et honorer Dieu de ses lèvres, tandis que le cœur est éloigné de lui. (Esaïe.29.13)

Dieu me garde de nier qu'il y ait de vraies conversions qui s'accomplissent lentement, et par un travail en quelque sorte sourd et caché ! Ce que je ne crains pas d'affirmer, c'est que, lente ou soudaine, la conversion doit être une crise dans une vie d'homme, et que cette crise, qui marque un commencement nouveau, ne peut pas être inconsciente. On naît à la vie physique sans le savoir et sans le vouloir ; mais on ne naît pas à la vie de l'esprit sans une participation active, énergique de la volonté. Il y faut un *effort*, c'est Jésus qui l'a dit, et il va même jusqu'à appeler des *violents* ceux qui ont accompli cet acte par lequel on s'empare du royaume des cieux. Comment concilier ces termes avec une notion de la conversion qui en fait une sorte d'opération magique, dont on n'a pas conscience ?

La conversion est une crise, ou plutôt *la* crise décisive dans une vie d'homme. Elle est un recommencement de la vie morale sur de nouvelles bases. Elle est l'enfantement douloureux de l'homme nouveau. Elle est, non une simple évolution, mais une révolution qui fait toutes choses nouvelles. Elle est la secousse puissante qui jette à terre le vieil édifice, et qui fait place nette pour le nouveau. Et vous vous étonneriez qu'une telle crise fût marquée et qu'elle fît époque dans une vie d'homme ! Et vous voudriez qu'elle ne se détachât pas nettement sur le fond gris et terne d'une existence humaine ! Mais, ce qui est extraordinaire ce n'est pas que la conversion soit quelquefois une commotion violente, c'est plutôt qu'elle ne le soit pas toujours.

L'abaissement du niveau religieux, dans beaucoup d'Églises, fait qu'on y éprouve une antipathie très vive pour les conversions telles qu'elles se produisent en temps de réveil. Qu'une personne puisse entrer inconvertie dans une réunion et en sortir convertie, cela paraît inadmissible. Tous les mots les plus malsonnants du vocabulaire religieux, ou même médical, on les applique à ces phénomènes qui sortent de la routine : illuminisme, exaltation, crises nerveuses, etc. On nous parlait naguère d'un pasteur, fort orthodoxe d'ailleurs, qui a découvert que les conversions qui ont eu lieu récemment dans plusieurs Églises réformées du Tarn sont des cas d'hypnotisme. Nous serions tentés de recommander à ce pasteur et à ses pareils la méditation de ce texte de saint Paul : « L'homme animal ne connaît pas les choses qui sont de Dieu. »

Eh quoi ! vous trouvez tout naturel qu'un homme puisse se décider, en une heure de temps, à acheter un domaine, à entreprendre un voyage, à épouser une femme, et vous vous scandalisez de le voir, après de longues résistances, se décider en une heure à servir Dieu et à lui donner son cœur et sa vie ! Est-ce qu'en prenant ce parti il ne fait pas le plus bel usage possible de sa volonté ? Fera-t-il jamais acte d'homme libre plus complètement qu'en répondant, par une acceptation franche, à l'appel du Père ? Faut-il donc bien longtemps à l'homme qui se noie pour saisir la corde de salut qu'on lui tend ?

Mais, dit-on, dans cette atmosphère surchauffée d'une réunion de réveil, cet homme obéit à un entraînement facile ; il subit une émotion violente, et, pour tout dire, il n'a plus sa liberté d'option. Et la preuve, ajoute-t-on, c'est que, bien souvent, ce prétendu converti, revenu à lui-même, se retrouve tel qu'il était avant cette crise. Je ne nie pas qu'il n'y ait des non-valeurs dans les résultats des réunions de réveil ; toutes les fleurs du printemps ne donnent pas des fruits. en été. Mais ce que je n'admets pas, c'est qu'on déclare suspecte et sans valeur une conversion, parce qu'elle a été déterminée par ce qu'on appelle une émotion ou un entraînement. Comme si les émotions ne jouaient pas un rôle décisif dans les plus grandes crises de la vie ! Comme si les résolutions les plus généreuses n'étaient pas souvent le fruit d'un entraînement ! Les meilleurs mariages ne sont pas ceux qu'on désigne sous le nom de mariage de raison, mais ce sont souvent ceux dans lesquels le cœur a parlé subitement, ceux où il y a eu, comme on dit, le coup de foudre. L'homme qui se jette dans les flammes ou dans l'eau pour sauver son semblable, le soldat qui monte à l'assaut sous la mitraille pour aller planter un drapeau sur une muraille en ruine, obéissent à un entraînement et font, dans un moment de surexcitation, ce qu'ils ne feraient pas sans doute de sang-froid et à tête reposée. Au nom de quels principes supérieurs voudrait-on que l'élément émotionnel, qui joue un si grand rôle dans la vie générale, fût soigneusement banni de la crise décisive de la vie morale ? Pourquoi refuseriez-vous à l'Esprit de Dieu le droit d'entrer d'assaut dans le cœur humain, sans s'astreindre à en faire le siège en règle ?

N'y aurait-il pas, au fond de cette répugnance de beaucoup de personnes pour les conversions instantanées, un fruit de ce rationalisme qui tend à éliminer le surnaturel de la vie chrétienne comme de l'histoire évangélique, et à ramener le christianisme à n'être qu'un chapitre curieux de l'histoire de l'évolution de notre race ? La conversion est le miracle permanent et la meilleure preuve du miracle historique. Ceux qui l'ont expérimentée d'une façon claire et décidée peuvent opposer aux adversaires du surnaturel l'argument sans réplique de l'aveugle-né : « Je sais une chose, c'est que j'étais aveugle et que maintenant je vois. »

Qu'est-ce qu'un réveil ?

Le mot *réveil*, entendu au sens religieux, s'applique à une crise spirituelle, qui amène un soudain et profond changement dans la vie et dans l'activité d'une Église. De telles crises sont rendues nécessaires par l'état d'assoupissement dans lequel tombent si facilement les chrétiens. Le sommeil est l'état de l'âme qui, tout en ayant en elle les germes de la vie nouvelle, demeure engourdie et impuissante. Cet état se concilie fort bien avec le formalisme et même avec l'orthodoxie. On ne dort jamais plus paisiblement qu'au bruit des périodes oratoires d'un bon sermon et dans la tiède atmosphère d'une église confortable.

Quand un réveil se produit dans une Église, il pose avant tout, devant chaque âme, la question de la conversion. Car ils sont nombreux dans nos Églises, ceux qui n'ont pas passé par la nouvelle naissance. En temps ordinaire, on vit sur des apparences et des fictions. Le « mes frères », qui tombe du haut de la chaire, semble reconnaître à tous la qualité de chrétien. La prédication, en parlant des devoirs et des privilèges de la vie chrétienne à des inconvertis, encourage leurs illusions. La première tâche du réveil, c'est de détruire la fiction qui confond le pratiquant avec le chrétien, c'est de dire aux Nicodèmes- : « Il faut que vous naissiez de nouveau ! »

Tout réveil, quelles qu'en soient les formes extérieures, doit amener les âmes au sentiment du péché et arracher à leur angoisse la question suprême des multitudes de la Pentecôte et du geôlier de Philippes : « Que ferons-nous ?... Que faut-il que je fasse ? » A cette question, la réponse est toujours la même : « Repentez-vous !... Crois au Seigneur Jésus et tu seras sauvé. »

Les conversions produites par les réveils sont en général instantanées. Celles que raconte le Nouveau Testament appartiennent, presque toutes, à ce type. Et il n'y a rien là qui doive nous étonner. Si la conversion n'était qu'une amélioration accomplie par l'homme sur lui-même, elle serait nécessairement amenée avec lenteur et au moyen de progrès imperceptibles. Mais si elle est l'œuvre de l'Esprit de Dieu, il n'y a pas de raison pour qu'elle ne soit pas soudaine, comme celle du brigand, de l'eunuque, du geôlier et de tant d'autres. La conversion, qu'est-ce, après tout, sinon l'acte par lequel on change de voie, et un tel acte s'accomplit à un moment donné. C'est le premier vagissement de l'enfant qui naît à la vie ; avant, il ne vivait pas ; depuis lors, il vit.

L'histoire des réveils est pleine de conversions extraordinaires. Des débauchés, des ivrognes, des joueurs, entrés dans une salle de réunion pour rire et se moquer, ont été soudainement saisis par l'Esprit de Dieu et contraints de se convertir, séance tenante. Et, à côté d'eux, ce qui est encore plus merveilleux, d'honnêtes gens, qui croyaient n'avoir pas besoin de conversion, ont été subitement convaincus de la vanité de leurs prétentions et se sont donnés à Dieu. Le péager Zachée et le pharisien Saul fraternisent dans la même joie du salut.

Un des résultats des réveils est aussi de renouveler la piété des croyants assoupis. Nos églises sont trop souvent des dortoirs, où l'on dort bercé par le chant des cantiques et par la parole solennelle des prédicateurs. La plupart des chrétiens vivent sur les souvenirs du passé : ils ont traversé autrefois une crise religieuse plus ou moins prononcée, qui leur donna un élan depuis longtemps épuisé. Ils ressemblent à ces vieilles barques, couchées sur le flanc, à quelque endroit du rivage où le flot ne monte pas. Vienne une grande marée, elles seront remises à flot et entraînées en pleine mer. Ainsi en est-il de ces chrétiens endormis. Le réveil les secoue, les trouble et les porte à se demander s'ils ne sont pas de ceux qui ont le bruit de vivre et qui sont morts. Un réveil de sanctification est l'accompagnement nécessaire d'un réveil de conversion.

Parmi les symptômes du réveil, il faut mentionner la remise en honneur de l'étude de la Bible et de la prière. Ce ne sont plus là des actes ecclésiastiques respectables, ou de simples pratiques de dévotion. En temps de réveil, notre vieille Bible reprend une fraîcheur et une puissance nouvelles. On ne se borne plus à la posséder chez soi et à l'entendre servir de texte aux prédicateurs : on la sonde, et en la sondant on y trouve de nouveaux filons d'or pur et des richesses inexplorées. Aux promesses de Dieu répond la prière du peuple de Dieu. Aucun symptôme de réveil n'est plus significatif que le besoin de la prière et que la reprise des réunions de prière. Là où elles n'existent pas, là où elles sont languissantes et désertées, il est à craindre que la vie spirituelle ne fasse défaut ; mais dès qu'elles renaissent, on peut être sûr que l'hiver va cesser et que le printemps arrive.

Une Église réveillée a l'esprit conquérant. Tandis que les

chrétiens tièdes disent : « Dormons et laissons dormir les autres », — les chrétiens qui veulent être fidèles à leur Maître disent : « Réveillons-nous et sonnons la diane pour appeler les autres au combat ! » Leur ambition est grande, sauver le monde ! C'est là, aux yeux des sages, une étrange folie, un fanatisme intolérable. Mais cette folie est la sagesse de Dieu. Aux onze, Jésus a dit : « Allez par tout le monde », et ils sont allés et ils ont vaincu. Mais d'abord, ils passèrent par le creuset de la Pentecôte : ils furent baptisés du Saint-Esprit et de feu.

C'est ce qu'il nous faut à nous aussi. Nous ne sommes qu'une minorité infime dans la nation. Mais, si tous ces protestants étaient réveillés, que dis-je ? si un centième étaient « pleins de foi et du Saint-Esprit », ils feraient ce qu'ont fait les premiers chrétiens. On les persécuterait sans doute ; mais ils seraient le sel de la terre, comme nos pères le furent jadis. Cependant, pour que le sel agisse, il faut qu'il ait conservé sa saveur. Nos Églises ne l'ont-elles pas perdue ? Le réveil nous la rendra.

C'est ici l'heure de nous réveiller du sommeil.

Sommeil et réveil

Le mot de réveil s'applique, dans son sens figuré, à des crises qui surviennent à certains moments dans la vie des sociétés et qui amènent de soudains et profonds changements dans leur manière de penser et de vivre. Il y a des réveils politiques, tels que les Croisades, l'œuvre de Jeanne d'Arc, les révolutions de 1789, 1830, 1848, 1870, pour s'en tenir à la France. Il y a des réveils littéraires, tels que la Renaissance, le siècle de Louis XIV, le romantisme.

Mais il y a aussi des réveils religieux. L'histoire des Israélites en mentionne plusieurs, notamment aux temps de Moïse, de Josué, de Samuel, de Josias, de Néhémie, des prophètes. A l'aurore des temps évangéliques, Jean-Baptiste fut l'instrument d'un grand réveil. La première Pentecôte chrétienne fut le plus grand et le plus fécond réveil religieux dont parle l'histoire. Dans la nuit du Moyen Age, François d'Assise, Savonarole, les Vaudois luttèrent contre la léthargie où l'Église était tombée, en attendant la Réformation, qui arracha au sommeil la moitié de l'Europe. Le protestantisme lui-même a eu besoin de crises périodiques pour le ramener à la foi vivante, et ces réveils ont été en France l'œuvre des Antoine Court et des Paul Rabaut au XVIIIe siècle, des Monod, des Bost, des Cook au XIXe ; en Angleterre, des Wesley et des Whitefield ; en Allemagne, des Zinzendorf et des Spener.

Pourquoi l'Église a-t-elle besoin de réveils ? Pourquoi s'assoupit-elle, tantôt dans le formalisme, tantôt dans l'orthodoxie, tantôt dans le rationalisme ? Pourquoi les Églises les plus fidèles se laissent-elles, peu à peu, gagner par l'assoupissement ? Sans nous arrêter à ces questions, bornons-nous à constater le fait que les hommes sont portés à s'absorber dans leurs intérêts matériels et à négliger les choses éternelles.

Puisque c'est le sommeil spirituel qui rend nécessaire ces crises que nous appelons réveils, il convient de chercher en quoi il consiste.

Le sommeil, c'est, dans la langue de l'Écriture, l'état de l'âme qui, possédant les germes de la vie nouvelle, demeure engourdie et impuissante. Ce n'est pas l'absence totale de vie, mais c'en est la suspension. C'est à l'âme endormie que saint Paul adresse cet énergique appel : « Réveille-toi, toi, toi qui dors ; relève-toi d'entre les morts, et Christ t'éclairera. » Les effets du sommeil de l'âme ne sont pas semblables à ceux du sommeil physique ; celui-ci est réparateur et l'autre pernicieux. On peut toutefois trouver des analogies frappantes entre les symptômes qui accompagnent ces deux genres de sommeil.

Et d'abord, ils se ressemblent quant à la façon d'y entrer.

On s'endort, en général, non pas précisément sans le vouloir, mais sans s'en rendre compte. Voulez-vous dormir, vous n'avez qu'à prendre telle posture favorable au sommeil, et le sommeil viendra ; mais il viendra graduellement, à tel point que vous ne vous apercevez pas du moment précis où la veille cesse et où le sommeil commence. Il en est ainsi pour l'âme. Elle s'endort sans s'en douter ; elle passe insensiblement de la vie de l'activité morale à celle des vains rêves. Mais elle n'en est pas moins responsable ; car, si elle dort, c'est qu'elle l'a voulu, et qu'elle s'est placée dans l'attitude où le sommeil vient, de lui-même et sans effort, clore les paupières du dormeur.

Cet étrange état physique, qu'on nomme le sommeil, échappe à toute définition, mais chacun de nous en connaît par expérience les symptômes et les effets. Quand nous dormons, nos facultés et nos sens sont réduits à l'impuissance. L'intelligence est obscurcie, la sensibilité est affaiblie, la volonté n'agit plus. Par contre, l'imagination, cette *folle du logis*, comme on l'a appelée, n'étant plus gouvernée par la raison, est lâchée au milieu des rêveries les plus extravagantes. Les sens sont à demi paralysés ; le dormeur ne voit ni n'entend, ne sent ni ne goûte. Sa vie n'a plus conscience d'elle-même ; elle est presque mécanique.

Ces traits se retrouvent presque tous dans le sommeil de l'âme ; il amène un arrêt presque complet des fonctions et des facultés de l'être spirituel. La conscience, pauvre boussole détraquée, ne fonctionne plus ; la volonté ne sait plus vouloir le bien avec énergie et persévérance ; la foi, cet œil de l'âme, ne perçoit plus les réalités divines ; la communion avec Dieu par la prière, cette respiration de l'âme, a cessé. Le cœur bat peut-être encore, mais de plus en plus faiblement, et il menace de s'arrêter.

Le sommeil naturel est accompagné de l'arrêt de toute activité. Le dormeur ne parle pas, ou, s'il parle, il divague. Il n'agit pas, ou, s'il agit en somnambule, son action est de l'agitation stérile. Si, pendant son sommeil, il est attaqué, il ne peut ni se défendre ni se protéger, il est à la merci de ses ennemis. Image frappante des effets du sommeil spirituel, qui, lui aussi, rend l'homme inactif, impuissant, incapable de résister. Pour le chrétien vivant, la vie c'est l'action ; discerner quelle est, en toute chose, la volonté de Dieu et la faire, c'est obéir à sa vocation, c'est être utile, c'est être heureux. Mais, lorsqu'il cède aux attraits de l'assoupissement spirituel, ne lui demandez plus de faire quelque chose pour Dieu ou pour ses frères. Il ne le veut ni ne le peut. Un chrétien endormi est un égoïste, qui ne se dérangera pas pour aller au secours des âmes qui périssent. Une Église peut dormir, bercée par le bourdonnement sacré des chants, des prières et des prédications ; elle peut donner de l'argent pour se dispenser de l'effort personnel. Mais le Seigneur porte sur elle ce jugement : « J'ai quelque chose contre toi ; tu as le bruit de vivre, mais tu es morte. »

Ici, il n'y a plus moyen de comparer, et l'analogie se change en opposition. Car, tandis que la sommeil naturel est bienfaisant, parce qu'il prépare à un redoublement de vie, le sommeil spirituel est dangereux, parce qu'il mène insensiblement à la mort. C'est le sommeil de la sentinelle en face de l'ennemi, ou du voyageur dans les neiges des Alpes ; c'est le sommeil de trahison ou de mort.

Le sommeil spirituel est individuel ou collectif ; il affecte l'individu ou l'Église. Quand nous voyons autour de nous quelques chrétiens isolés qui, comme les compagnons du Seigneur à Gethsémané, se laissent aller au sommeil, leur condition nous paraît grave, et nous leur adressons la parole de reproche et d'avertissement du Maître : « Vous n'avez donc pu veiller une heure avec moi ! Veillez et priez, afin que vous ne succombiez pas à la tentation. » Mais, quand c'est l'Église tout entière qui dort, quand les dix vierges, tant les sages que les folles, « s'assoupissent et s'endorment toutes », quel scandale et quel malheur ! Qu'on ne dise pas : Les associations humaines ne peuvent pas se maintenir à la même hauteur de ferveur et d'enthousiasme, il leur faut, après les jours d'effort, des jours de détente, après la veille le sommeil. Luther n'a-t-il pas dit qu'un réveil religieux ne peut guère conserver plus de trente ans sa puissance d'action ? L'Église d'Ephèse, qui avait eu saint Paul et saint Jean pour pasteurs, ne perdit-elle pas son premier amour ? Nous répondons : L'Église n'est pas une association purement humaine et naturelle ; c'est une société d'ordre surnaturel, vivant de la vie de l'Esprit et appelée à trouver en lui le secret d'une éternelle jeunesse.

———◦◦◦———

Le réveil est l'état normal des chrétiens et de l'Église chrétienne. C'est l'expresse volonté de notre Chef, qui nous répète cet appel : « Ce que je vous dis, je le dis à tous : Veillez ! » C'est la nécessité suprême des temps difficiles où nous vivons. Nos ennemis ne dorment pas, et ils s'appellent le matérialisme sous ses formes diverses : débauche, alcoolisme, passion du jeu, l'incrédulité, le scepticisme, la superstition. Leurs hordes, sans cesse grossissantes, viennent battre nos murailles. Nous ne sommes qu'une minorité menacée d'être submergée. Dans une ville assiégée, tout le monde doit veiller au salut commun.

Oui, c'est bien ici l'heure de se réveiller de son sommeil !

Les conditions du réveil

Pour en revenir à ce besoin de réveil que nous saluons avec joie parmi nous, bornons-nous à indiquer ici quelques-unes des conditions qui nous paraissent indispensables pour qu'il aboutisse à un mouvement sérieux et profond. Ces conditions ne sont pas arbitraires; elles résultent de la nature même de l'œuvre dont il s'agit et de tous les précédents historiques dont il faut bien tenir compte.

Un réveil religieux a pour but de ramener les hommes à Dieu, en un mot de les convertir. S'il se propose un but moins élevé et s'il se contente à moins que cela, il fait fausse route et avortera infailliblement. C'est assurément une belle entreprise que celle de l'apologète chrétien qui veut réfuter les objections que l'on élève aujourd'hui, au nom de la raison et de la science, contre la foi chrétienne, et nul n'applaudit plus que nous aux conférences apologétiques où la foi se mesure avec l'incrédulité. Mais ce n'est pas précisément dans les réunions de réveil que de tels discours sont à leur place. Pour l'immense majorité des personnes qui assistent à de telles réunions, l'obstacle à la conversion n'est pas dans l'intelligence, mais dans le cœur et dans la volonté. Eût-on réussi à réfuter victorieusement certaines objections, tout resterait à faire tant qu'on n'aurait pas remué la conscience. On enregistrerait un succès oratoire de plus, mais le réveil ne serait pas même commencé.

Ramener l'homme à Dieu ! Cette tâche, la plus noble que l'on puisse se proposer ici-bas, et la seule que les anges puissent envier aux hommes, implique avant tout une claire notion de ce qu'est l'homme sans Dieu, c'est-à-dire une notion tragique du péché et de la condamnation qu'il entraîne. Arrière cette idée optimiste de la nature humaine, d'après laquelle l'homme est foncièrement bon et n'a qu'à réveiller en lui l'instinct de la perfection ! C'est à cette méconnaissance de la nature et de la gravité du péché qu'est due la stérilité religieuse de l'ancien libéralisme, et, si quelque chose peut nous réjouir dans le nouveau, c'est qu'il paraît résolu à ne pas se contenter du point de vue superficiel de ses devanciers sur ce point essentiel. Si vous n'êtes pas persuadés, avec saint Paul, que le pécheur « est mort dans ses péchés », et si vous ne travaillez pas à l'en persuader, de quel droit troubleriez-vous un sommeil qui est sans danger et qui a bien ses charmes ?

Mais il ne suffit pas de prendre l'homme tel qu'il est ; il faut le ramener à Dieu *tel qu'Il est*, c'est-à-dire tel qu'il s'est révélé à nous en Jésus-Christ. Le réveil du pécheur n'est pas simplement une œuvre *subjective*, un travail de l'homme sur lui-même, un effort énergique de s'amender ; il est une œuvre *objective*, extérieure à nous, surnaturelle et divine, dont les conditions ont été réglées par Dieu lui-même. Prêcher la conversion sans la rédemption, sans la croix, c'est donc méconnaître la condition essentielle du salut, c'est donner à l'homme l'illusion qu'il peut se sauver par lui-même, c'est le pousser dans une voie sans issue. C'est oublier que Jésus, dans son entretien mémorable avec Nicodème, a rattaché indissolublement ces deux conditions, puisqu'après avoir dit : « Il faut que vous naissiez de nouveau », il a ajouté : « Il faut que le Fils de l'homme soit élevé comme le serpent le fut au désert. »

Tous les réveils, depuis la première Pentecôte jusqu'à ceux de notre siècle, sont nés de cette double affirmation : le péché et la rédemption. Le rationalisme s'est montré impuissant à réveiller les âmes, parce qu'il a supprimé ou affaibli ces deux faits. La jeune génération libérale prétend rompre avec ses devanciers qui « réduisaient le christianisme à une aspiration vers le progrès et l'infini », elle insiste avec raison sur « l'horreur du péché ». Mais, tout en saluant avec sympathie l'ardeur généreuse qui l'anime, il faut lui rappeler que la croix du Golgotha est le seul levier assez puissant pour soulever le fardeau du péché de l'humanité.

Rien de nouveau, mais toutes choses nouvelles

Les mots qui servent de titre à cet article sont, si je m'en souviens bien, ceux par lesquels notre excellent ami Théodore Monod caractérisait le réveil d'il y a trente ans. A ceux qui reprochaient à ce mouvement de trop sortir des vieilles ornières et de s'aventurer dans de périlleuses innovations, il répondait :

« *Rien de nouveau, mais toutes choses nouvelles !* »

C'est encore le programme du réveil que nous attendons, comme ce fut celui de tous les réveils du passé.

Rien de nouveau !

« Ce qu'il faut, disent certains théologiens, c'est un réveil *théologique*. Voilà longtemps qu'on nous prêche la nécessité d'une refonte dogmatique, comme condition essentielle d'un réveil religieux. Sans nier que nous ayons besoin de sortir du chaos doctrinal où nous sommes enlisés, je ne crois pas que le renouvellement spirituel nous vienne de ce côté-là. J'attends plus des évangélistes et des prophètes que Dieu nous enverra que des docteurs que nous envoient les Facultés. Ceux-ci font un travail qu'il faut se garder de mépriser, mais qui n'a que des rapports assez lointains avec le salut des âmes. Les réformateurs du XVIe siècle et les hommes de réveil du XVIIIe n'ont pas voulu innover en fait de doctrines, mais rénover : ils se sont bornés à remonter, les uns à travers la scolastique romaine, et les autres à travers la scolastique protestante, jusqu'à l'enseignement de saint Paul et de Jésus-Christ. Nous ferons bien d'imiter leur exemple et de continuer à prêcher « Christ et Christ crucifié, folie aux Grecs, scandale aux Juifs, mais puissance de Dieu pour le salut de quiconque croit ».

« Ce qu'il nous faut, disent d'autres, c'est un réveil *ecclésiastique*. Rendez-nous la vraie Église, le vrai baptême, le vrai catéchuménat, le vrai ministère, etc., et vous aurez préparé la voie au vrai réveil. Tout en reconnaissant que nos Églises, même les meilleures, ont de grandes réformes à opérer sur elles-mêmes, je ne crois pas que ces réformes soient la condition nécessaire du réveil spirituel ; je crois plutôt que celui-ci produira celles-là. Quand vous aurez récolté le vin nouveau dans la vigne du Seigneur, vous verrez la nécessité de renouveler vos outres et vos barriques. Pour le moment, laissons dormir ces questions qui nous ont tant divisés. Ce n'est pas dans ce domaine qu'il importe actuellement de faire du nouveau.

Ce qu'il nous faut, dit-on enfin, c'est un réveil *social*. Je ne voudrais pas contrister les vaillants paladins du socialisme chrétien et du christianisme social ; mais il convient de leur rappeler ce que Tommy Fallot avait pleinement reconnu dans les dernières années de sa vie, que, pour réformer la société, il faut réformer, c'est-à-dire convertir l'individu, et qu'en fait de culture humaine, comme de culture agricole, on n'aboutit à rien en mettant la charrue devant les bœufs.

Le réveil que nous demandons à Dieu ne sera donc ni théologique, ni ecclésiastique, ni social ; il n'aspirera à refondre ni la théologie, ni l'Église, ni la société. Il sera essentiellement religieux : il travaillera à sauver les âmes, ce qui est toujours le bon moyen de sauver le monde. Il cherchera premièrement le royaume de Dieu et sa justice, et le *reste* (dans tous les domaines) lui sera donné par surcroît... *Le progrès de l'âme est l'âme du progrès.*

De cette œuvre de réveil, modeste comme toutes les grandes œuvres, humble comme le levain qu'on mêle à la pâte, petite à l'origine comme le grain de sénevé, plus d'un dira sans doute en haussant les épaules : *Rien de nouveau !* Mais nous répondons : C'est vrai ! mais *toutes choses nouvelles.*

Toutes choses nouvelles ! D'abord dans la préparation du réveil.

Les Églises où l'on désire le réveil sont des Églises où l'on prie, où l'on a des réunions de prière. C'est là, depuis la première Pentecôte, la seule méthode chrétienne pour attendre les effusions du Saint-Esprit. On sent les approches de cette effusion quand l'esprit de prière se réveille, quand les vieilles réunions de prière se raniment... Il y a quelque chose de nouveau quand on peut dire d'une Église, d'un homme, ce qui fut dit de Saul de Tarse : « Voilà, il prie ».

... Le réveil porte des fruits de *conversions individuelles*. Nos Églises sont encombrées de demi-chrétiens et de quarts de chrétiens, qui sont comme les traînards de l'armée de Jésus-Christ. Ce qui leur manque, c'est la conversion. Le réveil les fera entrer dans les rangs des chrétiens fervents et actifs, à moins qu'il n'ait pour résultat de les décider à retourner dans le monde. Chez les membres nominaux de l'Église, devenus par la conversion des membres effectifs, toutes choses sont devenues nouvelles. Et il en sera de même pour l'Église prise dans son ensemble. Un afflux de sang nouveau y apportera la vie et y fécondera l'activité. Le pasteur ne sera plus « le monsieur vêtu de noir, qui débite des choses honnêtes ». Son âme, retrempée dans le baptême du Saint-Esprit, n'aura plus cette allure découragée et pessimiste si fréquente aujourd'hui. Ses sermons ne seront plus des morceaux oratoires qui laissent l'auditeur endormi, mais une démonstration d'esprit et de puissance. Les auditeurs se diront : C'est curieux ! on nous a changé notre pasteur ! Et le pasteur, de son côté, se sentant soutenu par un auditoire réveillé, pensera : C'est étrange ! on m'a changé mes auditeurs !

En vérité, les choses vieilles sont passées, toutes choses sont devenues nouvelles.

Ce que doit être la prédication

Après avoir dit que le sujet est complexe, que la forme est loin d'être indifférente, le prédicateur se demande à quelles conditions la prédication chrétienne peut réussir aujourd'hui à amener les âmes au salut. (Art. de *L'Évangéliste* du 12 avril 1877.)

... Que la prédication soit donc essentiellement *biblique*, qu'elle soit l'exposé de ce que Dieu a dit et fait, qu'elle « annonce tout le conseil de Dieu sans en rien cacher », non avec des discours pathétiques de la sagesse humaine, mais avec une démonstration d'esprit et de puissance, et elle se montrera de nos jours ce qu'elle a été autrefois : « la puissance et la sagesse de Dieu ».

On objecte que les hommes d'aujourd'hui demandent autre chose ; et c'est pour répondre à leurs exigences prétendues qu'on jette la prédication chrétienne hors de sa voie naturelle et ancienne, pour en faire une sorte de conférence, dont le texte sacré n'est que le prétexte. Eh bien ! je crois que l'on fait fausse route, et que les auditeurs qui viennent dans nos lieux de culte n'y viennent pas chercher l'écho de ce qu'ils peuvent lire dans les journaux et dans les livres, ou entendre dans les salles de conférence, mais qu'ils viennent justement pour écouter une parole d'autorité, la Parole même de Dieu, qui les repose et les raffermisse après toutes les fluctuations de la parole humaine.

La prédication nous parait donc devoir être une affirmation de la vérité, beaucoup plus qu'une discussion avec l'erreur ou l'incrédulité. Le sermon apologétique, dont nous ne voulons pas médire, ne peut-être que très exceptionnel dans la chaire chrétienne. Destiné à convaincre quelques rares incrédules présents au culte, il atteint bien rarement son but auprès d'eux, et risque de troubler et de dérouter la grande masse des auditeurs qui ne le comprennent pas. Le prédicateur doit se défier de cette illusion à laquelle sont sujets les hommes de cabinet, qui leur fait croire que les grands obstacles qui se dressent devant les âmes pour les empêcher de se convertir, sont d'ordre intellectuel. Il n'en est rien, et l'expérience nous apprend que, même chez ceux qui sont familiers avec cette nature d'objections, et qui les mettent volontiers en avant, il ne suffit pas de les réfuter pour avoir cause gagnée; preuve évidente que l'obstacle n'est pas là. Il est dans le cœur et dans la conscience, et c'est dans ces profondeurs de l'être moral, où l'homme naturel aime à entretenir l'ombre et le silence, qu'il faut porter la pleine lumière de l'Évangile.

De là découle une autre nécessité de la prédication contemporaine : il faut qu'elle soit *directe* et, dans le sens supérieur du mot, agressive. Il faut que l'auditeur ait le sentiment que c'est à lui qu'on en veut, que c'est son intérêt qui est en jeu; il faut qu'il éprouve ce qui se passait dans l'âme du grand Condé se disant, en voyant monter Bourdaloue en chaire : « Voilà l'ennemi ! » — L'ennemi, c'est-à-dire la parole qui trouble et qui condamne, parce qu'elle est l'épée de l'Esprit, mais un ennemi qui se changera en ami, dès que l'âme consentira à s'avouer vaincue et à crier merci.

Ne voit-on pas qu'une telle prédication, toujours appuyée sur le témoignage de Dieu et adressant un perpétuel appel à la conscience, ne pourra qu'être intéressante ? Il se peut qu'elle irrite certains auditeurs, mais au moins ne les endormira-t-elle pas et elle sera pour d'autres le moyen de les amener à la paix et au salut. Elle a d'ailleurs fait ses preuves dans l'histoire de l'Église, et on peut affirmer que partout où elle a fleuri, elle a laissé derrière elle un sillon de lumière et de vie.

Les prédicateurs laïques

L'Église méthodiste possède, à côté du ministère régulier, un corps nombreux de prédicateurs laïques, qui, en France, sont, relativement aux pasteurs, dans la proportion de trois à un, et qui représentent un élément précieux de force spirituelle et évangélisatrice.

Le prédicateur laïque ou *local*, comme on l'appelle encore souvent, n'est pas un agent salarié ; c'est à peine si, dans quelques-uns de nos circuits, il est défrayé de ses dépenses de voyage. Ses services sont donc gratuits et bénévoles. Il prêche l'Évangile parce qu'il s'y sent poussé par son zèle chrétien et par son amour des âmes. Exerçant une profession modeste ou élevée, simple maçon comme Jean Nelson, ou membre du Parlement britannique, comme Samuel Waddy, il pourvoit à ses besoins par son travail et consacre ses dimanches à l'évangélisation.

Son activité n'est pas toutefois absolument spontanée. Il appartient à un corps, il est embrigadé et il obéit à une discipline. Pour devenir prédicateur laïque, il ne lui suffit pas de chercher quelque part des auditeurs de bonne volonté disposés à l'écouter. Membre d'une Église fortement disciplinée, il doit justifier de sa piété, de sa vocation, de ses aptitudes devant l'assemblée trimestrielle de son circuit. Son pasteur, après s'être convaincu par lui-même de la réalité de ses dons et de la suffisance de ses connaissances et lui avoir fourni quelques occasions de se faire entendre dans des réunions de prières ou autres, lui indique des lectures à faire, lui donne au besoin quelques leçons, puis le présente à l'assemblée trimestrielle, devant laquelle il doit subir un examen qui porte sur ses expériences et sur ses connaissances religieuses. Si l'examen est jugé satisfaisant, il est reçu prédicateur sous épreuve, et il commence alors un noviciat qui dure ordinairement six mois, pendant lesquels il aura à présider un certain nombre de réunions. Au bout de ce temps d'épreuve, s'il est reconnu apte à exercer définitivement les fonctions de prédicateur laïque, son nom est inscrit sur le tableau des services, et il est appelé à prêcher régulièrement. Il continue d'ailleurs, à être justiciable de l'assemblée trimestrielle qui, en cas d'incapacité ou d'indignité, peut le révoquer.

On n'attend pas du prédicateur laïque qu'il soit un théologien ou un homme très cultivé, quoique les annales de l'Église méthodiste aient compté plus d'un membre de cette milice auxiliaire parvenu à un rare degré de culture. Règle générale, ce que l'Église est en droit de demander à ces modestes agents, c'est, avec une piété solide, un jugement sain, une sérieuse connaissance des Écritures et des dons de parole suffisants. S'ils y ajoutent le goût de l'étude et l'amour des livres, il n'est pas rare qu'ils deviennent des prédicateurs remarquables et grandement appréciés.

L'Église a besoin sans doute de docteurs capables d'exposer, d'une manière systématique et approfondie, les vérités de la foi.

Mais elle réclame aussi, et en plus grand nombre, les évangélistes qui sachent proclamer avec fidélité et avec puissance la bonne nouvelle du salut. Les Apollos sont rares en tout temps, les Aquilas et les Priscille doivent être nombreux. La prédication de ces humbles témoins de Jésus-Christ se renfermera habituellement dans l'affirmation de ces deux grands faits : le péché et le salut. Mais n'est-ce pas, après tout, ce dont les âmes ont le plus besoin ?

La prédication laïque ne saurait remplacer d'une manière permanente la prédication plus travaillée du pasteur ; mais n'at-elle pas aussi ses avantages propres et, jusqu'à un certain point, sa supériorité ? Et d'abord elle est moins suspecte. On dit quelquefois du pasteur qu'il fait son métier en prêchant, ce qui est une façon de dire qu'il est permis de ne pas le prendre au sérieux. Mais on ne peut pas dire cela du laïque, qui, lui du moins, ne peut guère avoir d'autre intérêt à prêcher l'Évangile qu'un désir sincère de faire du bien. Sa parole a aussi généralement l'avantage d'être plus directe et plus intelligible que celle du prédicateur de profession, dont les sermons passent souvent au-dessus de la tête des auditeurs à force d'être académiques, et n'atteignent pas toujours les consciences. Le laïque qui prêche l'Évangile, à moins qu'il ne soit gâté par l'imitation et par les prétentions, a donc de sérieuses chances de se faire écouter par dés auditeurs réfractaires à une prédication plus littéraire.

La prédication laïque a, dans l'histoire de l'Église, les plus beaux états de service. Il serait aisé de montrer que ce ministère non officiel a quelque analogie avec celui des prophètes de l'ancienne Alliance. Nous préférons rappeler qu'il a reparu à toutes les époques de réveil et qu'il a été tout spécialement le moyen dont Dieu s'est servi au siècle dernier, pour réveiller l'Église. Quand Wesley lança sur l'Angleterre endormie, en attendant qu'il les lançât sur le monde entier, ses humbles évangélistes arrachés à l'atelier, à l'échoppe ou à la charrue, il souleva d'unanimes clameurs de la part de tous ceux pour qui il n'y a de salut que dans ce qui est officiel et régulier. Son frère Charles répondait à l'archevêque anglican d'Armagh, qui se plaignait de l'emploi de laïques illettrés comme prédicateurs, par cette boutade : « Que voulez-vous ? le Seigneur se servit bien d'une ânesse muette pour réprimander un prophète ! » Quant à John Wesley, il opposait sur ce point, aux prétentions cléricales de son temps, les meilleures traditions du passé :

« On objecte, disait-il, que nos prédicateurs ne sont que des laïques ; je réponds que les scribes, qui étaient prédicateurs chez les Juifs, n'étaient pas prêtres, et n'étaient que des laïques eux aussi. Plusieurs d'entre eux n'auraient pas même pu être prêtres, n'étant pas de la tribu de Lévi. Et c'est probablement ce qui explique que les Juifs n'aient jamais soulevé contre la prédication de notre Seigneur l'objection qu'il n'était pas prêtre de l'ordre d'Aaron ; il n'eût pas pu l'être d'ailleurs, étant de la tribu de Juda. Il ne paraît pas non plus que cette objection ait été adressée aux apôtres.

Si nous en venons aux temps modernes, Calvin avait-il reçu l'ordination ? Etait-il prêtre ou diacre ? Et la plupart de ceux qu'il plut à Dieu d'employer pour propager la Réformation n'étaient-ils pas aussi des laïques ? Cette grande œuvre aurait-elle jamais pu se répandre en tant de lieux si les laïques n'avaient pas prêché ? L'ordination n'est pas considérée, dans toutes les Églises protestantes, comme une condition indispensable pour prêcher... »

Le grand argument qu'invoquait Wesley, c'était la nécessité. Cet argument est toujours valable, et il l'est surtout en France, où la moisson est grande et où il y a peu d'ouvriers. Le ministère pastoral y sera longtemps encore insuffisant devant la grandeur de la tâche à accomplir. Le ministère laïque, si nos Églises savent lui faire sa place, a un grand rôle à jouer dans l'évangélisation de notre pays. Il n'est pas pour le pastorat un rival à redouter, mais un auxiliaire précieux à former.

Mes longues-veilles

La plupart de nos lecteurs savent ce que signifie ce terme en langue religieuse, et ont sans, cloute assisté plusieurs fois à une *longue-veille*. C'est un service religieux qui a lieu dans la dernière soirée de l'année, et qui, commencé généralement à dix heures, ne se termine qu'après que l'heure de minuit est venue marquer le passage d'une année à l'autre. Ces sortes de services, empruntés par Wesley aux Moraves, se pratiquent universellement dans les Églises méthodistes. D'autres Églises ont adopté aussi cette manière pieuse de terminer l'année. Bien des chrétiens, toutefois, n'ont jamais pris part à l'un de ces services ; il pourra donc leur être agréable d'en entendre parler par quelqu'un qui les connaît et qui les aime.

Que d'autres passent prosaïquement au lit les heures qui conduisent d'une année à la suivante ou les emploient à se divertir, je ne les admire ni ne les envie. On aura beau soutenir que ces heures ressemblent aux autres, que cette nuit-là ne diffère pas d'une autre nuit, et qu'il y a quelque superstition à lui donner une importance spéciale ; je soutiens que les choses prosaïques abondent assez dans la vie sans qu'on laisse encore envahir ces rares retraites, jusqu'ici réservées à la poésie des souvenirs et des espérances, aux saintes émotions de la piété. Non, pour moi comme pour beaucoup d'autres, la nuit du 31 décembre n'est pas comme les autres nuits, et ses heures comptent au nombre des heures sacrées où Dieu parle de plus près et avec plus de force que jamais à la conscience et au cœur.

Mes *longues-veilles*! que j'aurais de choses à en dire si je pouvais ici laisser parler mon cœur et soulever le voile de mes expériences. Aussi loin que je remonte dans mes souvenirs, je ne me rappelle pas un temps où je n'aie pas fini l'année par une longue-veille. Quand nous étions enfants, nos parents nous conduisaient à ce service, et quelle fête c'était pour nous d'y assister! Longtemps à l'avance on y pensait et on en rêvait; longtemps après on en conservait un souvenir bienfaisant. On nous eût sévèrement puni en nous privant de la longue-veille, et je ne me souviens pas qu'on nous ait jamais infligé ce châtiment. Il n'y avait pourtant rien, dans ces longues-veilles, qui fût de nature à frapper vivement mon imagination d'enfant. Ces humbles Églises, où s'est exercé, non sans fruits, le ministère de mon bienheureux père, avaient comme lui plus de sérieux que de brillant, plus de fond que de formes. Ce n'était donc pas la beauté mystérieuse d'un temple à demi-éclairé, ou les accords, de l'orgue dans la nuit, ou l'éloquence vibrante du prédicateur qui m'émouvaient jusqu'au fond de l'âme. Non, c'était la poésie intime des choses, c'était la voix mourante de l'année qui allait pour jamais disparaître dans l'éternité; c'était le vagissement confus de l'année qui naissait et au sujet de laquelle on se demandait : Que sera-ce de ce petit enfant? Ou plutôt, c'était la voix de Dieu qui parlait à ma conscience pour lui reprocher les péchés du passé, et à mon cœur pour solliciter de lui ce don sans réserve sans lequel on n'est pas chrétien. Et c'était aussi la voix de mon âme qui s'élevait encore, timide et craintive, pour demander grâce et pour dire à Celui qui m'appelait, comme il appela autrefois Samuel dans la nuit : « Parle, Seigneur, ton serviteur écoute ! »

Depuis ces jours lointains de l'enfance, je n'ai jamais manqué de finir l'année à la longue-veille, non pas parce que la participation à ce service faisait partie de mes devoirs de pasteur, mais par goût et par besoin, et parce que j'y ai toujours vu une occasion unique de bénédictions spéciales. Quand je dis que je n'ai jamais manqué à une longue-veille, je fais erreur. Une fois, je n'y assistai pas, retenu que j'étais auprès d'une enfant gravement malade et qui paraissait ne pas devoir passer la nuit. Mais j'envoyai un message affectueux aux chrétiens réunis, et leur demandai de se souvenir de ma chère petite malade dans leurs prières. De la chambre où nous veillions auprès de l'enfant, nous entendions les chants, et nous unissions nos prières à celles du peuple de Dieu. Cette nuit du 31 décembre fut bien pour nous « une nuit dans les larmes ». Et toutefois, par la grande miséricorde de Dieu qui exauce les prières, nous pûmes appliquer à cette nuit-là la parole du psalmiste : « Le soir arrivent les pleurs et le matin l'allégresse ». Le lendemain, en effet, le docteur déclara que les progrès de la maladie s'étaient arrêtés pendant la nuit, et que la malade était hors de danger. Cette longue-veille-là, qui nous fit faire l'expérience d'un exaucement merveilleux de la prière, a une place à part dans mes souvenirs.

C'est un moment particulièrement solennel dans ce culte de la dernière nuit de l'année que celui qui précède immédiatement le coup de minuit. A la suite des exercices religieux, chants, lectures, exhortations, prières, qui ont occupé la plus grande partie de la réunion, le président invite l'assemblée à passer les cinq dernières minutes de l'année dans le recueillement et dans la prière silencieuse. Et là, à genoux, quand la voix de l'homme s'est tue, celle de Dieu parle à la conscience et au cœur de chacun, et avec quelle force pénétrante! Dieu seul sait quelles résolutions salutaires ont été prises dans ces moments bénis, et quelle influence ont eu ces moments sur la direction des sentiments et de l'activité de l'année qui a suivi. De sérieuses conversions ont eu là leur origine. Enfin, l'horloge sonne les douze coups qui indiquent le passage d'une année à l'autre, et l'assemblée se lève et chante le beau cantique.

> Levons-nous, frères, levons-nous,
> Car voici notre Maître!
> Il est minuit! Voici l'Epoux!
> Jésus-Christ va paraître!

Une prière d'action de grâce et de consécration à Dieu termine cette réunion, et l'on se sépare après avoir échangé des vœux pour l'année qui commence.

A Nîmes, comme à Paris, la longue-veille est le rendez-vous de pasteurs et de laïques des diverses dénominations, qui en font une vraie réunion d'alliance évangélique, digne préparation de la semaine de prières. C'est toujours un service très suivi et très populaire [a]. Qu'il me soit permis, en terminant, de conseiller aux pasteurs qui ne l'ont pas encore essayé, de l'introduire dans leur Église. Ils ne tarderont pas à découvrir que c'est là un excellent moyen d'édification.

---

a. Ceci, rappelons-le, était écrit en 1892.

L'inspiration des Saintes Écritures

Le fait que nous trouvons partout attesté, c'est que Dieu a parlé par le moyen de ce phénomène mystérieux et surnaturel que nous nommons inspiration, à des hommes qu'il a choisis pour transmettre aux autres hommes sa parole. L'examen attentif des documents bibliques nous permet, sinon de préciser avec une entière certitude, au moins de concevoir avec quelque probabilité, ce que Dieu n'a pas voulu faire et ce qu'il a fait.

Nous pouvons affirmer que Dieu n'a pas voulu nous donner un livre qui fût le produit d'une dictée verbale et littérale, un livre où tout fût divin sans mélange d'humain. Une lecture, même superficielle, de la Bible nous atteste qu'elle n'est pas ce livre-là. La théorie d'une inspiration verbale est contredite par les divergences qui s'y rencontrent entre deux récits du même fait, ou deux comptes rendus d'un même discours. Elle l'est encore par le fait de l'*idiosyncrasie* si marquée de divers auteurs : Jean ou Paul, Pierre ou Jacques, etc. Chacun d'eux a son style, sa méthode d'argumentation, sa façon de raconter. Tel d'entre eux, Paul, par exemple, mêle à son exposé doctrinal, des allusions à son histoire, à ses circonstances particulières, à ses amis, etc. La langue qu'il parle n'étant pas sa langue maternelle est, pour cet apôtre, un instrument qu'il manie parfois avec une gaucherie qui n'ôte rien à la hauteur de ses pensées, mais qui nuit à la correction, et parfois à la limpidité de sa phrase. Ces indices, auxquels on pourrait en ajouter d'autres, écartent l'idée d'une dictée verbale, comme mode habituel de l'inspiration.

Qu'il y ait toutefois, dans les Écritures, des oracles et des prophéties, où l'auteur sacré n'est plus qu'un scribe écrivant, sous la dictée de l'Esprit-Saint, des paroles dont il n'a pas toujours lui-même la pleine intelligence, c'est ce qui est évident. Mais de telles paroles sont en général désignées à notre attention par quelque formule qui les met hors de pair. Et si nous ne sommes pas toujours en état de les distinguer, cela ne tire pas à conséquence, comme le fait remarquer M. Banks en ajoutant : « Les portions qui ne peuvent pas être considérées comme le produit d'une inspiration verbale rigide sont aussi réellement inspirées que le reste, quoique non au même degré. »

Cette idée de degrés dans l'inspiration, ainsi affirmée par un éminent théologien méthodiste contemporain, nous paraît résulter de l'étude des documents bibliques, quelque combattue qu'elle ait été de divers côtés. Pour ne citer qu'un exemple, les parties historiques de l'Écriture, qui portent si visiblement le cachet du labeur du chroniqueur et de l'historien (documents compulsés, récits fragmentaires, incomplets, ou même divergents), n'ont visiblement pas nécessité une inspiration du même ordre que les parties prophétiques ou dogmatiques des livres saints. En laissant ainsi à l'action de ses collaborateurs humains une large place dans les matières qui n'intéressent pas directement la foi, Dieu a suivi la méthode qu'il suit dans l'œuvre ordinaire de sa grâce, qui agit sur l'homme en mettant en exercice toutes ses forces et toutes ses facultés. Dieu, qui ne fait pas de miracles inutiles, a laissé ses agents se servir de leurs souvenirs, de leurs informations, des sources manuscrites ou orales qui étaient à leur disposition, toutes les fois que cela était possible.

L'inspiration des écrivains sacrés n'est pas une simple exaltation de leurs facultés naturelles et ne saurait être confondue avec l'enthousiasme qu'inspire de grandes pensées. Ces hommes ne sont pas seulement des génies religieux de premier ordre, de tels génies ont existé dans l'Église chrétienne et ailleurs, mais leurs écrits ne sauraient être mis sur le même pied que ceux qui composent la Bible. L'inspiration est autre chose que l'enthousiasme, même religieux.

Elle est autre chose aussi que la sainteté. Sans doute, un chrétien a généralement une intelligence des vérités religieuses proportionnées à l'intensité de sa piété, et on peut entendre dans ce sens la parole de Jésus que « les cœurs purs verront Dieu ». Mais l'expérience nous apprend que la piété la plus vive ne préserve pas un homme d'erreurs parfois très graves, et qu'un saint peut être un assez mauvais théologien. Cette théorie, en faisant de tous les chrétiens des inspirés, à des degrés divers, refuse à l'enseignement apostolique un caractère normatif et définitif, et ouvre la porte à un complément de révélation que la conscience chrétienne aurait à formuler de siècle en siècle. C'est là méconnaître l'ensemble des faits et des déclarations bibliques. C'est oublier que les dons théopneustiques ont été accompagnés et légitimés par des dons miraculeux, dont la cessation a marqué aussi la fin de la Révélation.

Le centenaire de la Révocation de l'Édit de Nantes

Conversation entre cinq jeunes filles.

A. — J'ai entendu dire que l'on va célébrer le deuxième centenaire de la Révocation de l'Édit de Nantes, et j'aimerais bien savoir ce que signifient ces mots que je ne comprends pas très bien, et quel est l'événement que l'on s'apprête à commémorer.

B. — On dit que l'un de nos pasteurs doit faire une conférence sur ce sujet. Il faudra demander à nos parents de nous y conduire. J'aime beaucoup entendre parler de ce qui a eu lieu autrefois, et je trouve que les livres qui nous font connaître ce que nos ancêtres ont fait et ont souffert sont bien plus intéressants à lire que tous ces romans qu'on publie aujourd'hui et qui ne racontent que des faits imaginaires.

C. — Nos deux amies, D. et E., qui lisent beaucoup, pourront, je crois, satisfaire notre curiosité sur ce sujet. Voudriez-vous bien, chères amies, nous dire ce que vous savez sur la Révocation.

D. — Nous venons justement, mon amie et moi, de lire l'Histoire des Protestants de France, et nous voulons bien essayer, puisque cela vous est agréable, de répondre aux questions que vous nous ferez sur ce sujet.

A. — Toi d'abord, ma chère E., voudrais-tu bien me dire ce que signifie ce grand mot de Révocation, que je ne comprends pas très bien.

E. — Révoquer une loi, c'est tout simplement l'abolir ou la supprimer. Si, par exemple, dans notre cher petit pays, les Etats abolissaient la loi qui nous permet de nous réunir librement pour adorer Dieu dans cette chapelle, ce serait là une Révocation.

B. — Mais qu'était-ce que cet Édit de Nantes qui fut révoqué?

D. — Je vais vous le dire. Henri IV, roi de France, touché de pitié par les souffrances et la fidélité de ses sujets protestants, fit dans la ville de Nantes un Édit célèbre qui leur accordait le droit de servir Dieu conformément à leur conscience. Non seulement ces protestants, ou ces Huguenots, comme on les appelait, ne furent plus condamnés à être emprisonnés, massacrés ou brûlés, mais on leur reconnut le droit de bâtir des temples et d'avoir des pasteurs pour leur prêcher l'Évangile.

C. — Ce bon roi Henri, en agissant ainsi, me paraît avoir fait preuve de justice et de sagesse; car le droit de servir Dieu selon sa parole est le plus légitime de tous les droits.

E. — Tu as bien raison de parler ainsi, ma chère C. Mais les rois et les gouvernements n'ont pas toujours compris cela, et l'histoire est pleine des persécutions que l'on a fait subir aux chrétiens.

A. — Mais cet Édit de Nantes, donné par le roi Henri aux protestants, par qui fut-il révoqué?

D. — Par le petit-fils d'Henri IV, qui s'appelait Louis XIV. Mal conseillé par de mauvais prêtres et par son ambitieuse femme, la célèbre Mme de Maintenon, il révoqua l'Édit de Nantes et enleva aux protestants toutes les libertés et tous les privilèges que leur avait accordés son aïeul. Sa conduite, en agissant ainsi, ne vous rappelle-t-elle pas quelques rois de la Bible?

B. — Oui, ce fut ainsi qu'un Pharaon, en Egypte, révoqua l'Édit qui accordait la liberté aux enfants d'Israël, dans le pays de Gossen et les réduisit en esclavage.

C. — Et ce fut ainsi également que le méchant Achab et sa cruelle femme Jésabel persécutèrent les Israélites fidèles, comme Elie et les sept mille qui n'avaient pas fléchi les genoux devant Baal.

A. — On pourrait aussi rapprocher de l'Édit de Louis XIV celui de Nébucadnetsar, auquel résistèrent les trois jeunes Hébreux, préférant être jetés dans une fournaise ardente que de se prosterner devant la statue d'or du roi de Babylone.

E. — Les protestants imitèrent la conduite des jeunes Hébreux et préférèrent tout souffrir que d'abandonner leur foi et leur Dieu. On commença par démolir leurs temples et par chasser leurs pasteurs, espérant que, privés de culte, ils se décideraient à aller à la messe et à se faire catholiques romains.

C. — N'est-ce pas en ce temps-là qu'eurent lieu les dragonnades? Qu'est-ce qu'il faut entendre par ce mot?

D. — Les dragons, ma chère C., étaient des soldats qui portaient sur leur tête un casque orné d'une crinière de cheval qui leur avait fait donner le surnom de dragons. Et ils se montrèrent dignes de ce nom par leur cruauté. Quand une famille protestante refusait de changer de religion, on envoyait dans sa maison vingt, quarante, quelquefois cent dragons pour la convertir au catholicisme. Ces grossiers soldats pillaient, dévastaient, détruisaient tout dans la maison, et faisaient souffrir cruellement les protestants.

E. — J'ai lu, en effet, des détails horribles sur ces dragonnades. On contraignit une jeune fille à tenir dans sa main un charbon ardent pendant tout le temps qu'elle mettait à réciter l'Oraison dominicale ; puis on fit la même chose sur l'autre main. On versait des seaux d'eau froide sur la tête des victimes, on leur faisait tomber goutte à goutte du suif fondu dans les yeux. On attachait une personne avec des cordes par le milieu du corps et on la descendait dans un puits jusqu'à ce qu'elle fût presque suffoquée, ou bien encore on la tenait longtemps suspendue à une fenêtre. Quelquefois on l'exposait à toute l'ardeur d'un brasier ardent, ou on lui versait de la graisse bouillante sur les pieds.

B. — Quelles cruautés horribles que celles-là, et comme il fallait que la grâce de Dieu fût grande dans le cœur de ces chrétiens pour qu'ils pussent demeurer fidèles au milieu d'aussi grandes souffrances.

A. — Il me semble qu'à la place de cette pauvre jeune fille dont tu viens de nous parler, je n'aurais pas eu le courage de supporter la douleur causée par ce charbon dans ma main, et que j'aurais consenti à tout ce qu'on aurait voulu.

D. — Dieu te soutiendrait, ma chère A., s'il t'appelait à souffrir pour lui. Il y eut d'ailleurs beaucoup d'autres jeunes filles de notre âge, qui souffrirent avec un courage héroïque à cette époque. J'ai lu, les larmes aux yeux, l'histoire de Blanche Gamond, cette brave enfant que l'on fouetta jusqu'au sang pendant de longs jours sans réussir à la faire abjurer. D'autres jeunes filles furent jetées en prison ou enfermées dans des couvents, après avoir été enlevées à leurs mères. « De cinq à seize ans, disait le terrible Édit, tout enfant sera enlevé à ses parents dans huit jours. »

C. — Pauvres petits enfants ! je ne voudrais pas être à leur place. Que ce doit être terrible d'être enlevé à sa mère et livré à des étrangers ! Mais ces pauvres enfants, ainsi séparés de leurs parents, réussissait-on à les faire renoncer à leur foi ?

E. — Pas toujours. L'enfant montrait souvent une ténacité remarquable. On vit des enfants de quatre ou cinq ans résister à toutes les séductions. Plusieurs moururent sous les mauvais traitements, comme ce petit Brun, qui fut battu, enfermé dans une chambre noire, tourné en rond des heures entières, constamment tenu éveillé par le bruit, jusqu'à ce qu'il ne s'éveillât plus.

B. — J'ai lu, dans un des livres qu'on distribue dans notre école, l'histoire de Marie Durand qui, à l'âge de quinze ans, fut enfermée dans la tour de Constance, où elle resta trente-huit ans, avec beaucoup d'autres femmes et jeunes filles qui, comme elle, n'avaient commis d'autre crime que de servir Dieu conformément à sa parole. Tandis qu'elle était en prison dans cette tour, son père et son fiancé étaient enfermés dans un autre donjon. On a composé sur ce sujet une belle poésie, que notre amie A. voudra peut-être bien nous réciter.

A. — Bien volontiers [a] :

Garde tes souvenirs, vieille tour de Constance,
Pour tous les pèlerins qui vont te visiter.
Parmi les monuments les plus chers à la France,
    C'est toi seul que je veux chanter.

Car c'est là qu'ont souffert ces nobles prisonnières,
Douces vierges en deuil, pâles fleurs du Désert;
Là que de leurs sanglots, là que de leurs prières,
    Monta vers Dieu le saint concert.

C'est là que trente-huit ans la fidèle Marie
Porta, sans murmurer, la croix de son Sauveur,
Donnant aux cœurs brisés sa tendre sympathie.
    Cachant aux autres sa douleur.

Le soir elle montait, seule sur la terrasse,
Quand les lampes de Dieu brillent au firmament,
Et, rêveuse, longtemps ses yeux cherchaient la place
    Du fort où pleurait son amant.

Dans ce triste donjon vivait aussi son père :
Ils s'étaient dit adieu tous trois et pour toujours.
Ils avaient tous les trois vidé la coupe amère ;
    Ils s'étaient enfuis, leurs beaux jours !

De ces doux souvenirs le plus cher à son âme
Fut leur dernier regard qui lui perça le cœur.
Garde-la, ta douleur, ô noble et sainte femme !
    Ne la dis rien qu'à ton Sauveur.

Elle vécut, souffrit, aima dans sa tour sombre,
Car dans le ciel là-haut, était son vrai trésor.
Sur son bonheur Satan ne put jeter qu'une ombre ;
    Déjà son cœur était au port.

---

    a. Cette poésie a été écrite au XIXe s. par l'épouse de Benjamin COMBE, membre de la *Société religieuse des Amis* (Quakers), habitant de Montmeyran dans la Drôme, mort en 1904. (ThéoTeX)

D. — Tandis que les femmes étaient dans les prisons, les hommes étaient envoyés aux galères, où ils étaient enchaînés à côté de voleurs et d'assassins, condamnés aux travaux les plus grossiers et accablés de coups. D'autres étaient transportés au-delà des mers, où beaucoup périrent de misère. Quant aux pasteurs, dès qu'on parvenait à se saisir d'eux, ils étaient pendus.

C. — Pourquoi donc les protestants ainsi maltraités dans leur pays ne fuyaient-ils pas à l'étranger, en secouant la poussière de leurs pieds contre leur ingrate patrie?

E. — Un grand nombre, un demi-million au moins, quittèrent en effet la France au prix des plus grands dangers. Une jeune fille se fit enfermer dans une barrique; d'autres se cachèrent au fond de la cale d'un navire; d'autres s'aventurèrent dans de frêles barques sur l'Océan. Des soldats gardaient toutes les frontières, et pour fuir il fallait déployer un courage et une habileté extraordinaires.

B. — J'ai entendu dire que les protestants persécutés en France se répandirent dans tous les pays. Est-ce qu'il en vînt dans le nôtre?

E. — Oui, en tout temps, nos îles de la Manche ont servi de lieu de refuge [a]. Et, à la Révocation; des centaines de réfugiés venus de Normandie ou de Bretagne débarquèrent à Jersey et à Guernesey. Nos pères, quoiqu'ils ne fussent pas riches, se montrèrent hospitaliers et généreux pour ces pauvres proscrits. Plusieurs se trouvèrent si bien dans notre libre pays qu'ils y restèrent, et il y a, parmi les Jersiais d'aujourd'hui, beaucoup de descendants de ces courageux confesseurs de la vérité.

---

a. Cet article a été écrit à JERSEY, à l'occasion du second centenaire de la Révocation.

A. — Je comprends maintenant que ces souvenirs de la Révocation de l'Édit de Nantes soient sacrés pour les descendants des réfugiés, et que le 18 octobre soit célébré comme un grand jour.

L'évangélisation des Catholiques

Il faut évangéliser les protestants, afin d'évangéliser les catholiques. Le protestantisme a été conservé miraculeusement dans ce pays pour en être le sel. On a donc bien raison de commencer par réveiller les Églises protestantes. Elles sont l'armée qu'il faut discipliner et équiper pour la lancer à l'assaut des forteresses ennemies. Ou, si l'on préfère une image moins guerrière, elles sont les villes de refuge qu'il faut ouvrir aux âmes qui cherchent une patrie spirituelle. D'où nous viendraient nos pasteurs, nos évangélistes, nos colporteurs bibliques, si nos vieilles Églises ne nous les donnaient pas ? Ce serait donc une folie de négliger nos œuvres en terre protestante, sous prétexte que la France catholique nous appelle.

Mais ce serait une égale folie de s'enfermer dans les murs de la vieille cité huguenote, en refusant de s'occuper de ce qui se passe au dehors. Qu'on la prenne comme base d'opérations et comme centre de ravitaillement, rien de mieux ; mais qu'on s'y barricade pour y dormir et y mourir, non pas ! Le réveil d'il y a soixante-dix ans l'a bien compris : il fut missionnaire et conquérant ; ce fut là sa force et c'est son honneur. Sa théologie fut peut-être étroite et archaïque, mais ses ambitions furent larges et sa foi fut grande. Il rêva de gagner la France à l'Évangile et à la réforme, et il travailla à réaliser son rêve, et cela en plein règne du jésuitisme, sous Charles X et de la bureaucratie tracassière sous Louis-Philippe. Et malgré tous les obstacles que la législation et l'administration lui opposaient, ses conquêtes sur le catholicisme furent nombreuses et notables. Notre corps pastoral compte bien des pasteurs, fils de convertis d'alors, et, pour ne citer qu'un fait qui montre que les recrues sorties du catholicisme ne sont pas à dédaigner, sur cinq organes hebdomadaires existants du protestantisme évangélique en France, trois ont pour rédacteurs en chef des convertis du catholicisme ou des fils de convertis.

C'est dans la même voie qu'il faut continuer. La situation est, à tout prendre, meilleure. La liberté de propagande est absolue, les préjugés contre le protestantisme ont bien diminué, et l'on vient avec empressement écouter nos prédicateurs et nos conférenciers, partout où ils se présentent. L'incrédulité a aujourd'hui le verbe plus haut qu'autrefois, mais est-elle plus générale et plus malfaisante que le voltairianisme du temps de la Restauration ? En tout cas, l'incrédulité laisse, aujourd'hui comme alors, assez d'âmes non satisfaites d'un aliment si peu substantiel, assez de cœurs malades, assez de consciences inquiètes, pour qu'il y ait de belles moissons à rentrer dans les greniers de l'Église qui saura évangéliser ces masses.

Car tout est là, il faut savoir évangéliser les catholiques pour s'en mêler. Trop souvent, on a eu l'air de penser que ce qui n'était pas bon pour les protestants l'était toujours assez pour les catholiques, et que les œuvres d'évangélisation pouvaient recevoir les ouvriers infirmes, invalides ou incompétents qu'on ne savait où mettre. Il en est résulté des échecs nombreux et mérités. La vérité, c'est qu'il faudrait envoyer en terre catholique les prédicateurs les meilleurs, les évangélistes les mieux doués, le dessus du panier évangélique, si j'ose ainsi dire. Une armée n'envoie pas les invalides aux avant-postes, et ne laisse pas ses soldats les plus exercés et les plus intrépides tenir garnison dans ses places fortes. Et c'est pourtant là ce que nous avons fait trop souvent !

La préparation essentielle pour évangéliser, c'est avant tout sans doute la piété, une forte et solide piété ; c'est la foi qui a saisi l'Évangile avec sa divine folie, qui est sa divine puissance ; c'est la foi qui peut dire : Je sais en qui j'ai cru ! C'est le témoignage personnel qui reste, même en ce siècle de raison et de déraison, l'argument irréfutable et le tout-puissant moyen de propagande évangélique. Mettez dans chaque commune de la France un homme qui puisse dire : « Je sais, une chose, c'est que j'étais aveugle, et que maintenant je vois », et vous aurez fait faire à l'évangélisation de ce pays un pas de géant.

Mais il nous faut aussi des hommes qui joignent à la piété la sagesse, le tact, le sens commun, qui n'est pas commun du tout, hélas ! des hommes qui ne croient pas qu'on convertit le monde avec un shibboleth, prononcé plus ou moins correctement. Les enfants de lumière manquaient déjà, au temps de Jésus, de cette sagesse pratique qu'ont généralement les enfants de ce siècle, et elle leur fait souvent encore défaut. Pour évangéliser les masses catholiques de la France, il faut autre chose que du zèle : il faut une connaissance approfondie du milieu où l'on doit agir ; il faut connaître le catholicisme lui-même, afin de pouvoir le réfuter ; il faut enfin des dons de parole sans lesquels on ne réussira pas à agir sur un peuple qui aime le bien-dire.

Nous ne sommes pas partisan d'une controverse batailleuse, qui, dans bien des cas, éloigne plus qu'elle n'attire. Mais nous ne croyons pas qu'il soit sage de poser en principe qu'on ne fera pas de controverse du tout. La vérité ne peut s'établir que sur le roc. Et si l'on a pu justement reprocher à certaines œuvres faites à grand renfort de controverse de manquer de profondeur, ne peut-on pas reprocher à d'autres œuvres d'où toute polémique a été exclue de manquer de solidité ? Jésus a polémisé contre les Pharisiens ; Paul a combattu les judaïsants : n'essayons pas d'être plus sages qu'eux.

L'évangélisation de la France est la tâche du protestantisme français, à cette fin du XIXᵉ siècle, comme elle l'était déjà au commencement. Les Églises qui le comprendront le mieux et qui s'y appliqueront le plus seront celles qui auront la meilleure part quand viendra le jour de la moisson.

Plans de prédications

Prédication de Jean-Baptiste

> Comme il voyait beaucoup de pharisiens et de
> sadducéens venir à son baptême, il leur dit :
> Race de vipères qui vous a appris à fuir la colère
> à venir ? Produisez-donc des fruits dignes de la
> repentance. Et n'allez pas dire en vous-mêmes
> nous avons Abraham pour père ; car je vous dis
> que de ces pierres Dieu peut faire naître des
> enfants à Abraham. Déjà la cognée est mise à la
> racine des arbres. Tout arbre donc qui ne produit
> pas de bons fruits va être coupé et jeté au feu.
> Matthieu 3.7-10

L'homme qui prêchait de la sorte dans le désert du Jourdain était un prédicateur comme il n'y en a plus... Tout en lui était étrange : son vêtement qui le faisait ressembler plutôt à un pâtre qu'à un prophète, sa nourriture grossière, sa prédilection pour le désert..., sa parole surtout, âpre et rude comme les voix du désert, dédaigneuse des vains ornements et des convenances mondaines, d'une sincérité absolue et d'une hardiesse sans pareille...

Et quelle autorité dans cette parole de Jean-Baptiste ! Il démasque les hypocrites, il fait trembler les indifférents, il menace les inconvertis, il ouvre le trésor des miséricordes divines aux repentants. Cette autorité, il ne la tient ni des écoles, ni de la tradition, ni de la situation sociale, ni des années... Et d'où lui vient-elle donc ? Il parle au nom de Dieu, et son autorité est celle de la sainteté.

S'il est vrai que les auditeurs font le prédicateur, ceux de Jean-Baptiste étaient faits pour exciter la puissante verve de ce serviteur de Dieu. C'étaient des pharisiens et des sadducéens, gens bien différents en apparence : croyants et non croyants, orthodoxes rigides et rationalistes audacieux. Mais ils se ressemblent au fond : amenés par une même curiosité ou une même malice... ils font cause commune. Jean-Baptiste les appelle « une race de vipères »... A ces enfants d'Abraham, il dit comme Jésus plus tard : « Votre père, c'est le diable ».

Ils ont une prétention commune : « Nous n'avons Abraham pour père ! ... » Pharisiens et sadducéens sont d'accord sur ce point... Aussi, le Précurseur ne distingue pas entre eux, et leur adresse les mêmes répréhensions et les mêmes avertissements...

Les temps sont bien changés, et il serait injuste d'assimiler le protestantisme de nos jours au judaïsme contemporain de Jean-Baptiste... Toutefois, nous sommes exposés aux mêmes dangers... Nous avons nos sadducéens et nos pharisiens rationalistes et d'une orthodoxie morte, qui, séparés sur tout le reste, sont d'accord à se réclamer des mêmes glorieux ancêtres : « Nous avons Abraham... »

Chacun de nous est menacé d'un côté ou de l'autre, peut-être des deux...

En ce jour de la fête de la Réformation, il y a donc utilité à prêter l'oreille aux paroles d'avertissement du Baptiste.

Il relève une prétention, il dénonce un châtiment, il indique un devoir.

I. — Une prétention. « Nous avons Abraham pour père ! »

1) *Universalité* de cette prétention... De tout temps, les hommes se sont glorifiés de leurs ancêtres et ont fort prisé les quartiers de noblesse... Ce qu'on appelle orgueil national, n'est-ce pas la prétention de se couvrir de la grandeur d'autrui ?

... Chez les *juifs*, le culte des souvenirs nationaux était le fond de la religion du grand nombre... Les prophètes avaient eu à combattre cette tendance, mais elle persistait... Abraham était pour eux une sorte de répondant... Un peuple entier vivant sur son passé... L'Arabe du désert fixant sa tente aux fûts des colonnes d'une cité détruite...

... Chez *nous*... Dieu me garde de méconnaître ce qu'il y a de fortifiant dans la contemplation de notre glorieux passé protestant... Leçons de fidélité, d'héroïsme, de vraie piété... Etude trop négligée et qu'on ne saurait trop encourager : Société de l'Histoire... Mais, si ceux qui étudient cette grande histoire sont rares, ceux qui en tirent vanité sont nombreux... Religion à la mode... Le sentiment huguenot n'est pas l'équivalent du sentiment chrétien, il en est quelquefois l'opposé... Ce qui se passe dans quelques-unes de nos populations : temples déserts, incrédulité et matérialisme, mais vif sentiment protestant... Ailleurs, formalisme à la place de la piété.

2) *Causes* de cette prétention : la vanité d'abord, naturelle à l'homme... Puis surtout, l'absence même des vertus de nos pères : nains, nous cherchons à monter sur les épaules de ces géants ; pauvres, à nous parer de leurs vêtements.

3) *Dangers* de cette prétention : m'arrêterai-je à vous les signaler ?

... Elle nous dégoûte d'une religion personnelle et vivante... Vin capiteux qui monte à la tête... L'histoire, quand on y cherche la satisfaction de sa vanité, peut, comme les romans, nous détourner de la réalité... La religion des souvenirs substitue l'imagination à la conscience et endort l'âme sur l'oreiller du passé... Dangereux sommeil. Ni vie intérieure, ni activité au dehors... L'ombre du passé, dans ce cas, est comme celle de certains arbres : mortelle...

4) *Vanité* de cette prétention... L'Écriture nous enseigne que « chacun portera son fardeau »... « à chacun selon ses oeuvres »... La seule filiation qui ait quelque valeur est spirituelle : « Ceux qui croient sont enfants d'Abraham... Si vous êtes à, Christ, vous êtes la postérité d'Abraham. » (Galates.)

II. — Un châtiment. « De ces pierres Dieu peut susciter des enfants à Abraham. » Jean-Baptiste désigne les pierres du désert, les cailloux du Jourdain... Il y a ici plus qu'une métaphore hardie : il y a un avertissement solennel et une prophétie menaçante : « Le désert et le lieu aride vont fleurir », selon l'antique prophétie.

1) *Dieu rejette l'infidèle*, en dépit de ses prétentions et de son passé... Il patiente, à cause des pères, mais sa patience a un terme...

...La réjection des juifs, l'un des plus grands enseignements de l'histoire... Jean-Baptiste les menaçait de la colère à venir : elle s'abattit sur eux comme un ouragan de feu, les détruisit et les dispersa... La suprême tentative de Jésus : « Ah! si tu eusses connu, en ce jour qui t'est donné, les choses qui regardent ta paix ! »

...La réjection des Églises primitives... Églises de la Palestine, de l'Asie Mineure... Elles ont vécu sur leur passé : « Je suis riche, je me suis enrichi... » Chandelier ôté de sa place...

...La réjection de l'Église romaine... Ce fait est sous nos yeux dans sa navrante tristesse... Elle fut l'Église chrétienne, mais elle a apostasié... Elle a versé le sang d'Abel, et elle porte au front, comme Caïn, la marque de sa réjection... La vie a disparu, et est remplacée par des formes vides... Grossier matérialisme religieux.

...Le protestantisme lui-même ne voit-il pas plusieurs de ses branches stérilisées par les mêmes causes ? Envahies par l'incrédulité et la mondanité... Alliance avec les pouvoirs d'ici-bas... La médiocrité du présent qui cherche à se cacher sous les gloires du passé...

2) *Dieu fait passer en d'autres mains le dépôt de la foi...* Le flambeau ne s'est pas éteint : il a passé en d'autres mains. Saint Paul dit aux Juifs d'Antioche de Pisidie : « Puisque vous vous jugez indignes de la vie éternelle, nous nous tournons vers les Gentils. » Ces païens, durs comme les pierres du désert, deviennent des enfants d'Abraham.

...Avertissement pour nous... Auprès de nous, des populations naguère plongées dans la superstition s'agitent : conversions. Au loin, de nouveaux peuples acceptent l'Évangile de la part de nos missionnaires... Prenons garde ! la cognée est déjà à la racine de l'arbre...

III. — **Un devoir**... Toutefois, il n'y a pas de fatalité dans l'histoire du Royaume de Dieu... Les Églises et les individus peuvent renaître... Que ferons-nous ? Il y a un moyen de relèvement pour le pharisien et pour le sadducéen, comme pour les autres : « Faites des fruits convenables à la repentance. »

1) Se repentir... L'unique remède pour les individus et pour les Églises... Reconnaître sa misère, abjurer ses prétentions, rompre avec le péché, revenir à Dieu de toute son âme... Le pharisien doit se frapper la poitrine comme le péager ; le fils aîné revenir à son père comme le fils prodigue... Regardons, non à nos pères, mais à nous-mêmes.

2) Produire des fruits de repentance... La repentance est plus qu'un sentiment, c'est un acte... Actes de justice, d'humanité, qui acheminent vers la foi... Le réveil de la volonté suit de près le réveil de la conscience... Regardons à nos pères, non pour tirer gloire de leurs œuvres, mais pour les imiter... Le siècle où nous sommes demande des faits, et non des paroles...

Je vous ai dit, avec Jean-Baptiste : Ne regardez pas au passé, pour en tirer vanité et pour vous dispenser d'en reproduire les vertus ! Mais j'ajoute, en terminant : Regardez au passé, pour y voir resplendir ces deux faits qui se correspondent : la fidélité de Dieu et la foi de l'homme, — Dieu glorifié en l'homme et l'homme glorifié en Dieu.

L'histoire de nos pères, ainsi envisagée, est l'enseignement du présent et la garantie de l'avenir... C'est une école de foi, d'espérance et de charité... C'est la continuation de ce défilé d'hommes de foi que le onzième chapitre des Hébreux fait passer sous nos yeux... Chapitre sublime, auquel chaque génération chrétienne vient ajouter quelques noms nouveaux de héros et de confesseurs, mais dont la conclusion est toute pratique : « Nous donc aussi, puisque nous sommes environnés... »

Dieu nous fasse la grâce de ne pas être trop indignes de cette noble légion de témoins qui nous ont précédés.

La foi en Christ

> Crois au Seigneur Jésus-Christ, et tu seras sauvé.
>
> Actes 16.31

C'est ici la réponse à une grande question : Que faut-il que je fasse pour être sauvé ? Celui qui la pose, c'est un homme tout tremblant, tombé aux pieds de Paul... C'est, non aux pieds de Paul, mais aux pieds du Seigneur que nous avons essayé de nous mettre, car c'est là seulement que l'on peut entendre utilement cette parole : Crois au Seigneur Jésus-Christ.

Humiliation, confession du péché, repentance, ce sont là les préliminaires obligés de notre salut... Ce sont les vestibules du temple : la foi en est la porte... Vous êtes pauvre : vous avez enfin reconnu votre pauvreté ; vous êtes venu vers le riche bienfaisant ; vous lui avez fait l'aveu de votre misère : que vous reste-t-il à faire ? Etendre la main vers les secours que vous offre votre bienfaiteur... La foi, c'est la main tendue.

Sans la foi, tout le reste est stérile...

La foi sans le reste est morte...

I. — La foi... C'est ici la grande opération spirituelle qui nous approprie le salut et nous unit à Dieu... N'allons pas la localiser dans l'une des facultés de notre âme : il y faut le concours de toutes...

1) Elle est une *croyance de l'intelligence...* C'est une erreur que d'établir une opposition entre le cœur et l'intelligence et de vouloir exclure celle-ci ; prenons-y garde : elle prendrait sa revanche... Enseignement de l'Écriture : « la foi vient de l'ouïe... Comment croiront-ils en celui dont ils n'ont point entendu parler ? ... » Exemples : le geôlier de Philippes : « ils lui annoncèrent la Parole du Seigneur »... l'eunuque : Philippe l'instruit sur Jésus ; sa déclaration : « Je crois que Jésus-Christ est le Fils de Dieu. »... « Tout esprit qui confesse Jésus-Christ venu en chair est de Dieu. »... « La foi est une démonstration des choses qu'on ne voit point. »... Faisons-nous une foi intellectuelle solide, qui ne laisse de côté aucune des réalités que Dieu nous a données à croire... La source de cette connaissance religieuse, c'est la Parole de Dieu... Elle doit dans une certaine mesure précéder la foi du cœur, mais elle la suit aussi...

2) Elle est une *confiance du cœur...* « On croit du cœur pour obtenir la justice... » Philippe à l'eunuque : « Si tu crois de tout ton cœur, cela t'est permis. »... « Un cœur mauvais d'incrédulité. »... La foi intellectuelle toujours insuffisante... Le cœur perçoit mieux Dieu : la foi c'est Dieu sensible au cœur... Mais il y a plus qu'un sentiment : la foi est une confiance, un abandon de soi... Acte qui ne peut être amené que par la persuasion intime de son impuissance... Désespérer de soi est la condition pour se confier en Dieu...

3) Elle est *un acte de la volonté.* On ne croit pas par une sorte d'inspiration spontanée. La foi est un don de Dieu, sans doute, mais Dieu la donne à ceux qui la veulent... Et puis, la foi est un acte, et non pas seulement un sentiment et une certitude... Acte qui réclame toutes les énergies de la volonté... Quand Jésus dit au paralytique : « Lève-toi et marche », il lui demande un acte...

II. — L'objet de la foi... On pourrait répondre : les choses invisibles, Dieu, ses promesses, l'Évangile... Mais il s'agit ici de la foi qui sauve... Quel est son objet ? C'est Jésus-Christ... « Crois au Seigneur Jésus... »

1) La vérité sur Jésus-Christ... Il faut qu'après avoir dit : « Crois au Seigneur Jésus-Christ » nous vous développions cette doctrine, comme Paul au geôlier... Que put-il lui dire ? Comme à Thessalonique quelques jours après : « qu'il avait fallu que le Christ souffrît et ressuscitât des morts, et que ce Jésus était le Christ... » Chose toute simple et toute suffisante : a) Nécessité d'une expiation : « il avait fallu », le péché ; b) Nature de l'expiation : souffrance, mort, résurrection de Jésus ; c) Qualité de la victime offerte : Jésus, le Christ...

2) La personne de Jésus-Christ saisie par le cœur... Non plus seulement la doctrine de Jésus-Christ lui-même... Ce n'est pas un mort dont il ne nous reste que le souvenir et les idées ; c'est un vivant à qui l'on va, que l'on aime et en qui l'on se confie... Cette confiance est un acte individuel : lui et moi ; il m'a aimé, il s'est donné, il est mort pour moi ; je me confie, je me donne...

... La foi est une grâce : elle vient de Dieu... Mais il y faut aussi notre participation morale : elle est un devoir...

... « Crois », et non pas « fais » ; voilà l'Évangile. Toutes les religions humaines, tous les systèmes ont tenu et tiennent un autre langage : unanimité parfaite et égale impuissance à sauver l'homme... Fais, dit le païen, le sacrifice de ta vie, immole tes enfants, couche-toi sous les roues du char de ton idole, pratique des rites sanglants, et tu seras sauvé. Mensonge !

Fais, dit le disciple de Rome, des pénitences, des jeûnes, des pèlerinages, des neuvaines, souffre en purgatoire, et tu seras sauvé. Mensonge encore !

Fais, dit le rationaliste, de bonnes œuvres, visite les pauvres, les malades, sois honnête et juste, et tu seras sauvé. Mensonge toujours !

... Oh ! combien est différent le langage de l'Évangile ! ... Crois ! cesse de te consumer en efforts stériles : l'effort qui sauve a été fait. Crois, confie-toi, abandonne-toi.

... Et tu seras sauvé : sauvé de cette malédiction prononcée contre le transgresseur... Sauvé de cet esclavage du péché qui t'avilissait... Sauvé, c'est-à-dire introduit dans la vie éternelle... Et tout cela par Christ... Que vers lui monte donc le cri de notre louange : « A celui qui nous a aimés et qui nous a lavés de nos péchés par son sang, et qui nous a fait rois et sacrificateurs de Dieu son Père ; à Lui soient la gloire et la force aux siècles des siècles. — Amen.

Danger du cœur indécis

> Nul ne peut servir deux maîtres ; car, ou il haïra l'un et aimera l'autre, ou il s'attachera à l'un et méprisera l'autre : vous ne pouvez servir Dieu et Mammon.
> Matthieu 6.24

Je me suis demandé devant Dieu comment je pouvais le mieux employer ces trois prédications du dimanche matin, que je dois faire au milieu de vous avant de vous quitter pour longtemps, peut-être pour toujours... J'ai essayé de me placer dans cette situation solennelle où nous mettent les séparations qui ont un caractère définitif : un mourant à des vivants, ou un vivant à des mourants... Que vous, dirais-je, si vous ou moi nous allions mourir ? Aux inconvertis, je dirais : « Convertissez-vous ! » ; aux convertis : « Soyez des chrétiens plus conséquents et meilleurs ! ... » C'est ce que je veux vous dire !

Aujourd'hui, je veux parler à cette classe si nombreuse, je le crains, parmi mes auditeurs de Nîmes, des indécis... Gens honnêtes, religieux, mais qui n'ont pas encore fait ce choix décisif en deçà duquel on n'est pas encore chrétien. Ils accepteront la franchise de mon langage : c'est celle d'un ami qui s'en va et qui veut décharger sa conscience.

L'indécision est une maladie dont je voudrais dire les symptômes, la gravité, les causes et le remède... On dit qu'il faut parler bas dans la chambre des malades ; j'estime qu'avec ceux-ci il faut oser parler fort...

I. — Symptômes. Cette maladie affecte et paralyse toutes nos facultés...

1) Incertitude de l'*esprit* entre la vérité et l'erreur... La critique à la place de la certitude... Qu'est-ce que la vérité ?

2) Infirmité de la *volonté*... Incapable de faire un choix et d'y persévérer... Le bon sens est d'accord avec Jésus pour dire que « nul ne peut servir deux maîtres »... Tentative vaine... Je voudrais ! au lieu de Je veux ! Ne savoir ni acquiescer ni résister, ni dire oui à Dieu, ni dire non au monde...

3) Hésitations du *cœur* qui essaye de se partager... Ses vrais besoins réclament Dieu, ses passions appellent Mammon... Dieu est digne d'être aimé, mais Mammon est si séduisant et si complaisant...

Pauvre âme indécise ! te voilà bien, tiraillée et écartelée entre tes deux maîtres : ténèbres et humanité, bien et mal, amour et égoïsme, Dieu et Mammon, tu voudrais tout concilier... Mais Jésus l'a dit : « NUL NE LE PEUT ! »

II — Gravité.

1) Cette indécision est une *infidélité*... Vous reconnaissez

les droits de Dieu, et vous les sacrifiez. Balancer entre Dieu et Mammon est coupable : femme qui hésiterait entre son mari légitime et un séducteur... Adultère.

2) Elle est un acte d'*hypocrisie*... Cette hésitation est l'indice d'un abandon secret de Dieu... On lui donne les apparences et à Mammon le cœur... « Ce peuple m'honore de ses lèvres, mais son cœur est éloigné de moi. »

3) *Condamnation* de l'indécision... Dieu ne sera pas dupe de sa faiblesse ou de ses calculs : *a)* Il repousse son culte : « Celui qui hésite est semblable aux flots... Qu'un tel homme ne s'attende pas à recevoir. » *b)* Il l'exclut de son royaume : « Celui qui met la main à la charrue et regarde en arrière n'est point propre pour le Royaume de Dieu. »

III. — Causes. Comment expliquer cette irrésolution ? Influence du milieu, débilité des caractères...

1) *L'amour du monde*, le désir d'être approuvé de lui, l'amour du bien-être et de la fortune... Mammon, le dieu de la richesse... « Ceux qui veulent devenir riches tombent dans le piège... » La femme de Lot...

2) *Le péché*, celui qui « nous enveloppe aisément »... Le péché d'Agrippa, le presque-chrétien, c'était la volupté... Ce péché, vous seul le connaissez... C'est l'interdit qui doit disparaître, c'est Isaac à immoler...

3) *La répugnance à accepter les sacrifices* et l'opprobre de Christ...

IV. — Remèdes.

1) Un choix à faire... Rien ne peut nous en dispenser... Plutôt Mammon que l'indécision, plutôt froid que tiède... Josué ; « Choisissez qui vous voulez servir »... Elie : « Jusques à quand »... Moïse : « J'ai mis devant toi la vie et la mort : choisis la vie... » Moïse lui-même choisit « d'être affligé avec le peuple de Dieu... » Marie « choisit la bonne part... »

Ce choix implique : un renoncement à soi-même..., un don de soi-même...

2) *Une grâce à recevoir* : « Il lui enseignera le chemin qu'il doit choisir... »

3) *Une route à tenir* : « Si l'Éternel est Dieu, suivez-le... »

... Mes amis, vous avez une ambition pour votre vie. Vous la voulez heureuse, utile, vous voulez qu'elle finisse bien... Cette ambition ne peut être réalisée avec un cœur partagé : ni bonheur, ni utilité, ni fin paisible...

... Prenez Jésus-Christ pour Maître : c'est un bon Maître... L'unité rendue à votre existence... Le but atteint : les hauteurs sereines et glorieuses de la vie. Dieu tout en tous.

Une maison de prière

> Ma maison sera appelée par toutes les nations une maison de prière.
>
> Marc 11.17

En consacrant au culte de l'Église évangélique méthodiste cette nouvelle chapelle [a], nous n'avons pas à vous apprendre ce qu'est cette Église et ce qu'elle veut... Elle n'est pas ici une nouvelle venue ; il y a 53 ans (en 1821), qu'elle a pris racine à Caveirac, où le digne M. Cook père a été pasteur..., catéchumènes formés par lui... Le méthodisme a été défini le christianisme pris au sérieux..., le réveil de l'Église... Nous sommes protestants, nous sommes évangéliques... Fidélité à l'Évangile, esprit de réveil, largeur envers tous les chrétiens, voilà notre programme...

Mais si nous n'avons pas à nous étendre sur le but que nous poursuivons comme Église, il est bon que nous essayions d'assigner son vrai caractère à cette chapelle et au culte qui s'y célé-

---

a. Notes du sermon prêché à la dédicace de la Chapelle de Caveirac (Gard), le 2 avril 1874.

brera... Que sera-t-elle ? Un asile pour des formes religieuses plus ou moins bonnes, le temple du formalisme ?... Une arène où lutteront des doctrines opposées ?... Une école de saine doctrine et de bonne morale ? Non, elle sera une maison de prière, ou elle ne sera rien... Ce sera sa raison d'être, et si elle cessait d'être cela, il n'y aurait plus qu'à écrire sur sa porte : Fermé pour cause de décès...

Notre texte attire notre attention sur la prière considérée en elle-même et sur la prière dans ses rapports avec le culte chrétien.

I. — La prière en soi.

1) Sa raison d'être... L'incrédule nous demande : Pourquoi nous prions ; nous pourrions plus justement lui demander pourquoi il ne prie pas... La grandeur de nos besoins et l'impuissance de nos efforts :... Nos découvertes sur nous-mêmes : nous sommes limités, ignorants..., nous sommes malheureux..., nous sommes coupables, pécheurs, séparés de Dieu... Malaise intolérable, du prisonnier qui s'est reconnu incapable de percer les murs de son cachot... Les uns nous disent : Lutte ! et les autres : Oublie !... Ni l'un ni l'autre n'est possible... « Malgré nous, vers le ciel il faut tourner les yeux !... » Il faut prier !

2) Son but... Rattacher l'homme à Dieu, relier la terre au ciel... Echelle de Jacob ; rendez-vous où l'enfant trouve son père...

... Première phase : la recherche de Dieu... Seconde phase : la communion avec Dieu...

3) *Son essence...* Elle peut se ramener à ces deux éléments essentiels :

... Prier, c'est *adorer*... Adorer, c'est voir Dieu, non par une contemplation béate ou par une excitation factice, mais par la foi et l'amour. Il y a là un élément trop négligé...

... Prier, c'est *demander*... L'homme en face de Dieu doit d'abord sentir ses besoins et les exprimer... La prière n'est pas un monologue impuissant. Dieu agissant librement en réponse à nos prières, mystère sans doute, mais mystère que notre cœur admet... Le Dieu-Vivant, personnel et libre, en opposition au Dieu-Nécessité du rationalisme... « Heureux quand je te parle... »

II. — La prière dans ses rapports avec le culte chrétien.

1) Jésus a fait de la prière la grande institution chrétienne :

a) Par son enseignement... Ses déclarations : « Demandez... » L'Oraison dominicale... Paraboles : péager, veuve...

b) Par son exemple... La prière dans la vie de Jésus...

c) Par son œuvre... Sa rédemption a rendu la prière possible et efficace... Il a aboli tous les sacrifices et tous les médiateurs... Il est le seul Sacrifice et le seul Médiateur... « Tout ce que vous demandez en mon nom... »

2) La prière, élément essentiel du culte chrétien.

a) Le seul qui mette l'homme en rapports immédiats avec Dieu... La prédication, les sacrements ne sont pas aussi directs... La prière n'est pas seulement l'élément dominant du culte, elle est le culte lui-même... Elle peut remplacer tout et ne peut être remplacée par rien... Elle doit se mêler à tout et tout vivifier...

b) Le seul à la portée de tous... « Par toutes les nations... » Le culte chrétien peut par là aspirer à être universel ; à la portée de tous les peuples : tableau... A la portée de tous les individus... Tous ne peuvent pas enseigner, parler, chanter ; mais la prière est pour tous... Religion définitive...

c) Le rôle de la prière dans l'histoire de l'Église... Pentecôte... Réveils...

... Je réponds, je le sais, aux désirs de ceux qui ont élevé ce sanctuaire, en disant : Puisse-t-il être une maison de prière ! où les prédicateurs soient toujours dans un esprit de prière, où l'on entende souvent la voix du péager disant : « Sois apaisé... », où les fidèles soient unis et persévèrent dans la prière, comme les premiers disciples avant la Pentecôte.

Pour qu'il en soit ainsi, continuez à faire la part large à la prière dans votre vie religieuse et dans votre culte... Que ce soit ici un asile ouvert aux âmes qui sont travaillées et chargées... Que ce soit ici, au sens le plus vrai du mot, une maison de prière.

L'unité des croyants

> Afin qu'ils soient parfaitement un...
> Jean 17.20-23

L'Alliance évangélique, qui convoque chaque année les réunions de prières de la première semaine de janvier, a recommandé ce texte aux pasteurs comme sujet de leur prédication de ce jour...

Le texte est la charte de l'Alliance évangélique... Association née du besoin de manifester l'unité des chrétiens... La diversité dans les idées, dans les formes, dans l'organisation est naturelle, humaine. Fruit de la vie et de la liberté... Mais, sous les diversités, il y a l'unité vraie, nécessaire... Il faut la manifester... L'Alliance évangélique est cette manifestation...

Ce devoir, car c'en est un, résulte de cette parole : volonté testamentaire de Jésus, promesse, prière...

I. — A qui Jésus impose-t-il le devoir de l'unité ? « Je prie pour ceux qui croiront en moi par leur parole » (des apôtres).

1) Les croyants, et ceux-là seulement... L'union spirituelle entre les croyants et les non-croyants est une impossibilité et un leurre : il ne peut en résulter que la confusion... Ecoutez saint Paul : « Ne vous unissez pas avec les infidèles ; car quel rapport y a-t-il entre la justice et l'iniquité ? etc. » (2Cor.6.14-16).

2) Qui sont-ils ? « Ceux qui croiront en moi... » : Non l'unité absolue de croyance sur tous les points : unité chimérique... La foi en Jésus Sauveur : Christ et Christ crucifié, fondement de la foi... La foi vivante qui unit au Sauveur...

3) La foi des croyants s'appuie sur la parole apostolique : « Par leur parole... » Jésus a donné ainsi à l'enseignement apostolique sa sanction : « Qui vous écoute m'écoute... » Nous n'avons donc pas le droit de distinguer entre l'enseignement du Maître et celui des disciples.

II. — L'unité des croyants entr'eux... « Que tous soient un. »

1) S'élever de la foi individuelle, qui est le point de départ, à l'unité, qui est le but... De l'individu à l'Église... Non des membres disjoints, mais un organisme vivant, le corps de Christ... Non un rapprochement occasionnel, mais une vie commune, solidaire... Unité de l'amour et de la foi...

2) Unité dans la diversité... Les membres du corps sont divers ; ils n'ont pas les mêmes fonctions... « Il y a diversité de dons, mais le même Esprit ; diversité de ministères, mais le même Seigneur ; diversité d'opérations, mais le même Dieu qui opère tout en tous... » Nos Églises diverses semblent voulues de Dieu dans l'époque de transition où nous vivons, mais il est permis d'attendre leur union... Mouvements dans cette direction.

III. — Le type de cette unité : « Comme toi, Père, tu es en moi et comme je suis en toi. »

L'union des chrétiens a un modèle céleste : l'unité ineffable qui existe entre le Père et le Fils... La perfection, voilà notre règle, notre loi... Dans notre vie intime : « Soyez parfaits, comme votre Père... » Dans notre vie commune... Ne pas prendre notre parti des divisions, des partis... L'Église doit être une société surnaturelle : le royaume de Dieu sur la terre.

IV. — Le lien de cette unité. « Qu'eux aussi soient un en nous... »

1) L'unité idéalement réalisée en Christ : « Nous sommes un corps en Christ... » Il est la tête, l'esprit qui commande et qui inspire... En lui le corps a sa vraie unité ; nul ne doit usurper sa place.

2) L'unité pratiquement réalisée : par une union croissante avec Christ par le Saint-Esprit... Tout progrès dans la sainteté marquera un progrès dans l'unité... Des chrétiens sans vie sont des chrétiens divisés...

Comparaison des voyageurs marchant dans la nuit et se disputant sur l'éclat des étoiles, quand le soleil paraît.

Ou, mieux, les voyageurs qui gravissent une montagne de divers côtés : en se rapprochant de la même cime, ils se rapprochent.

V. — Le résultat de cette unité. « Pour que le monde croie que tu m'as envoyé. »

1) Le salut du monde sera le résultat de cette unité... D'abord par suite de la beauté d'un tel spectacle... Ensuite par la puis-

sante action d'une Église une dans la foi et l'amour... L'Église primitive.

2) C'est à Jésus que l'unité des croyants amènera les âmes, non à l'Église... Jésus est calomnié par nos divisions et glorifié par notre union...

L'unité viendra, elle vient, mais dans la vie et dans la liberté.

La vision d'EzéchieI... La parole de l'homme à l'homme peut rapprocher les ossements.

La parole de l'homme à Dieu et le souffle de l'Esprit peuvent seuls en faire une armée de vivants.

Prophétisons à l'Esprit : « Esprit, souffle et que nous revivions ! »

La sanctification des croyants

> Sanctifie-les par ta vérité : ta Parole est la vérité.
>
> Jean 17.17

Vous l'avouerai-je ? C'est là l'un des textes de l'Écriture autour desquels ma pensée a tourné bien des fois, sans que j'aie jamais osé en faire le sujet d'une prédication spéciale... J'avais deux raisons ou deux excuses : la première, tirée de l'état des chrétiens autour de moi : A quoi sert de parler sanctification et sainteté à ces chrétiens épris de jouissances terrestres et drapés majestueusement dans leur médiocrité ? Donnons-leur les premiers éléments... Scrupule faux, je le reconnais... — Ma seconde raison de me taire sur de tels sujets, c'était, hélas ! le sentiment que, pour bien parler de la sainteté, il faut être saint soi-même, et qu'il y aurait une désharmonie entre les paroles et les expériences du prédicateur... Scrupule faux aussi : étudions ensemble humblement, et Dieu nous conduira par la main. Boehler à Wesley : « Prêchez la foi, *en attendant* que vous l'ayez ; vous la prêcherez ensuite *parce que* vous l'aurez !... »

Laissez-nous donc vous exhorter à être ambitieux des dons les plus excellents... Un souffle de sanctification passe sur l'Église ; laissons enfler nos voiles...

I. — La sanctification. « Sanctifie-les »... Pour bien comprendre cette prière de Jésus, embrassons l'ensemble de la demande où elle se trouve...

A. — *Première acception : Consécration*... Cette acception se subdivise en deux idées : séparation d'avec le monde, — mise à part pour Dieu.

1) Séparation d'avec le monde... Toute consécration implique limitation, séparation... Les clôtures nécessaires...

a) Attitude du monde à leur égard : « Le monde les a pris en haine... » Et, avec raison, ce sont des révolutionnaires qui rêvent le royaume de Dieu... Haine active...

b) Leur position dans le monde : « Ils ne sont pas du monde, comme je ne suis pas du monde... » Différence radicale dans les principes, dans le but poursuivi... Incompatibilité absolue... Un chrétien mondain : contradiction dans les termes... » L'amour du monde est inimitié contre Dieu...

c) Cette séparation n'implique pas leur sortie du monde : « Je ne te prie pas de les retirer du monde... » Ils n'en sont pas, mais ils y restent à titre d'étrangers... Ils y sont en mission...

2) Mise à part pour Dieu... C'est la consécration proprement dite... Séparés du monde, vous ne pouvez rester en l'air...

a) L'idée de la consécration... C'est l'idée fondamentale de la sanctification... Sous l'ancienne Alliance, consécration extérieure et rituelle : la cité, le camp, le peuple, la victime, les ustensiles, les jours... Dans la nouvelle Alliance, le siège de la consécration est dans la volonté du consacré...

... Une âme consacrée, c'est une âme qui a passé en la possession de Dieu et qui est revêtue de quelque chose de sa majesté... Exemples : un ambassadeur qui représente la puissance d'un monarque..., un maire de village qui, sous son écharpe, représente la société... Un temple, édifice comme un autre, mais sa destination lui donne un caractère unique... Vous de même : la sanctification fait de vous des êtres à part...

b) Consacré à qui ? à Dieu et à l'œuvre de Dieu... L'unité vraie rendue à la vie ; une existence où tout converge vers Dieu... La vraie dignité rendue à la vie... Vos forces, vos talents, votre vie consacrés à Dieu...

B. — *Seconde acception : Purification...* Ce sens découle du premier : un être consacré à Dieu participe à la pureté divine... « Que tu les préserves du mal... » Oraison dominicale : « Délivrenous du mal... »

1) Le péché vaincu chez le chrétien... Il ne suffit pas que la condamnation méritée par le péché soit ôtée ; il faut que la puissance même du péché soit frappée à mort... Résultats : renoncement à toute satisfaction propre..., absence de toute vue intéressée...

2) Les atteintes extérieures du péché frappées d'impuissance... La tentation existe, mais dans la mesure où nous sommes consacrés, elle est frappée d'impuissance... La prière de Jésus exaucée : « Je ne te prie pas de les ôter du monde, mais... »

II. — La cause de la sanctification. « Par ta vérité : ta Parole est la vérité. »

1) Elle n'est pas en nous... L'expression « se sanctifier », si commune aujourd'hui, n'est pas biblique, au moins dans le sens évangélique de ce mot... Il y a, je le crains, un énorme malentendu, une hérésie pratique qui a des conséquences désastreuses au point de vue de la vie chrétienne... On met Dieu au point de départ, puis on essaie de s'en passer... La sanctification, série de petites victoires ou défaites ; la sanctification accomplissant des bonnes œuvres !

2) C'est le Père qui sanctifie : « Sanctifie-les ! »... Préserve-les du mal. »... « Gardés par la puissance de Dieu par la foi. »... Déclarations innombrables.

3) Il sanctifie par le moyen de sa vérité, qui est sa Parole... Identification absolue de la Parole de Dieu avec la vérité... Qu'est cette parole ? 5.14 : Celle que Jésus leur a donnée... L'enseignement de Jésus.

a) La vérité sanctifie... Idée profonde... La folle tentative de ceux qui veulent isoler le cœur de l'intelligence.

b) L'enseignement de Jésus tend tout entier à notre sanctification... La doctrine de la Rédemption qui nous montre le Dieu saint livrant son Fils pour expier et ôter nos péchés... La doctrine de la sainteté parfaite de Jésus se conciliant avec sa parfaite humanité... La vérité qui sanctifie, ce n'est pas un dogme abstrait, c'est une vérité vivante : l'amour de Dieu en Jésus-Christ.

4) Il sanctifie par le moyen de son Fils, qui est, dans un sens éminent, sa Vérité et sa Parole... Le verset 19 ouvre la voie à cette interprétation... : « Je me sanctifie moi-même pour eux, afin... » Par cette consécration de la vie humaine en sa personne,

Jésus en opère d'avance la consécration dans tous les siens... C'est le Saint-Esprit qui applique au croyant la consécration de Jésus...

— Chrétiens, cette parole de mon texte est une prière de Jésus... Il l'a faite en sa qualité de Sacrificateur de la Nouvelle Alliance... Or, nous savons que le Père l'exauce toujours. Et cependant, on dirait parfois que cette prière-là ne l'a pas été... Ah! c'est que, il y a quelque chose qui peut s'opposer aux volontés de Jésus : c'est notre indifférence, notre incrédulité... Unissez plutôt votre prière à la sienne...

Et vous, frères du dehors, ne voulez-vous pas faire partie du peuple de Dieu?... Oh! dites : Ce peuple sera mon peuple!

L'espérance des croyants

> Je suis, moi, la résurrection et la vie; celui qui croit en moi, quand même il serait mort, il vivra; et quiconque vit et croit en moi ne mourra point à jamais. Crois-tu cela?
>
> Jean 11.25-26

Cette parole fut prononcée par Jésus dans une maison de deuil, à Béthanie... C'est comme le, défi jeté par Jésus à la Mort, cette vieille ennemie de notre race; il vient la relancer jusque dans ses sombres domaines et lui parle en maître et en vainqueur... Parole de consolation aux affligés : Marthe et Marie, et vous tous qui pleurez, voici Celui qui peut changer vos larmes en joie... Parole d'espérance à « quiconque croit en Lui » : la mort vaincue...

Il y a dans cette parole de Jésus trois idées. essentielles : 1° La mort, rattachée à la condition d'homme ; — 2° La vie, rattachée à la personne de Jésus ; — 3° La foi en Jésus, qui produit la victoire de la vie sur la mort...

I. — **La mort,** rattachée à la condition de l'homme.

1. Son caractère universel... Nous ne nous représentons pas l'homme autrement que mortel... L'expérience nous montre que tous meurent... La réflexion semble nous dire que ce qui est doit être, et que l'homme doit être la victime de la dissolution comme tous les êtres...

2. Elle n'existait pas dans le plan primitif de Dieu... La Révélation nous l'enseigne... Un secret instinct de notre nature s'accorde avec cet enseignement : protestation sourde contre elle ; nous demeurons avec elle dans une attitude irréconciliable... Qu'on n'objecte pas les droits de la matière, réclamant sa proie pour la dissolution... : Dieu eût pu nous assurer l'immortalité.

3. Elle est née du péché : « La mort est venue sur tous parce que tous ont péché. »... « Au jour où tu pécheras, tu mourras. »... « Le salaire du péché, c'est la mort. »... Pécher, c'est se séparer de Dieu, la source de la Vie...

4. Ce qu'est la mort : la dissolution s'attaquant à l'être tout entier, corps et âme...

5. Ce qu'elle ferait de l'œuvre de Dieu, si rien ne venait arrêter son empire... Elle détruirait toute vie morale et matérielle, et ferait de ce monde une vaste nécropole, séjour de ténèbres et de silence. |

II. — **La vie,** rattachée à la personne de Jésus. « Je suis la Résurrection et la Vie ! » Elle existe donc quelque part. Oui, en Lui.

1. Jésus est la Vie... Il n'a pas seulement part à la vie, comme une créature... Il possède le principe de la vie : « Comme le Père a la vie en lui-même, ainsi il a donné au Fils d'avoir la vie en

lui-même. »... « En Lui était la Vie. »... C'est lui qui a créé la vie : « Toutes choses ont été faites par Lui. »... L'apparition de Jésus sur la terre, manifestation de la vie...

2. Jésus est la Résurrection, c'est-à-dire la mort vaincue... Il a vaincu la mort en la subissant, parce qu'en mourant il a frappé de mort le péché... Blessure faite par le serpent écrasé... Il a vaincu la mort en échappant à son étreinte, par sa résurrection... « Il a mis en évidence la vie et l'immortalité. »... Il est la Résurrection pour l'humanité... Il a la faculté de rendre la vie, aussi bien que de la donner...

III. — **La foi,** qui assure la victoire de la vie sur la mort...

Voilà donc ces deux faits : la mort en nous, la vie en Lui !... Comment participer à sa vie ?... Echange mystérieux : il a pris sur lui notre mort, et il nous donne sa vie... Par la foi, nous nous approprions sa vie...

1. Ce qu'est cette foi... « Quiconque croit en moi... » Une foi dont il est l'objet unique... Non adhésion intellectuelle, mais confiance du cœur... Foi que Jésus demandait de Marthe : « Crois-tu cela ? »

2. Ce qu'elle procure : La vie de l'âme, le péché vaincu... « Christ est ma vie... » C'est l'âme qui était la plus atteinte ; c'est elle qui doit revivre la première... La mort matérielle elle-même a changé de caractère... « Il ne mourra point à jamais... » Ce n'est plus la mort au sens naturel du mot... « La mort m'est un gain... » « Quiconque croit en moi ne mourra point à jamais... » La mort morte... — A celui qui pleure : nous lui dirons, comme Jésus à Marthe : « Crois-tu cela ? » Si tu crois, tu as droit à la consolation... — A celui qui craint la mort : « Christ est la Vie et la Résurrection ! ... »

La puissance spirituelle

> En vérité, en vérité, je vous le dis : Celui qui croit en moi fera, lui aussi, les œuvres que je fais ; et il en fera de plus grandes encore, parce que je m'en vais à mon Père, et que tout ce que vous demanderez au Père en mon nom, je le ferai, afin que le Père soit glorifié dans le Fils.
>
> Jean 14.12-13

Il existe dans la nature des forces improductives... Elles. attendent qu'on les utilise pour produire du travail et de la richesse. Ainsi la vapeur... l'électricité... la houille... Ainsi encore les chutes d'eau : l'industrie s'en empare sans crainte de dépoétiser la nature : le désert de la Grande-Chartreuse... les chutes du Niagara... Que d'autres forces encore inconnues !

Il y a aussi dans le domaine moral et spirituel des forces improductives... soit qu'on les ignore ou qu'on les dédaigne... Il y a des découvertes à faire dans l'enseignement de Jésus et des apôtres... Trésor du père de famille, choses anciennes et nouvelles.

Nous avons besoin de forces : notre génération en manque, notre christianisme aussi... Les grandes œuvres que Dieu met devant nous... Le salut du monde, l'évangélisation de la France...

Voici justement l'une de ces paroles du Sauveur qui promet la puissance spirituelle et qui indique la source.

I. La puissance spirituelle. « En vérité, en vérité ! » formule qui introduit la révélation d'une vérité nouvelle et inattendue.

1. Il y a une puissance spirituelle que Jésus a léguée à ses disciples... Il n'a pas emporté avec lui cette force divine qu'il déployait ici-bas... Ses disciples ne sont pas réduits à n'employer que les forces humaines ; leur insuffisance. Science, éloquence, persuasion, nombre, prestige, ils n'ont pas cela... Mais ils ont la force de Jésus... Ils sont ses continuateurs.

1 bis. A qui Jésus promet-il cette puissance ? « A celui qui croit en Lui... » Non foi purement intellectuelle... Abandon et don du cœur qui nous unit (à Christ et établit entre lui et nous une solidarité réelle...

2. *En quoi consiste cette puissance spirituelle ?*

A) « Faire les œuvres que Jésus a faites... » Opérations miraculeuses... Prophéties accomplies dans l'œuvre des apôtres... Mais don transitoire... Dieu a préparé pour nous « une voie plus excellente... ».

B) « Faire de plus grandes œuvres que celles de Jésus... » On a cru qu'il s'agissait de miracles plus prodigieux : malades guéris par l'ombre de Pierre, langues étrangères... L'Église romaine et ses prétendus miracles qui renchérissent sur ceux de, l'Évangile... Mais non ; l'importance des miracles n'est nulle part relevée à ce point dans le Nouveau Testament...

a) L'extension du ministère apostolique en dehors de la nationalité israélite... Dans ce sens, un missionnaire qui prêche l'Évangile aux païens fait une œuvre plus grande que celles de Jésus... Idée juste, mais qui ne va pas au fond de l'enseignement de Jésus...

b) La communication de la vie spirituelle, œuvre infiniment supérieure à la guérison des corps... Jésus ne pouvait donner le Saint-Esprit avant d'avoir été glorifié... L'œuvre de Pierre à la Pentecôte, de Paul parmi les Gentils, de nos missionnaires, des plus humbles croyants : faire descendre le Saint-Esprit dans les cœurs... Privilège admirable ! Que parlons-nous d'impuissance !

II. Les sources cachées de la puissance spirituelle...
Est-ce à nous la gloire ?

1. Le retour de Jésus au Père... Sa réintégration dans la gloire et dans la puissance qui lui appartenaient. La supériorité de l'activité des disciples repose sur l'élévation de la position de Jésus... Humiliés avec Lui, ses disciples doivent participer à son triomphe...

2. La part du disciple dans la production de ces œuvres plus grandes : simplement la prière... Mais la prière sous une forme spéciale : au nom de Jésus... Demander au Père à sa place et de sa part... Etre ses mandataires... La prière message du Fils au Père porté par nous ! Etrange ! sublime changement de rôles !...

3. La part de Jésus dans notre activité : elle demeure la grande... « Je le ferai... » Il fera ce que nous demanderons au Père : il persévère, même dans la gloire, dans son rôle de serviteur... Echange de rôles : il prie par nous, — nous agissons par

Lui... Nous croyons agir : erreur ! c'est Lui qui agit par nous...
« Je ne vis plus moi-même, mais Christ en moi. » La grandeur de cette part de Jésus : « Tout ce que vous demanderez, je le ferai ! ... » C'est nous qui restreignons son activité...

4. Le but final de cette coopération : « afin que le Père soit glorifié dans le Fils... » Nous travaillons pour la gloire du Fils, qui travaille pour la gloire du Père !... « Il faut qu'il croisse et que je diminue ! » Honneur insigne... Dieu tout en tous !...

... Connaissons-nous la puissance spirituelle, ou notre vie chrétienne se traîne-t-elle dans les ornières de la médiocrité ? Le moment est venu de prendre au sérieux de telles promesses... Les premiers chrétiens le firent : faisons-le aussi... A ceux qui ne savent pas même ce que, c'est que la puissance spirituelle.... Parler de couleurs à un aveugle... N'est-ce pas ce qui vous manque ? Eh bien ! la promesse est aussi pour vous !

Sermons

Les adieux d'un pasteur

> Je vous recommande à Dieu et à la parole de sa grâce...
>
> Actes 20.32

Mes bien-aimés frères, en Jésus-Christ, notre Seigneur [a],

En vous relisant cet admirable adieu de saint Paul aux anciens d'Ephèse, je suis encore plus frappé des différences que des ressemblances qui existent entre la situation où était l'apôtre et celle où je me trouve, — entre l'apôtre lui-même et l'indigne serviteur de Jésus-Christ qui vous parle à cette heure.

Les contrastes abondent en effet : Contraste dans la *position extérieure*, entre cet apôtre travaillant de ses propres mains pour subvenir à ses besoins, faisant marcher de front le labeur

---

a. Ce sermon est le sermon d'adieu de M. L. à son départ de Nîmes le 29 sept. 1879. Il n'est pas écrit de sa main, ni d'une main connue de nous. Il fut probablement sténographié pendant qu'il était prononcé. Il a les qualités et même quelques défauts du genre. Mais il nous fait bien connaître le Lelièvre de Nîmes à cette époque et son attachement à son troupeau.

spirituel et le labeur manuel, n'ayant ni famille ni foyer, exposé souvent à la nudité, au froid et à la faim ; et cet autre serviteur de Jésus-Christ, à qui Dieu a épargné ces épreuves, ces privations et cet assujettissement. Le contraste n'est pas moins grand entre la vie spirituelle de ce chrétien éminent, de ce serviteur de Dieu hors ligne, « servant Dieu en toute humilité et avec beaucoup de larmes », pouvant se rendre le témoignage que « sa vie ne lui est point précieuse et qu'il ne se met en peine de rien, pourvu qu'il achève avec joie sa course » ; et le chrétien si faible, si inconséquent, qui a eu le privilège de vous parler de la part du Seigneur depuis dix ans.

Mais le contraste est grand, surtout *au point de vue du ministère évangélique*, entre cet apôtre qui put se rendre, en toute bonne conscience, et devant ses frères qui avaient été les témoins quotidiens de son travail et de son dévouement, un témoignage comme celui que renferme ces paroles : « Je ne vous ai rien caché... J'ai prêché tant aux Juifs qu'aux Gentils la repentance et la foi en Jésus-Christ... Je proteste aujourd'hui devant vous que je suis net du sang de vous tous... Je n'ai point négligé de vous annoncer tout le conseil de Dieu... Depuis trois ans, je n'ai cessé d'avertir chacun de vous avec larmes... » Ah, je ne sais s'il est un pasteur aujourd'hui qui puisse lire un tel témoignage, rendu par la conscience de l'apôtre à son activité et à son dévouement, sans se prendre la tête entre les mains et sans rougir de honte et d'humiliation. Quel pasteur que celui-là ! et quels pasteurs nous sommes, nous appelés à continuer son œuvre ! Si quelque pasteur peut accepter devant le Seigneur le témoignage que Paul se rendait, ce n'est assurément pas le serviteur de Jésus-Christ qui vous parle à cette heure.

Enfin, le contraste est grand en vue des *perspectives d'avenir* qu'envisageait l'apôtre. Quelles sombres et douloureuses perspectives sont les siennes ! A mesure qu'il avance vers Jérusalem, il apprend de ville en ville que des liens et des afflictions l'attendent. Au bout de sa carrière il entrevoit, comme terme de son activité pastorale, une prison, — des juges iniques, — et probablement un échafaud. Voilà pour lui ! Et, quant à l'Église, — à ses chères Églises de l'Asie Mineure et de la Grèce qu'il a fondées au prix de ses sueurs, de ses larmes et de ses fatigues, — ce qu'il prévoit pour elles, ce sont « des loups dévorants qui n'épargneront pas le troupeau »; ce sont « des gens qui annonceront des doctrines pernicieuses afin d'attirer les disciples après eux ». Grâce à la miséricorde de Dieu, aux temps moins agités à certains égards dans lesquels nous vivons, grâce aux fortes et solides barrières qui entourent cette chaire, je n'ai pas cette appréhension. Non, des doctrines pernicieuses ne se feront pas entendre ici ; et cette chapelle, bâtie pour la proclamation du pur Évangile, s'écroulerait plutôt que de donner asile à des doctrines d'erreur et de mensonge. Et, quant à ce qui me concerne, je n'ai pas en perspective un avenir sombre et menaçant comme celui de l'apôtre. En nous quittant, nous n'avons pas, d'un côté ou de l'autre, ces pressentiments qui attristèrent l'âme de saint Paul.

Vous le voyez : le contraste porte sur tous les points ; et cependant il y a plus d'un point de contact entre l'apôtre et celui qui vous parle, et aussi entre une Église du XIXe siècle, qui veut être fidèle à Christ et à son Évangile, et ces Églises du premier siècle qui portaient si haut le témoignage du Sauveur. Grâces à Dieu, si indignes que nous soyons, c'est comme serviteur de Jésus-Christ, envoyé du Seigneur, que nous nous sommes levé au milieu de frères et de sœurs pour faire entendre la parole de vérité. Cette parole, nous n'avons pas voulu la rajeunir et la moderniser. C'est l'Évangile dont Paul disait : « Mon évangile », c'est l'Évangile de Paul, de Jésus-Christ, que nous avons voulu vous prêcher : « Nous n'avons voulu savoir autre chose parmi vous que Christ et lui crucifié. » Il nous est donc permis, en une mesure, de nous approprier quelques-unes des paroles de l'apôtre, et vous souffrirez que nous nous appropriions le vœu et la prière qu'il adresse à Dieu pour des fidèles d'Ephèse : « Nous aussi, nous vous recommandons à Dieu... »

Dans cette parole, l'apôtre met toute son affection, toute sa foi, toute son espérance. Dans ce vœu, je retrouve les trois vertus chrétiennes, celles qui excellent toutes les autres : *foi, espérance, amour.*

C'est essentiellement une parole d'amour que celle-ci. Comme tout ce discours de l'apôtre déborde d'affection ! Comme il nous apparaît ici avec : une nature chaude, expansive, aimante ! Comme il se donne à ceux qui l'aiment ! et quel besoin il éprouve de leur dire qu'il les aime ! Cette nature : si haute, cette intelligence si vaste, ce caractère si énergique, n'ont rien enlevé à toutes les délicatesses, à toutes les grâces d'un cœur aimant. Oh ! comme il devait faire bon appartenir à l'une des Églises qu'un tel pasteur paissait de la vérité évangélique ! A ce point de vue déjà nous nous approprions cette parole et nous vous l'adressons comme une parole d'amour chrétien, d'amour fraternel, d'amour pastoral. Oui, nous nous aimons. Pour nous, la piété n'a rien enlevé aux affections du cœur ; elle n'a pas rétréci notre cœur. En devenant chrétiens, nous ne sommes pas devenus des sortes de stoïciens au cœur et à la volonté endurcis ; nous ne pensons pas que pour mieux aimer Dieu il faille moins aimer nos frères. Au contraire, notre amour s'est épuré au contact de l'amour de Jésus-Christ. Autrefois, nous ne connaissions que les affections intéressées de la famille, les amis ; aujourd'hui, nos affections ont grandi. L'Église de Jésus-Christ. voilà notre famille ! Ceux qui se réclament du nom du Sauveur, voilà nos frères et nos sœurs ! Et à tous ceux-là nous tendons une main cordiale, et nous leur disons : « Vous êtes nos frères, et nous vous aimons pour l'amour du Seigneur. »

Entre le pasteur et ceux qu'il nourrit de la parole de vie, il existe une relation particulièrement affectueuse. N'est-ce pas le pasteur qui s'associe aux épreuves et aux joies de la famille ? N'a-t-il pas une place naturelle en ces moments ? Sa voix n'est-elle pas la bienvenue ? Celui qui a versé avec vous une larme fraternelle, qui vous a adressé une parole de foi et d'espérance, n'est pas le premier venu ; vous lui réserverez dans votre cœur une place spéciale, et vous lui ferez dans vos prières une place spéciale !

Et d'ailleurs nous avons été souvent bénis ensemble, pendant ces dix années. Sur nos assemblées, réunies en ce lieu, bien des fois a passé le souffle de l'Esprit qui vivifie les âmes, qui rapproche les cœurs. Nous avons eu ici ce mouvement de réveil d'il y a quelques années, par lequel nous n'étions qu'un cœur et qu'une âme sous le regard de Dieu. De tels souvenirs ne s'oublient pas ! Quand les affections se sont cimentées au milieu de si grandes bénédictions, elles ne sont pas faites pour disparaître par l'éloignement et s'affaiblir par la distance. Ces bénédictions communes nous ont liés. Il y a dans notre pensée des souvenirs qui nous sont chers et que nous ne perdrons pas de vue dans l'avenir, parce que, pour plusieurs, de ces heures saintes passées sur le Thabor, a daté une vie nouvelle, consacrée au service de Christ et de son Église. Nous nous aimons devant Dieu : c'est l'amour de Dieu qui demeure le ciment de notre affection ; et nous éprouvons que plus cet amour pour le Père Céleste est vif chez nous, plus le sentiment d'amour fraternel qui nous relie les uns aux autres se développe et s'affermit. Comme nous oubliions alors ce qui peut nous séparer sur certains points, les conceptions diverses sur tel point de doctrine et d'organisation ! C'est qu'alors nous étions plus près de Dieu. Rapprochés du centre, nous étions plus près les uns des autres. Si l'Église primitive n'était qu'un cœur et qu'une âme, c'est qu'elle vivait de la vie de l'Esprit. Nous aimant en Dieu, nous nous aimons fortement. Rien ne pourra affaiblir cette affection, parce que notre amour se subordonnera toujours à la volonté de Dieu. Notre amour ne sera qu'une autre forme de l'obéissance.

Nous nous aimons en Dieu, nous nous aimons pour toujours. L'éloignement, la distance peuvent empêcher la communion ordinaire, mais non la communion d'un ordre surnaturel qui existe entre les enfants de Dieu. Nous disons, avec le Symbole des Apôtres : « Je crois à la communion des saints. » Croyons-y plus que jamais, surtout lorsque la distance, l'éloignement semblent mettre, en apparence et extérieurement, un obstacle insurmontable à notre communion. Le Symbole ne dit pas : « Je vois », mais « Je crois ». C'est surtout pour nous un objet de foi. Croyons à cette communion ; réalisons-la en nous donnant rendez-vous au trône de la grâce par la prière. « Je vous recommande à Dieu. » Cette prière, que l'apôtre fait pour les frères d'Ephèse, faisons-la les uns pour les autres. Que le pasteur continue de présenter devant le Seigneur le troupeau, et que les membres de ce troupeau continuent à accorder au pasteur une large part dans leurs prières.

Ceci m'amène à vous montrer dans le texte une *parole de foi* aussi bien que d'amour. L'amour chrétien n'est pas efféminé : il ne se sépare pas de la foi ; et pour l'apôtre la plus affectueuse parole qu'il puisse adresser à ses frères, le témoignage de sympathie et de tendresse qu'il leur envoie est en même temps une affirmation de foi ferme et énergique. La foi de saint Paul est la confiance en Dieu. Le ministère de l'apôtre se termine ; il ne pourra plus communiquer avec les Ephésiens que d'une façon indirecte et insuffisante par ses lettres datées du fond de sa prison. Mais il leur a trouvé un protecteur. Il les place sous la garde du Dieu fort. Ce défenseur prendra soin d'eux désormais. Dieu prendra en main sa cause et le soin des siens. Son serviteur ne sera plus là, mais Lui, il demeure ! Les pasteurs partent et s'en vont : Dieu est, Lui, le pasteur qui ne part pas, — qui ne s'en va jamais ! La personne de saint Paul serait désirable, à vues humaines, pour affermir dans la foi ces chrétiens encore si faibles ; ils pleurent et se lamentent à la pensée que Paul disparaît ; mais l'apôtre leur dit en les quittant : « Je vous laisse le Seigneur ! », et c'est assez ! Ainsi, les disciples de Jésus, s'effrayant de ce que le Maître allait les quitter, reçoivent de lui cette promesse : « Je vous enverrai un autre Consolateur. » Et il ajoute : « Il vous est avantageux que je m'en aille. »

Nous n'osons pas nous comparer, et nous ne le pouvons, ni à Paul, ni à Jésus-Christ. Mais il est permis de dire qu'il n'y a pas d'homme nécessaire, et que Dieu seul est nécessaire à une Église ; et que souvent la disparition d'un pasteur entouré de sympathie et d'affection peut être une bénédiction pour les âmes et les tourner vers le Seigneur, en leur apprenant à s'appuyer moins sur le bras de chair et davantage sur le bras de Dieu. Qui sait si Dieu n'attend pas ce moment pour faire lever la moisson que nous avons appelée de nos prières ? Qui sait si, après tant de semailles, la récolte ne va pas venir, et si elle ne sera pas glorieuse ? si Dieu n'attend pas que l'homme disparaisse pour faire son œuvre à Lui ? C'est ce qui soutient saint Paul. Ce n'est pas de l'optimisme, mais de la foi qui s'appuie sur les promesses de Dieu et sur la puissance de son Évangile… Quelque expérimenté que soit mon successeur… c'est vers le Seigneur que je vous appelle à tourner vos regards. C'est Lui qui veut et qui peut prendre en main les intérêts de son Évangile.

L'apôtre recommande ses frères à Dieu, et il ajoute : « à la Parole de sa grâce ». Dès les premiers temps de l'Église chrétienne, quand l'apôtre a à quitter une Église, c'est sur le ferme fondement de la Parole de Dieu qu'il veut l'établir ; c'est le drapeau de l'Évangile qu'il élève au milieu de cette Église et qu'il plante dans son sein : « Dieu et la parole de sa grâce » ; Dieu et la Révélation écrite et parlée ; Dieu parlant lui-même au sein de son Église par sa Parole : voilà le recours de l'apôtre au moment de quitter ses frères. Il s'en va et Dieu reste ! Dieu reste avec sa Parole ! Et Paul l'appelle : « la parole de la grâce », c'est-à-dire l'Évangile vrai, non falsifié, l'Évangile qui annonce le salut gratuit par Jésus-Christ, la parole qui proclame la déchéance complète de l'homme et son salut non moins complet en Christ. C'est là la parole à laquelle Paul renvoie ses frères.

Ne laissez pas s'affaiblir parmi vous la foi en la Parole de Dieu. La Parole de Dieu reste ! Mieux vaut encore, mieux vaut infiniment la parole de Dieu sans pasteur, que mille pasteurs sans la parole de Dieu. Vous avez cette Parole « utile pour enseigner, instruire, corriger et former dans la foi ». Vous avez cette mine dont vous n'avez encore arraché que quelques rares filons : « Sondez les Écritures, car c'est par elles que vous estimez avoir la vie éternelle. »

La foi de l'apôtre a un but, une tendance ; elle a un objet : c'est l'édification des croyants. Nous vous recommandons à « Celui qui édifie véritablement ». Nous autres, nous bâtissons souvent en mêlant aux pierres précieuses de la Parole du foin et du chaume, des raisonnements humains. Mais Celui, auquel nous vous recommandons, ne fait entrer parmi ses matériaux de construction que l'or pur, et les pierres de prix. Il édifie pour l'Éternité, et ce qu'il a édifié, rien au monde ne l'ébranlera. Le but de l'enseignement chrétien c'est l'édification. Par où il faut entendre non de vagues émotions, mais un progrès spirituel : la sanctification. En parlant d'élever un édifice, nous entendons qu'il s'élève de plus en plus jusqu'au moment où il sera couronné. Il faut que la Parole de Dieu édifie. Toute parole qui n'ajoute pas foi à foi, vie à vie, édification à édification, sanctification à sanctification n'est pas la Parole de Dieu, si elle l'est elle accomplit en nous les effets pour lesquels Dieu l'a donnée. Notre foi, c'est que Dieu se charge de corriger et de compléter l'œuvre commencée, c'est que Dieu sera « le réparateur des brèches ». Combien n'avons-nous pas besoin de cet espoir et de cette consolation, nous qui allons vous quitter, et dont le ministère est resté à une si grande distance de ce qu'il aurait dû être ? « Nous vous recommandons à Dieu. » Dieu achèvera et complétera, corrigera ce que, dans notre faiblesse, nous avons essayé de faire. Allez à Lui, à sa Parole ; et nous avons confiance qu'il ne laissera pas son œuvre inachevée.

Enfin l'accent qui se fait entendre dans cet adieu, l'accent que nous voulons faire entendre aujourd'hui, c'est l'accent et la note de l'espérance. Paul sait ce qui attend l'Église qu'il quitte. Il prévoit pour elle de grandes douleurs, de grandes luttes : « il s'élèvera des docteurs d'erreur et de mensonge ». Il dit à ses frères : « Veillez », mais il croit ! Sa foi en Dieu lui donne confiance dans l'avenir. Il est persuadé que son Église sortira vivifiée et affermie de l'épreuve. L'œuvre du Seigneur ne peut tomber : son Église ne peut périr. Paul s'éloigne : mais l'œuvre de Dieu se continue. Ayons confiance en l'avenir.

Nous sommes constamment tentés de mêler des raisonnements humains à la foi, de faire intervenir dans les choses du Royaume de Dieu le calcul des probabilités. Nous comparons la grandeur des armées ennemies à la petitesse des armées chrétiennes, et nous tremblons, oubliant qu'il plaît à Dieu de se servir des 300 soldats de Gédéon pour mettre en fuite l'immense armée des Madianites. L'avenir est à Dieu ; et Dieu doit demeurer maître et vainqueur !

L'apôtre promet à ses frères que ce Dieu auquel il les confie leur « donnera l'héritage avec tous les saints ». Elevons nos pensées, nos espérances plus haut que les horizons de la terre. Regardons à « cet héritage avec tous les saints ». Nous, avons une « espérance ferme ». Nous sommes « héritiers de Dieu, cohéritiers avec Jésus-Christ ». La vie éternelle c'est « le don de Dieu en Jésus-Christ ». Ici-bas nous préparons cette vie et nous nous préparons à cette vie. Mais Jésus-Christ, en nous quittant, est allé nous préparer ces demeures, nous attendre, et nous y réunira. La vie éternelle ! la vie éternelle ! Bunyan montre le chrétien quittant la ville de corruption, et s'en allant, répondant à tous ceux qu'il rencontre, ce seul mot : la vie éternelle ! la vie éternelle ! Poursuivons notre course « regardant à Jésus », et regardant à la couronne de vie que Jésus nous a lui-même préparée. Les yeux en haut ! les cœurs en haut ! Que telle soit notre devise. « Héritiers de Dieu ! » « Héritage avec tous les saints ! » Voilà ce qui nous attend et ce qui nous console dans toutes les douleurs, dans toutes les séparations de la vie présente. Car cet héritage nous le partageons avec tous les sanctifiés. Dans le sein de Dieu, nous serons réunis pour toujours, à cette seule condition que nous aurons appartenu ici-bas au nombre des saints, des sanctifiés, de ceux qui auront « aimé Jésus-Christ et son avènement », et qui lui auront consacré leurs cœurs et leur vie.

Et maintenant, cette parole de Paul peut se résumer en deux mots, bien humains, et cependant profondément chrétiens, quand on prend la peine d'y faire attention. Ces deux mots, les hommes les échangent entre eux dans leurs relations de tous les jours : *Adieu* et *Au revoir!* Adieu! Que d'hommes prononcent ce mot qui ne croient pas en Dieu! Au revoir! Que d'hommes prononcent ce mot qui ne croient pas au revoir, à la possibilité d'un éternel revoir! Ces mots, nous les reprenons pour nous, chrétiens ; car ils nous appartiennent. L'un est une note de foi : *Adieu* ; l'autre, d'espérance : *Au revoir!* Ce sont comme des monnaies qui, à force d'avoir servi, ont perdu leur relief et leur brillant. Nous, chrétiens, nous les reprenons et nous les débarrassons de tout ce qui leur a enlevé leur pureté première, nous les déclarons d'or pur : car ce sont des paroles de foi et d'espérance!

Laissez-moi vous les adresser en terminant : A Dieu, — Providence, Père de toutes ses créatures, je vous remets et je vous recommande, pensant qu'il prendra soin de vous, qu'il vous conduira et vous gardera! A Dieu, le Sauveur, le Rédempteur de vos âmes, Celui qui a donné son sang et mis sa vie en oblation pour vous ; à Dieu je vous remets et je vous confie, pensant qu'il perfectionnera son œuvre jusqu'en la journée de Christ! A Dieu, « le Consolateur », « l'Esprit qui guide, qui protège, qui régénère et qui sanctifie », je vous remets et je vous confie, persuadé qu'il développera en vous son œuvre, « vous conduira en toute vérité », « vous consolera dans vos afflictions », et vous introduira dans la pure lumière de sa face au grand jour de l'Éternité.

Et j'ajoute cette parole d'espérance à cette parole de foi : *Au revoir!* Au revoir sur la terre, si Dieu le veut, dans une des occasions que sa bonne Providence nous préparera! Au revoir sur la terre, peut-être un jour appelé de nouveau à être votre pasteur! Au revoir, en tout cas, dans la patrie meilleure, « dans cet héritage des saints » avec tous les saints, avec cette légion d'amis et de frères avec qui nous avons combattu et souffert, nos pères en la foi, nos frères et nos sœurs en Christ, « qui sont arrivés avant nous à la perfection »! Au revoir, avec eux, dans le sein de Dieu, dans la patrie éternelle que Dieu nous a réservée, et dont, en terminant, je ne saurai mieux faire qu'en vous relisant la description dans la Parole de Dieu, laissant ainsi à cette Parole le dernier mot au milieu de vous. (Apoc.21.3-27) :

« Voici le tabernacle de Dieu avec les hommes, et il y habitera avec eux ; ils seront son peuple, et Dieu sera lui-même leur Dieu, et il sera avec eux. Et Dieu essuiera toute larme de leurs yeux, et la mort ne sera plus ; et il n'y aura plus ni deuil, ni cri, ni travail ; car ce qui était auparavant sera passé… Il n'y entrera rien de souillé, ni personne qui s'adonne à l'abomination et au mensonge ; mais ceux-là seuls qui sont écrits dans le livre de vie de l'Agneau. »

Amen.

Notre passé et notre avenir

> Elle a fait ce qu'elle a pu.
>
> Marc 14.8

Cette parole fut prononcée par Jésus au sujet de Marie, sœur de Lazare, qui, pendant qu'il se trouvait à table à Béthanie, oignit sa tête et ses pieds « d'un parfum de nard pur de grand prix ». Cet acte fut incompris de la plupart de ceux qui en furent les témoins. Les disciples, et, au premier rang parmi eux celui qui allait vendre son Maître pour trente pièces d'argent, jugeant la conduite de cette femme au point de vue utilitaire, éprouvèrent une vive indignation contre elle, et déclarèrent qu'avec les 300 deniers que représentait le parfum on aurait pu faire des aumônes abondantes. Mais Jésus, prenant le parti de Marie contre ses détracteurs, déclara hautement qu'il approuvait cet hommage, à cause du sentiment d'amour et de reconnaissance qui l'inspirait. Sur cet acte, déclaré mauvais par l'étroitesse d'esprit des disciples, Jésus porte un double jugement. Il le déclare bon en soi : « Elle a fait une bonne action envers moi », et il y voit le fruit excellent d'un cœur qui se donne sans réserve : « Elle a fait ce qu'elle a pu. »

Ce dernier éloge n'est-il pas le plus grand qu'on puisse faire ? N'est-ce pas celui que nous devons avoir à cœur de mériter ? Marie, en l'entendant, dut se consoler des dédains des disciples et des grands airs de Judas. Elle n'avait pas fait merveille, la pauvre femme ! elle n'avait rien fait d'extraordinaire ! mais elle avait fait ce qu'elle avait pu ! Rien que cela, mais tout cela !

Laissez-moi appliquer cette parole à la petite Église qui tient ici, pendant ces jours, son Synode annuel[a]. Elle aussi, comme Marie de Béthanie, a répandu sur les pieds du Maître un vase de parfum. Elle aussi a été et est en butte aux critiques des froids calculateurs qui s'imaginent que les œuvres de la foi et de l'amour sont du domaine de la statistique et des chiffres. Elle les entend mettre en doute la valeur de son travail et l'utilité de ses sacrifices et lui appliquer la question : « A quoi bon cette perte ? » Qu'au lieu de se laisser décourager par d'injustes dédains, elle interroge celui qu'elle aime et qu'elle sert, celui à qui seul elle a à rendre compte, et, j'en ai la confiance, elle l'entendra dire d'elle : « Elle a fait ce qu'elle a pu ! »

Je voudrais vous montrer dans cette parole une juste appréciation du passé de notre Église et une règle de conduite pour son avenir.

---

a. Discours prononcé à l'ouverture de la 40ième Conférence annuelle de l'Église évangélique méthodiste, le 19 juin 1893, dans la chapelle des Ternes, à Paris.

I. — LE PASSÉ

Oui, elle a fait ce qu'elle a pu, notre humble et chère Église évangélique méthodiste de France ! Elle n'a pas possédé des dons éclatants ; elle n'a produit ni grands théologiens, ni prédicateurs de premier ordre ; elle n'a pas vu les riches et les puissants accourir à elle ; chez elle, comme dans l'Église de Corinthe, « il n'y a eu ni beaucoup de sages selon la chair, ni beaucoup de puissants, ni beaucoup de nobles ». Et si nous voulions énumérer tout ce qui nous a manqué pour faire grande figure dans le monde, nous pourrions ajouter bien d'autres traits à ceux-là. Mais qu'importe ! l'essentiel n'est pas de briller, mais d'être utile ; et notre tâche n'était pas de tenter l'impossible, mais, comme Marie, de faire selon notre pouvoir. L'avons-nous fait ? Je n'hésite pas à répondre, en envisageant l'œuvre accomplie par les méthodistes, en France, depuis leur première année en 1790 : Oui, ils ont fait ce qu'ils ont pu !

Ils l'ont fait comme témoins de la vérité évangélique. Dans la théologie du Réveil, ils ont fait cause commune avec les chefs de ce grand mouvement religieux pour affirmer les grandes doctrines de la Réformation : la déchéance de l'homme et la rédemption par Jésus-Christ, vrai Fils de Dieu et vrai Fils de l'homme ; l'autorité souveraine des Écritures et la justification par la foi. Leur théologie n'avait pas à innover sur ces points fondamentaux de l'orthodoxie calviniste ; et toutefois elle n'était pas calviniste, et elle n'a pas craint, à l'heure où la théologie française du XIXe siècle se bornait à répéter trop servilement les formules du XVIe, de relever le drapeau de l'arminianisme évangélique et d'opposer, à la doctrine prédestinatienne du réformateur de Genève l'affirmation que « Dieu veut que tous les hommes soient sauvés », et que nul ne sera perdu que par un choix libre de sa volonté.

En même temps, ils luttaient, par leur enseignement sur la sanctification par la foi, contre les tendances antinomiennes du Réveil, déplorées par un Alexandre Vinet, un Félix Neff, un Amy Bost, c'est-à-dire par le petit nombre d'hommes qui n'acceptaient la théologie du XVIe siècle que sous bénéfice d'inventaire. Par la publication des Sermons de Wesley, ces lucides exposés de l'arminianisme théologique, et par les écrits lumineux de Charles Cook contre les vues ultracalvinistes de César Malan et d'Edmond Schérer, — le Schérer des Prolégomènes et de la Réformation au XIXe siècle, — les wesleyens marquaient leur place à l'aile gauche du Réveil et ouvraient une voie où beaucoup d'autres ont marché après eux. On leur a longtemps contesté toute influence sur le développement de la théologie française contemporaine ; on a même affecté de les passer sous silence, comme une quantité négligeable. Le temps de ces dédains semble passé, et le plus récent historien du Réveil, un jeune docteur plein de science et de piété, M. Léon Maury, rend pleine justice à cette influence de la théologie méthodiste. Elle n'a pas produit de savants traités de dogmatique, ni dressé de retentissantes chaires de haut enseignement théologique, mais, par la prédication de ses missionnaires, elle s'est lentement infiltrée dans l'orthodoxie réformée, et elle a agi sur elle comme le levain qui transforme la pâte. Et le jour est venu où le calvinisme s'est trouvé allégé de ce terrible dogme de la prédestination absolue, qui a pu être une force au temps où la Réforme avait à lutter contre la doctrine pélagienne de Rome et contre les persécutions des Valois, mais qui serait un élément de faiblesse en un temps où il faut opposer le vrai universalisme chrétien à l'universelle misère humaine et à l'universel besoin de salut. Dieu me garde d'exagérer la part qui revient à notre Église dans cette adaptation plus complète de l'Évangile éternel aux nécessités morales des masses ! Je me borne à constater qu'elle a été à l'avant-garde. Elle n'a pas fait tout ce qui a été fait, mais on peut affirmer que, comme Marie, elle a fait ce qu'elle a pu.

Ne peut-on pas, lui rendre ce même témoignage, et avec plus de vérité encore, si on considère la place qu'elle a occupée dans le réveil proprement dit et dans l'évangélisation missionnaire ? Je ne crains pas de caractériser le méthodisme français en l'appelant le réveil dans le Réveil. Le puissant mouvement religieux auquel le nom de Réveil est demeuré a été à la fois un retour à la doctrine évangélique et à la piété personnelle. Il a pourtant mis l'accent sur le premier de ces deux termes plus que sur le second ; il a fait plus d'orthodoxes que de convertis. Il ne pouvait guère en être autrement pour des raisons diverses qu'il serait trop long d'énumérer. Les méthodistes ont eu pour tâche spéciale de compléter ce qui a manqué, à cet égard, aux autres branches du mouvement ; ils ont eu leur œuvre distincte dans l'œuvre commune.

Ce qui m'y frappe tout d'abord, c'est l'intensité de l'activité missionnaire, agressive et conquérante. Nous n'en avons pas eu le monopole, grâce à Dieu, et les noms des Pyt, des Neff, des Bost, des Roussel, pour ne citer que les plus connus, suffiraient à prouver qu'il y a eu, en dehors de nos rangs, des évangélistes incomparables. Mais ce que je veux dire, c'est que la fonction de missionnaire, exceptionnelle dans les autres Églises, a été le caractère essentiel de la nôtre. Nos pères furent des missionnaires et ne voulurent être rien d'autre. Dans les Cévennes ou dans les Alpes, dans les plaines de la Normandie ou du Languedoc, ils furent les chevaliers errants, ou, si vous préférez, la milice itinérante de l'Évangile, ayant à peine un domicile fixe, se transportant constamment d'un lieu à l'autre, non à cheval, comme leurs émules du *Far-West*, ou sur d'agiles machines d'acier, comme nos jeunes pasteurs bicyclistes de cette fin de siècle, mais en pauvres piétons, qui bravaient, dans de longues marches, les rayons brûlants du soleil du Midi, ou les froids polaires des hivers alpestres. Il y a eu des missionnaires plus célèbres, il n'y en a eu guère de plus zélés, de plus consacrés à Dieu, de plus dédaigneux de leurs aises que les Charles Cook, les Rostan, les de Jersey, les Lelièvre, les Pierre Roy, pour ne parler que des morts. Ces ardents soldats du Christ auraient voulu conquérir la France entière à leur Maître ; ils n'ont pas eu cette gloire, mais ils ont fait ce qu'ils ont pu.

Un trait de l'œuvre de nos missionnaires, dont on ne contestera pas l'originalité, c'est l'accent qu'ils mettaient sur la nécessité d'une conversion personnelle, décidée et immédiate. Ces missionnaires furent essentiellement des convertisseurs. Ni les adhésions extérieures, ni les nombreux auditoires ne les satisfaisaient : ils avaient l'ambition d'amener chaque âme avec laquelle ils entraient en rapport à se décider pour Dieu. De là le caractère pressant de leur prédication, où la rhétorique avait peu de place, et où la « démonstration d'esprit et de puissance » en avait beaucoup. De là surtout la hardiesse avec laquelle ils posaient directement, dans le tête-à-tête des entretiens familiers, la question du salut devant leurs interlocuteurs. De même qu'à la guerre il faut plus de courage pour aborder l'ennemi à l'arme blanche et corps à corps que pour diriger de loin sur lui les feux d'une puissante artillerie ; ainsi, dans les batailles contre le péché, il est tout autrement difficile et méritoire de se mesurer homme contre homme que de se borner à lancer du haut de la chaire des foudres souvent inoffensives sur des auditeurs qui, en général, ne se sentent pas atteints et qui ne peuvent pas répondre. C'est dans ces corps à corps qu'excellaient nos pères. Les délicats trouvaient leur prédication peu conforme aux règles, mais leurs questions directes et pressantes et leur insistance audacieuse, dans les entretiens intimes, ont amené plus de conversions que beaucoup de sermons en trois points. Que de fois j'ai vu, dans mon enfance, le modeste serviteur de Dieu dont je porte le nom, se jeter dans ces combats singuliers dont le prix devait être le salut d'une âme, avec la même bravoure qu'il aurait mise, lorsqu'il était soldat de Napoléon, à marcher à l'ennemi. Je le vois encore, dans cette embrasure de fenêtre de Lausanne, où il fit le siège de l'âme du fils d'un de ses collègues, fort peu disposé à se convertir, et qu'il amena, séance tenante, par ses tendres et fidèles sollicitations, à tomber à genoux pour se donner à Dieu. Mon ami et collègue, Henri de Jersey, présent dans cette assemblée ce soir, n'a jamais songé à se plaindre de l'espèce de violence que lui fit ce jour-là mon bienheureux père. Et que d'autres, devenus ensuite pasteurs, évangélistes ou membres fidèles des diverses Églises de France, ont dû leur conversion aux appels directs de ces courageux serviteurs de Jésus-Christ! Ils ont ignoré la stratégie savante qu'on apprend dans les écoles, mais ils ont fait ce qu'ils ont pu, et ce qu'ils ont fait a eu des résultats qu'il faudrait être aveugle pour nier.

Car enfin, ils ont inauguré en France des méthodes d'évangélisation et, pourquoi ne le dirai-je pas? des procédés de réveil qui sont en train d'être adoptés partout où la question du salut des âmes prime toute autre question. Les réunions de prières, où l'on ne se borne pas à discourir, mais où l'on prie, furent longtemps rares, sinon inconnues, dans les autres Églises; les méthodistes les ont toujours pratiquées, comme le plus précieux des moyens de grâce, et aujourd'hui les Églises vivantes ou en voie de revenir à la vie ne songent plus à s'en passer. Et, dans ces réunions, où les hommes seuls pouvaient prier, droit dont ils n'usaient guère, on reconnaît généralement aujourd'hui que les femmes chrétiennes peuvent aussi s'y faire entendre, et la reconnaissance de ce droit a suffi pour rendre possible l'établissement de réunions de prières là où elles n'existaient pas et à vivifier celles qui existaient. En cela encore, nous avons eu l'honneur de frayer la voie. Les after-meetings, ou réunions de décision, dans lesquelles, selon l'expression de Moody, on retire le filet jeté à l'eau dans les réunions d'appel, elles existaient sous d'autres noms dans les réveils qui ont accompagné les commencements de notre œuvre, surtout dans le Midi. En transportant en France les méthodes de réveil qui avaient fait leurs preuves ailleurs, nos pères n'ont pas voulu se poser en novateurs, ni rompre avec les traditions de la Réforme française ; ils ont obéi aux directions de la Providence et mis le vin nouveau dans des outres neuves. Dans ce domaine ils ont fait ce qu'ils ont pu, et leur initiative n'a pas été vaine.

Je mentionnerai encore un trait de leur œuvre qui l'a marquée d'un caractère d'originalité et de puissance spirituelle. Je veux parler du groupement des âmes réveillées, en vue de l'entretien et du développement de la vie chrétienne. Le méthodisme, en organisant ses *classes* partout où il s'établit, créa *l'ecclesiola* dans *l'ecclesia*, la petite Église dans la grande. Ce besoin de vie commune, qui se manifeste partout où la foi se réveille et où la piété naît, a été ainsi satisfait. Et, de plus en plus, nous voyons le Réveil tendre à se créer des organes de cette communion fraternelle, dont une Église vivante ne peut se passer. Encore ici nos pères ont été des précurseurs : encore ici ils ont fait ce qu'ils ont pu.

Parvenu à cet âge de la vie où l'on constate que l'on a perdu bien des illusions et que les faits accomplis ne correspondent que bien mal aux vastes ambitions de la jeunesse, je jette un regard en arrière sur l'œuvre de l'Église où je suis né et que j'ai servie. Je vois dans les Églises-sœurs, pour lesquelles je ne découvre en moi qu'affection et respect, un grand nombre d'enfants spirituels de mon Église, qui ont emporté avec eux, à leur nouveau foyer, quelques charbons ardents empruntés au nôtre, qui fut le leur. Je reconnais dans ce libre échange, qui met en commun les richesses de chaque Église, l'une des lois les plus admirables du royaume de Dieu, et si l'on me fait remarquer que l'Église méthodiste, en brisant son vase de parfum aux pieds du Maître, n'en a pas retiré un profit direct et immédiat, et est restée petite et pauvre, je répondrai la parole de Jésus au sujet de Marie de Béthanie : « Pourquoi lui faites-vous de la peine ? Elle a fait une bonne action envers moi ; elle a fait ce qu'elle a pu ! »

II. — L'AVENIR

Voilà pour le passé ! Quant à l'avenir, que sera-t-il ? Je ne suis pas prophète, et vous n'attendez pas que j'essaye de vous annoncer ce qu'il a en réserve pour nous. Toutefois, il est certaines lois historiques, dont l'action peut être prévue presque à coup sûr. En un temps où les institutions se transforment pour s'adapter à de nouveaux besoins, il est à prévoir que les Églises n'échapperont pas à cette nécessité. Il faudrait être aveugle pour ne pas voir que le travail énorme auquel s'est livré le XIXe siècle, dans le champ de l'histoire et de la critique, a préparé pour le XXe les matériaux d'un édifice à bien des égards nouveau. Mais une chose est dès maintenant certaine, c'est que la théologie de l'avenir reposera d'aplomb sur la pierre que ceux qui bâtissaient ont trop souvent rejetée, savoir Christ, le Christ qui vit dans les Écritures, dans le cœur de ses disciples, le Christ Prophète, Sacrificateur et Roi. Nous ne songeons pas à prétendre qu'il n'y ait dans notre théologie ni chaume ni paille destinés à périr ; mais nous sommes frappé de ce fait qu'en ne s'enfermant pas dans les bandelettes d'une antique confession de foi, et en réagissant contre l'intellectualisme et la scolastique par une heureuse combinaison de mysticité et de préoccupations pratiques, le méthodisme s'est placé sur un terrain où il peut attendre sans émoi les solutions de demain. Ses maîtres d'aujourd'hui, les Banks, les Davison, les Findlay, les Beet, sont des savants qui allient dans leur enseignement la science et la foi, l'indépendance de l'esprit au respect du passé.

Les idées ecclésiastiques se transforment aussi. Nous assistons en France, depuis quelques années, à un réveil de l'esprit ecclésiastique qui est légitime, pourvu qu'il ne dégénère pas en étroitesse sectaire. Chaque Église a certainement le droit d'affirmer ses principes et de donner plus de cohésion à ses forces, à condition de reconnaître aux autres le droit d'en faire autant. Mais il faut, surtout dans un pays comme la France, façonné à l'unité par de longs siècles de catholicisme, que, de nos diversités inévitables, se dégage l'unité nécessaire. Cette unité ne sera pas la fusion, qui ne créerait que la confusion ou une stérile uniformité, mais elle se manifestera sans doute un jour par une libre et large confédération des diverses provinces de l'Église de Christ, s'unissant pour fonder les Etats-Unis de la chrétienté. Ce ne sont pas les méthodistes qui se mettront en travers de ce mouvement, eux qui travaillent à réparer de nos jours les déchirements produits dans leur sein par les querelles du passé, eux qui n'ont pas oublié que leur illustre fondateur, dans son beau sermon sur *l'esprit catholique*, qui est comme un manifeste anticipé de l'Alliance évangélique, s'offrait à conclure une ligue offensive et défensive avec tout vrai disciple de Jésus-Christ.

L'avenir, disait un grand homme d'Etat français, l'avenir sera aux plus sages. Cela est vrai dans le domaine religieux comme dans le domaine politique, à condition qu'on entende par sagesse l'ensemble des vertus qui rendent les hommes et les sociétés capables de répondre à leur destinée.

Ce sont ces vertus, c'est cette sagesse, seules capables de nous assurer un avenir que je désire vous recommander, en cherchant dans mon texte les règles de conduite qui doivent nous diriger comme individus et comme Église.

« *Elle a fait ce qu'elle a pu* », disait Jésus au sujet de Marie. *Faire, agir*, c'est bien le devoir essentiel d'une Église qui veut vivre. Il n'y a plus place dans le monde pour des Églises d'anachorètes vouées à la contemplation. Il ne peut plus être question d'Églises où quelques-uns travaillent et où les autres les regardent faire. L'Église est un atelier où chacun doit avoir sa tâche, une ruche où les abeilles ouvrières expulsent au besoin les bourdons paresseux et inutiles. Dans une Église vivante il doit y avoir du travail pour tous, et j'ajoute pour toutes, pour Marie comme pour Jean, pour Priscille comme pour Aquilas. L'Église qui saura le mieux mettre tous ses membres, hommes et femmes, au travail, c'est l'Église qui aura fait un bail avec l'avenir. Ai-je besoin de vous rappeler, mes frères, que notre Église a précédé les autres dans l'utilisation des laïques pour l'évangélisation et dans l'appel des femmes au travail chrétien ? Prenons garde toutefois d'être bientôt laissés en arrière par d'autres venus après nous.

L'exemple de Marie de Béthanie nous dit quelle doit être la nature de notre activité. Son acte symbolisait d'une manière touchante ses sentiments. Le vase d'albâtre qu'elle brisa était l'image de son cœur, et, avec le parfum de grand prix qu'elle répandit aux pieds de son Maître, ce furent les sources vives de son amour qui jaillirent. Elle donna tout ce qu'elle avait et tout ce qu'elle était ; elle se donna elle-même et sans réserve. C'est là, après tout, l'essence de la vraie activité : une consécration entière et pratique de notre être à Celui qui, pour nous, versa son sang. Pratique, ai-je dit, car le don de soi-même à Jésus implique le service, et « servir est à jamais le sceau de ses enfants ».

Je vois surtout, dans le jugement prononcé par Jésus sur l'acte de Marie, l'indication des limites dans lesquelles doit s'enfermer notre activité : « *elle a fait ce qu'elle a pu* ». Cette parole marque à la fois l'humilité et la grandeur de notre tâche. Elle est humble, en effet, puisqu'elle ne demande à chacun que ce qu'il peut. Notre Maître n'est pas cet « homme dur », que le mauvais serviteur s'était figuré, « moissonnant où il n'a pas semé, et amassant où il n'a pas vanné ». Non, mes frères, il mesure ses exigences à nos facultés et à ses dons, et il met une bienveillance et une indulgence infinies à accueillir l'acte le plus modeste, pourvu qu'il soit inspiré par un sentiment d'amour pour lui et pour les hommes. Ce n'est pas seulement la maison de Béthanie qui a été remplie de l'odeur du parfum de Marie, c'est l'Église de tous les temps, grâce aux soins avec lesquels ce trait nous a été conservé par trois évangélistes. Et cette autre femme, que Jésus combla d'éloges, parce qu'elle mit dans le tronc du temple deux pites, représentant un centime de notre monnaie ! Et cette troisième, à qui il donna l'eau vive de sa grâce, en échange de l'eau du puits de Jacob, qu'il lui avait demandée pour apaiser sa soif ! Ne semble-t-il pas que, par ces exemples, Jésus ait voulu relever l'importance souvent méconnue des petites choses, des petites gens, et pourquoi n'ajouterions-nous pas : des petites Églises. Chrétiens, qui n'avez qu'un verre d'eau ou que deux pites à donner au Seigneur ou à son œuvre, donnez-les et vous ne perdrez pas votre récompense. Et toi, Église, qui n'as ni les grands talents, ni les grandes fortunes, répands les parfums de ton amour et de ton adoration aux pieds de Jésus, et il dira de toi : « Elle a fait une bonne action à mon égard ! Elle a fait ce qu'elle a pu. »

Toutefois, mes frères, ces mêmes mots, qui glorifient les tâches modestes, doivent, envisagés sous un autre aspect, étendre dans de vastes limites la sphère de nos devoirs. S'ils nous disent les divines indulgences de notre Maître, ils nous parlent aussi de ses légitimes exigences. Devant ces mots : « Elle a fait ce qu'elle a pu », qui rassuraient tout à l'heure ma conscience troublée, je m'arrête de nouveau et je me dis : « Ai-je vraiment, moi, disciple de Jésus, ministre de l'Évangile, fait ce que j'ai pu ? Ai-je été, dans l'accomplissement du devoir, jusqu'aux limites du possible ? N'ai-je pas souvent dit : « Je ne puis pas », là où il fallait dire : « Je puis tout en Christ, qui me fortifie. » Ainsi envisagée, la parole de mon texte me paraît grande et redoutable, et, après l'avoir sondée, il ne me reste qu'à me jeter aux pieds de mon Maître, en lui disant : « Seigneur, sois apaisé envers moi qui suis pécheur ! », puis à me relever pour lui demander : « Seigneur, que veux-tu que je fasse ? »

En ce qui concerne notre Église, si j'ai cru pouvoir, mes frères, appliquer à son passé la parole de Jésus relative à Marie et dire d'elle à ses adversaires qui lui reprochent sa faiblesse numérique et à ses amis qui en souffrent comme d'une humiliation : « Ne lui faites pas de la peine, elle a fait ce qu'elle a pu ! » je me retourne vers ses pasteurs et vers ses membres, vers ceux surtout que leur âge destine à préparer son avenir, je m'adresse à nos fils en la foi, étudiants aujourd'hui et demain pasteurs de cette Église, et je leur dis : « Elle sera ce que vous la ferez ! » Faible si vous êtes faibles, médiocre si vous êtes médiocres, infidèle si vous êtes infidèles. C'est vous qui lui tisserez un suaire ou lui tresserez une couronne. A vous d'étendre ou de restreindre pour elle le domaine des possibilités. Faites ce que vous pouvez, et vous ferez de grandes choses, car Celui qui vous dit : « Va avec la force que tu as », vous dit aussi : « Ma grâce te suffit, car ma force s'accomplit dans ta faiblesse. »

Courage donc, petite Église, à qui Dieu a confié le dépôt de vérités et de grâces excellentes. Dans la période nouvelle et, à bien des égards, difficile qui va s'ouvrir pour toi, n'aie pas d'autre ambition que de faire ce que tu peux, mais en te souvenant que la puissance dont tu disposes n'est pas la tienne, mais « la vertu du Saint-Esprit », promise à toute Église fidèle, et pour toi se réalisera la promesse du Seigneur : « Ne crains pas, petit troupeau, car il a plu à votre Père de vous donner le royaume. »

L'abandon du premier amour

> Je connais tes œuvres, et ton labeur, et ta patience ; je sais que tu ne peux souffrir les méchants, que tu as mis à l'épreuve ceux qui se disent apôtres et ne le sont pas, et que tu les as trouvés menteurs. Tu as de la patience, et tu as souffert pour mon nom, et tu ne t'es point lassé. Mais ce que j'ai contre toi, c'est que tu as abandonné ton premier amour. Souviens-toi donc d'où tu es déchu ; repens-toi et fais de nouveau tes premières œuvres. Sinon, je viendrai à toi, et j'ôterai ton chandelier de sa place, si tu ne te repens point.
>
> Apocalypse 2.2-5

Mes bien-aimés frères, membres du Synode et amis chrétiens [a],

Il y a des textes que l'on prend, et il y en a d'autres qui vous prennent. Celui-ci m'a pris, je dirais presque : m'a empoigné.

---

a. Discours prononcé devant le Synode méthodiste de Dieulefit, le 14 juin 1909.

J'ai longtemps hésité dans le choix du sujet à traiter devant vous. Le message du Seigneur à l'Église d'Ephèse m'attirait et m'effrayait tout à la fois. Il m'attirait comme la vérité opportune et m'effrayait comme le devoir difficile, et presque périlleux. Une voix me disait : Choisis un sujet moins sévère, et souviens-toi que le sage a dit : « Les paroles agréables sont un rayon de miel (Prov.17.24). » Mais une autre voix me disait : « Souviens-toi plutôt que, d'après saint Paul, « la démangeaison d'entendre des choses agréables (2Tim.4.3) » est un des plus graves symptômes de la déchéance de l'Église, et dis avec lui : « Si je cherchais à plaire aux hommes, je ne serais pas serviteur de Christ (Gal.1.10). » Vous l'avouerai-je ? en voulant éviter ce texte obsédant, et en échouant dans mes tentatives pour en choisir un autre, je me faisais l'effet de Jonas ramené vers Ninive, alors qu'il eût préféré aller à Tarscis. Alors, je n'ai plus hésité, et j'ai dit, moi aussi : « Je ne puis autrement ! Que Dieu me soit en aide ! »

Le message que le Seigneur adressa à l'Église d'Ephèse signalait chez elle un commencement de décadence et l'exhortait à se relever au plus tôt, pour éviter de descendre jusqu'au bout la pente fatale qui mène à la mort les Églises comme les individus. Comment cet avertissement fut-il accueilli à Ephèse ? nous l'ignorons. Ce qui importe, c'est que nous en fassions nous-même notre profit.

Sans doute, Jésus-Christ a promis à son Église que « les portes de l'enfer ne prévaudront point contre elle » ; mais cette promesse, vraie pour l'épouse idéale et pure du Fils de Dieu, ne l'est pas pour les Églises particulières. Elles peuvent mourir, et l'histoire nous montre qu'en fait un grand nombre d'Églises, après avoir dépéri plus ou moins longtemps, sont mortes.

Morte, l'Église de Jérusalem, la glorieuse fille du Saint-Esprit et la glorieuse mère de tant de milliers de croyants !

Mortes, les Églises d'Asie et de Macédoine, fondées et évangélisées par saint Paul et saint Jean : Antioche et Corinthe, Philippes et Ephèse !

Mortes, les Églises du Nord de l'Afrique, Alexandrie et Carthage, Hippone et Tagaste, illustrées par le ministère des Cyprien, des Tertullien, des Augustin !

Morte, l'Église de Constantinople et, si l'on ne se laisse pas tromper par les apparences, morte aussi l'Église de Rome, ces deux métropoles du christianisme en Orient et en Occident !

Ne dirait-on pas que l'histoire ecclésiastique soit une cité des morts, où, sur d'innombrables pierres funéraires, on peut lire : « Ici gît, sans espoir de résurrection, telle Église qui fut grande et prospère, et dont il ne reste plus qu'un nom ! »

Les Églises mortes, ce n'est pas seulement dans un lointain passé que nous en trouvons la trace. Parmi les Églises nées de la Réformation du XVIe siècle, combien ont disparu, en Italie, en Espagne, en France ! Pour nous en tenir à notre pays, que d'Églises emportées par la tempête de la Révocation ! que de villes, que de provinces d'où le protestantisme fut radicalement extirpé ! La violence de la persécution explique sans doute, en une certaine mesure, la ruine de tant d'Églises ; mais elle ne justifie pas les abjurations en masse des troupeaux et d'un tiers des pasteurs. Il résulte du témoignage des hommes les plus dignes de confiance, les Jurieu, les Brousson, les Superville, que la persécution surprit les Églises en pleine décadence spirituelle. Les âmes, anémiées par la mondanité et l'attachement aux biens terrestres, se trouvèrent vaincues presque sans combat. L'histoire a retenu, et la postérité honore la mémoire de ceux qui préférèrent la prison, les galères, la potence ou l'exil à l'apostasie ; mais il convient de se souvenir qu'ils ne furent qu'une glorieuse exception, et que l'immense majorité des protestants de France, un million probablement, acheta son repos au prix d'une infidélité.

L'histoire de l'Église nous crie donc : « Que celui qui croit être debout prenne garde qu'il ne tombe (1Cor.10.12) ! » Permettez-moi, mes frères, de vous redire cet avertissement solennel, en faisant à notre Église l'application de celui que le Seigneur adressa à l'Église d'Ephèse.

Arrêtons-nous d'abord sur les éloges mérités par cette Église. Ils proviennent de Celui qui s'appelle le *Fidèle* et le *Véritable* ; on ne saurait donc y voir une simple précaution oratoire, destinée, à rendre plus acceptable la censure qui suit. Ce furent certainement des éloges mérités, et l'insistance avec laquelle le Seigneur s'étend sur cette partie de son message, nous montre en lui le Maître débonnaire qui sait reconnaître et louer ce qu'il y a de bon chez ses disciples défaillants.

Ces éloges adressés à l'Église d'Ephèse, permettez-moi de dire, en toute simplicité, que je les crois mérités par l'Église à laquelle j'appartiens depuis 57 ans et dont je suis ministre depuis un demi-siècle. Je me sens d'autant plus libre de lui rendre ce témoignage qu'il n'est pas exclusif, et que les traits de cette image se retrouvent dans toute Église vraiment fidèle.

Une Église laborieuse ! tel est le premier trait de cette image :

« Je connais tes œuvres et ton labeur... » Quel admirable éloge que celui-là ! Une Église qui travaille, où tout le monde travaille, une Église qui ressemble à une ruche, où chaque abeille a sa tâche et remplit son alvéole ; une Église où il n'y a pas d'oisifs qui se croisent les bras et croient pouvoir se dispenser, à prix d'argent, du service personnel ! Telle était l'Église d'Ephèse, née de la puissante activité missionnaire de saint Paul et de l'humble et intense collaboration de ces deux laïques incomparables, Aquilas et Priscille, qui, tout en faisant courir la navette sur leur métier de tisserand, prêchaient l'Évangile aux allants et aux venants, parmi lesquels se trouva, un jour, un docteur éloquent d'Alexandrie, Apollos, auquel « ils exposèrent plus exactement la voie de Dieu (Actes.18.20). »

Cette Église d'Ephèse, avec ses missionnaires itinérants, qui s'appellent Paul et Jean, ses évangélistes laïques, tels qu'Aquilas, et tous ces anciens que Paul harangua si pathétiquement à Milet ; avec la collaboration des femmes chrétiennes du type de Priscille, avec l'évangélisation « de maison en maison » (Actes.20.21), quand les synagogues se fermaient à la prédication de l'Évangile, — cette Église d'Ephèse ne vous rappelle-t-elle pas notre propre Église, son ministère itinérant, ses prédicateurs laïques, ses conducteurs et conductrices de classes, ses réunions de quartier, qui ont sanctifié tant d'humbles cuisines (j'en atteste les réunions de Graveyron, dont plusieurs ici se souviennent et qui sont un précieux souvenir de ma lointaine jeunesse) ?

L'Église méthodiste a été, dès l'origine, et est demeurée, jusqu'à ce jour, l'Église de l'activité intensive. Quel travailleur que Wesley, qui, tandis que les ministres anglicans prêchaient, chaque dimanche, un sermon d'un quart d'heure (qui n'était pas toujours d'eux), prêcha, pendant plus d'un demi-siècle, une moyenne de quinze sermons par semaine, et parcourut, le plus souvent à cheval, environ 8 000 kilomètres chaque année, faisant l'œuvre du bon Berger à la poursuite de la brebis perdue ! Quels travailleurs que ces 500 évangélistes laïques, sortis des entrailles du peuple, mais baptisés du Saint-Esprit, que Wesley mit à l'œuvre et envoya, eux aussi, « sans bourse ni vêtements de rechange » (Matt.10.9-10), arracher au péché les multitudes que les Églises officielles laissaient en plein paganisme !

Nos pères, les hommes du premier réveil, ont été leurs dignes successeurs. Quel travailleur que Charles Cook, dont l'historien de la Réformation a pu dire qu'il a fait en France une œuvre comparable à celle de Wesley en Angleterre ! Quels travailleurs que ces premiers missionnaires méthodistes, les Rostan, les Roy, les Lelièvre, les Hocart, les Gallienne, les Neel, les Guiton, et tant d'autres qui, à travers les plaines du Bas-Languedoc et les montagnes des Cévennes et du Dauphiné, ont si puissamment contribué à réveiller le protestantisme méridional ! Sans valoir nos pères, nous pouvons peut-être nous rendre le témoignage que notre Église est de celles qui travaillent et qui ne se relâchent pas au service du Seigneur. Cette activité est-elle tout ce qu'elle devrait être ? Non, sans doute ; toutefois, ce n'est pas du côté de la paresse que nous sommes menacés.

Le second trait que loue le Seigneur dans l'Église d'Ephèse, c'est qu'elle est disciplinée. « Je sais que tu ne peux souffrir les méchants, que tu as mis à l'épreuve ceux qui se disent apôtres et ne le sont pas, et que tu les as trouvés menteurs. »

Nous ignorons à quels faits particuliers cette parole fait allusion ; mais nous y trouvons nettement indiqués deux traits du caractère d'une Église fidèle, au siècle apostolique : elle ne souffre pas dans son sein les méchants, ceux qui vivent dans le péché et le dérèglement; et, d'autre part, elle écarte résolument de la direction de l'Église les conducteurs, en qui elle a reconnu de faux docteurs. Saint Paul, bien des années auparavant, avait annoncé à l'Église d'Ephèse « qu'après son départ, il s'introduirait chez elle des loups cruels » (Actes.20.29), et il l'avait adjurée d'être sur ses gardes. Les chrétiens d'Ephèse avaient été fidèles à cette consigne. Ils avaient rejeté de leur sein les membres infidèles et les pasteurs indignes.

Ici encore, je relève un trait de ressemblance entre nos Églises et celle d'Ephèse. Nous tenons à honneur d'être une Église disciplinée. Nous sommes, nous voulons rester une Église évangélique, qui ne confie et ne conserve le droit d'enseigner qu'à des pasteurs fidèles à l'enseignement de Jésus-Christ et de ses apôtres. Nul n'entre dans notre ministère et nul n'y demeure s'il n'a fait une expérience personnelle de la grâce de Dieu en Christ et s'il n'est résolu à prendre pour base de sa prédication Christ et Christ crucifié. Et, d'autre part, nous sommes une Église de professants dont on ne devient membre, ni par la naissance, ni par une cérémonie quelconque, mais par une adhésion personnelle confirmée par une conduite chrétienne.

L'Église d'Ephèse avait enfin un troisième caractère digne de louange : c'était une Église patiente dans l'affliction : « *Tu as de la patience, et tu as souffert pour mon nom, et tu ne t'es point lassé.* » C'est là un magnifique éloge : en effet, si travailler pour Christ est beau, souffrir pour lui est plus beau encore. Certes, nous n'avons pas, nous méthodistes, dans notre histoire, une Saint-Barthélemy et des Dragonnades, comme notre sœur aînée, l'Église réformée de France, qu'on a pu appeler l'Église-martyre;

mais, comme toute Église fidèle, nous avons eu à subir le mépris et l'opprobre, et il fut un temps où nos pères ne pouvaient pas traverser certains villages du Midi sans être exposés aux insultes, et parfois même aux projectiles et aux voies de fait d'une populace fanatisée.

Église laborieuse, disciplinée, souffrante, ces trois caractères d'une Église fidèle, qui firent la gloire du christianisme éphésien, n'ont pas manqué au méthodisme français, et nul ne les lui conteste parmi ceux que n'aveuglent pas les préventions de l'esprit sectaire.

Que nous manque-t-il donc? Quelles sont nos lacunes? Quels sont nos dangers? Demandons-le à Celui qui « sonde les cœurs et les reins ». A côté des parties lumineuses du tableau de l'Église d'Ephèse, il signale les ombres, ombres envahissantes, si l'on ne réussit à les dissiper. Ces ombres ne nous menacent-elles pas, nous aussi?

―――⋙●⋘―――

Ce que j'ai contre toi, c'est que tu as abandonné ton premier amour.

On peut donc être une Église laborieuse, disciplinée, souffrante, et avoir perdu le premier amour, qui est le seul vrai, le seul bon. On peut l'avoir remplacé par le respect des formes traditionnelles, le maintien des doctrines anciennes, la fréquentation du culte public, la pratique des œuvres chrétiennes, toutes choses bonnes en elles-mêmes, mais qui, selon une parole de saint Paul, *ne sont rien sans l'amour* (1Cor.13.3).

Voulez-vous savoir ce que devient une Église qui a perdu le premier amour ? Ecoutez comment Samuel Vincent, l'éminent pasteur de Nîmes, peu suspect de préventions en faveur du méthodisme, décrivait l'état du protestantisme, à la veille du Réveil : « Les prédicateurs prêchaient, le peuple écoutait, les consistoires s'assemblaient, le culte conservait ses formes. Hors de là, personne ne s'en occupait, personne ne s'en souciait ; et la religion était en dehors de la vie de tous. »

[*Du Protestantisme en France,* édition de 1860, page 457. Samuel Vincent ajoutait : « Quand je compare l'état religieux où nous sommes à celui où nous étions il y a douze ans, je ne puis m'empêcher de croire que le méthodisme nous a fait du bien ; il a excité l'attention, rendu de l'intérêt aux discussions religieuses, fait naître des craintes justes ou exagérées, imprimé du mouvement. Dès lors l'indifférence a disparu. «]

Ce tableau, tracé en 1829, n'est plus exact aujourd'hui, quatre-vingt-dix ans après le Réveil ; mais il décrit l'état misérable où peut tomber une Église dans laquelle le formalisme a remplacé la piété et qui a abandonné « son premier amour ». Nos Églises n'en sont pas là, grâces à Dieu. Prenons garde qu'elles ne soient sur la voie qui y mène.

Le danger de toutes les Églises est de substituer le mécanisme ecclésiastique à la vie religieuse, et les règlements à l'amour ; rien ne fait illusion comme ce fonctionnement régulier des organes essentiels, qui continuent très longtemps à obéir à la force acquise, alors pourtant que le cœur ne bat plus que faiblement et que la vie se retire peu à peu. Dans ce lent dépérissement, les mouvements vitaux se ralentissent, les extrémités se refroidissent et la mort gagne de proche en proche.

Les Églises actives, disciplinées, et même persécutées, de l'âge apostolique, n'échappèrent pas à ce danger. Nos petites communautés sont autant menacées que les grandes par ce refroidissement progressif, que notre texte appelle la perte du premier amour. C'est qu'en réalité, l'amour est l'essentiel dans la vie collective des chrétiens, comme dans la vie personnelle du chrétien. La conversion, c'est le don du cœur à Dieu et aux hommes ; la sanctification c'est le renouvellement continuel de cette double consécration ; le rassemblement des chrétiens en Églises, c'est l'association et la fusion de tous ces cœurs régénérés, pour ne former « qu'un seul cœur et qu'une seule âme », comme aux jours de l'Église primitive. Ainsi entendue et réalisée, l'Église n'est pas seulement « la colonne et l'appui de la vérité » ; elle est la famille de Dieu, unie par l'amour pour le service de Dieu. Cela revient à dire que l'égoïsme, qui est mortel à la piété, est le plus actif dissolvant de la vie d'une Église ; c'est le microbe malfaisant qui empoisonne son sang.

Oh ! le premier amour, qui en décrira la beauté et la puissance, en termes dignes d'un pareil sujet ?

C'est la communauté de Jérusalem qui semble s'être rapprochée le plus de cet idéal, alors que « ceux qui avaient cru avaient toutes choses communes ».

C'est l'Église de Meaux, au XVIe siècle, dont Crespin dit : « Les artisans, cardeurs, peigneurs et foulons n'avaient d'autre exercice, en travaillant de leurs mains, que conférer de la parole de Dieu et se consoler en icelle. Spécialement les jours de dimanches et fêtes étaient employés à lire les Écritures et s'enquérir de la volonté du Seigneur. Plusieurs des villages faisaient le semblable, en sorte qu'on voyait dans ce diocèse-là reluire une image de l'Église renouvelée. Car la parole de Dieu, non seulement y était prêchée, mais pratiquée ; attendu que toutes œuvres de charité et de dilection s'exerçaient là ; les mœurs se réformaient de jour en jour, et les superstitions s'en allaient bas [a]. »

C'est l'Église de Saintes, dont Bernard Palissy décrit, en un tableau plein de fraîcheur, les commencements vraiment apostoliques, alors que quelques laïques, simples artisans comme lui, se réunissaient pour la prière et la méditation des Écritures [b].

C'est la communauté morave, que Wesley visita en 1738, et dont il disait : « Je suis avec une Église qui possède l'Esprit qui était en Christ et qui marche comme il a marché lui-même. Tous ses membres ont un même Seigneur et une même foi, et ils participent tous au même esprit, l'esprit de douceur et d'amour, qui anime uniformément toute leur conduite. »

Comme les Moraves, dont il fut le disciple, Wesley fit de l'amour chrétien le lien de ses sociétés, et elles réalisèrent, dans une mesure admirable, le type de ces communautés primitives qui n'étaient qu'un cœur et qu'une âme. Jamais peut-être, depuis l'âge apostolique, le premier amour n'a fleuri comme dans le méthodisme des premiers jours. La doctrine wesleyenne est essentiellement la doctrine de l'amour : elle affirme l'amour de Dieu pour tous les hommes et le devoir pour tout homme d'aimer Dieu de tout son cœur et son prochain comme soi-même. Les sociétés, les classes, les agapes ont organisé la vie commune dans l'amour et dans la liberté. L'action missionnaire et sociale du méthodisme a créé des *fraternités* entre des hommes de toute race, de toute culture et de toute classe. Les aspirations sociales qui travaillent aujourd'hui tant de chrétiens ont trouvé un vi-

---

a. Crespin, Histoire des martyrs, tome I, p. 493.
b. Œuvres de Palissy, édit. d'A. France, p. 133-143.

brant écho parmi nous, parce qu'elles sont dans la ligne de nos meilleures traditions.

Il y aurait de l'ingratitude de ma part à ne pas mentionner, parmi les Églises où a fleuri le printemps spirituel du premier amour, nos sociétés du Midi, sorties, au souffle de l'Esprit, du vieux terroir huguenot, durci par les orages, mais toujours fécond. Mon cœur ému et reconnaissant évoque votre souvenir, petits groupes méthodistes du Languedoc et du Dauphiné, Congénies, Calvisson, Caveirac, Codognan, Vauvert, Le Cailar, Ganges, Valleraugue, Anduze, Lasalle, Le Vigan, Bourdeaux, Dieulefit, humbles sociétés de chrétiens, et surtout de chrétiennes, groupées autour des vaillants missionnaires dont Dieu s'était servi pour votre réveil. Vous fûtes véritablement le sel de la terre et la lampe qui brille dans un lieu obscur. L'Église primitive et l'Église des premiers jours de la Réformation vous auraient avouées comme leurs filles légitimes. Vos chambres hautes, comme celles de Jérusalem ou d'Éphèse, étaient témoin de scènes dignes de la première Pentecôte. Quelles prières! quelles larmes! quels témoignages! quelle puissance de l'Esprit pour réveiller les indifférents et sanctifier les croyants! Et, parmi vous, quelle fraternité! quel amour! Vous fûtes bien les Églises du premier amour.

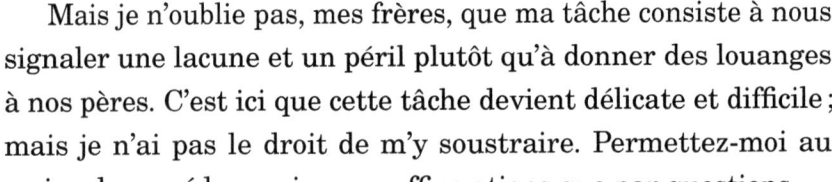

Mais je n'oublie pas, mes frères, que ma tâche consiste à nous signaler une lacune et un péril plutôt qu'à donner des louanges à nos pères. C'est ici que cette tâche devient délicate et difficile; mais je n'ai pas le droit de m'y soustraire. Permettez-moi au moins de procéder, moins par affirmations que par questions.

Avons-nous, comme Église, conservé notre premier amour? Notre amour pour Dieu tout d'abord? Nous professons de croire que la sainteté, c'est-à-dire Dieu aimé de tout notre cœur, est un idéal réalisable ; cet amour a-t-il pris possession des profondeurs de notre être spirituel ? sommes-nous des chrétiens plus consacrés, plus saints, que ne le sont les chrétiens en général ? L'amour de Jésus-Christ nous *presse*-t-il ? Nos discours comme prédicateurs, nos entretiens comme pasteurs, notre conduite comme membres de l'Église, donnent-ils à ceux qui nous voient et nous entendent l'impression que nous vivons dans la communion du Sauveur, et que nous descendons comme Moïse, avec une lueur au front, de la montagne où nous avons rencontré Dieu ? Nous tous, pasteurs et fidèles, aimons-nous et pratiquons-nous assidûment la prière secrète et le culte de famille ? Sommes-nous assidus à l'étude et à la méditation de la Parole de Dieu ? Chrétiens méthodistes, mes frères, n'avons-nous pas abandonné notre premier amour ?

Je passe à notre vie d'Église, et je demande : là aussi n'y a-t-il pas abandon du premier amour ? Ne l'avons-nous pas remplacé par des relations correctes, mais froides ? Le baiser fraternel de l'Église primitive a fait place à la poignée de main, et celle-ci souvent au simple coup de chapeau ou à l'inclinaison cérémonieuse de la tête. On disait des premiers chrétiens : Voyez comme ils s'aiment ! Ne pourrait-on pas dire de nous : Voyez comme ils se querellent ! Voyez comme ils se jalousent ! Voyez comme ils s'égratignent ! Voyez quels ravages fait parmi eux la médisance ! L'esprit de solidarité, je préfère dire : de fraternité, n'est-il pas trop absent du milieu de nous ? Les saintes invectives de Jacques n'ont-elles pas de nos jours une actualité humiliante ? Nos riches ne sont-ils pas durs et orgueilleux ? Les organes de la vie fraternelle, que nos pères instituèrent, les réunions de prière, les réunions d'expérience, les agapes, ne sont-ils pas tombés en désuétude ? La Sainte Cène n'est-elle pas négligée ? La langueur, sinon la disparition de ces moyens de grâce, ne nous crie-t-elle pas : Église de Wesley, toi aussi tu as abandonné ton premier amour ?

Parlerai-je enfin de nos rapports avec le monde ? Il ne nous persécute plus ; ne serait-ce pas parce qu'il ne nous craint plus ? Je me rappelle tel village du Midi, où jeune garçon tenant, non sans quelque émoi, la main de mon père, nous avancions sous les bordées d'injures et de quolibets, auxquels notre nom de famille fournissait un facile prétexte. Dans tel autre village, les hommes tendaient des cordes à travers la rue pour faire choir le missionnaire, ou l'attendaient, au sortir du village, pour lui mettre un bât sur le dos ou pour lui faire quelque autre avanie. C'étaient là les joyeusetés d'un peuple qui, quarante ans auparavant, était lui-même persécuté. Aujourd'hui, le monde nous respecte. Ses respects, encore une fois, témoignent-ils de ses progrès, ou sont-ils un hommage ironique à notre impuissance ? Serait-il en train de nous convertir à la mondanité et au culte de Mammon, parce que nous n'avons pas su le convertir à Jésus-Christ ? Avons-nous la puissance conquérante et évangélisatrice de nos pères ? Évangélisons-nous comme eux en temps et hors de temps, dans les maisons et sur les grandes routes, en chemin de fer et dans les champs ? Les réveils, qui n'étaient pas pour eux une courte période où l'on s'agite entre deux sommeils, mais des crises bienfaisantes où l'Esprit de Dieu souffle avec une intensité extraordinaire pour convertir et sanctifier les âmes, les réveils ne sont-ils pas devenus très rares parmi nous, et ceux dont on parle réalisent-ils cet idéal de l'Église primitive : « Le Seigneur ajoutait tous les jours à l'Église ceux qui étaient sauvés ? » (Actes.2.47). Cet état de choses ne nous crie-t-il pas : Vous avez abandonné votre premier amour ?

J'ai hâte d'en finir avec ces questions, qui sont sans doute troublantes pour mes frères, et qui le sont plus encore pour moi, dont la course terrestre approche de son terme, et qui dois laisser aux jeunes le poids et l'honneur des réformes nécessaires. Ce que je vais dire n'est plus une question, mais une affirmation solennelle basée sur les faits.

Mes frères, l'expérience démontre que les Églises qui ont perdu le premier amour sont stériles. L'amour seul est fécond, dans l'ordre spirituel comme dans l'ordre naturel. Les chrétiens, incapables d'engendrer à la vie divine des enfants de Dieu, n'ont plus droit eux-mêmes à ce titre. Les Églises peuvent mettre dans leurs chaires des prédicateurs savants et éloquents : s'ils n'ont pas l'amour des âmes, ils ne sont que « comme l'airain qui résonne et la cymbale qui retentit ». Les Églises peuvent grouper au pied de leurs chaires l'aristocratie de la naissance et de l'argent ; sans l'amour « elles ne sont rien ».

Ce qui est malheureusement certain, c'est que les Églises, les nôtres comme les autres, et à l'étranger comme chez nous, ne grandissent plus et ont de la peine à maintenir le chiffre de leurs membres. Et ce qu'il y a de grave, c'est qu'on ne s'en émeut guère et que certains traduisent diminution par révision des listes et des statistiques. — euphémisme qui rappelle celui des généraux malheureux qui dissimulent sous le nom de concentration en arrière, la déroute de leur armée. Les jours seraient-ils venus, qu'annonçait le poète (dont je modifie le premier vers) :

> Où l'Église du Christ est lasse d'être mère,
> Et, le sein tout meurtri d'avoir tant allaité,
> Elle fait son repos de sa stérilité [a] ?

---

a. A. de Musset, Rolla.

Misérable repos que celui-là ! Ah ! que ce ne soit pas le nôtre ! Mais que, retrouvant la fécondité perdue ou affaiblie, nous redevenions des Églises qui se « multiplient de jour en jour par l'assistance du Saint-Esprit (Act.9.31) » !

J'ai signalé le mal dont souffrent les Églises d'aujourd'hui : la perte du premier amour. Il me reste à parler du remède. Je ne m'y étendrai pas longuement, d'abord parce que le temps me manque, et ensuite parce que vous savez ce que j'aurais à vous dire. Voici d'ailleurs le remède, tel que le Voyant de Patmos l'indiquait, de la part du Seigneur, à l'Église d'Ephèse :

Souviens-toi d'où tu es déchu. — Repens-toi. — Fais de nouveau tes premières œuvres.

Souviens-toi d'où tu es déchu. — Ne te nourris pas d'illusions sur toi-même. Ne décore pas du nom sonore et moderne d'évolution ce que l'Esprit de Dieu nomme déchéance. Le mot est amer, comme le sont en général les médicaments efficaces. Il fut adressé à une Église qui nous valait bien. Acceptons-le comme des hommes, qui ne demandent pas qu'on leur dore la pilule qui peut les guérir. Connaître son mal est souvent la moitié de la guérison ; reconnaissons le nôtre, en nous souvenant de ce que nous fûmes et de ce que nous devrions être, et surtout en nous replaçant en présence de la volonté de Jésus-Christ, telle que saint Paul l'exprimait à cette même Église d'Ephèse dans une déclaration admirable : « Le Christ a aimé l'Église et s'est livré lui-même pour elle, afin de la sanctifier, après l'avoir purifiée par le baptême et par sa parole, pour faire paraître devant lui cette Église pleine de gloire, sans tache ni ride, mais sainte et irrépréhensible (Eph.5.25-26). »

Repens-toi. Humilie-toi devant le Seigneur, par le jeûne et par la prière. Nos pères pratiquaient le jeûne et s'en trouvaient bien. Je me souviens des jours de jeûne de Bourdeaux et de Dieulefit, qui précédèrent le réveil de la Drôme, ce réveil qui donna, dans cette région d'abord, puis dans la plaine de Valence, une si belle moisson d'âmes et de pasteurs. Dans ce réveil de 1852, il y eut beaucoup de confessions de péchés et beaucoup de ces larmes dont Vinet a dit :

> Quand les larmes
> Sont nos armes,
> Ton amour nous rend vainqueurs.

Que Dieu réchauffe notre repentir, comme a dit le même Vinet, et qu'il rouvre la source des larmes qui obtiennent les consolations du Saint-Esprit !

Fais tes premières œuvres, ces œuvres « convenables à la repentance », dont parlait Jean-Baptiste, œuvres de miséricorde, de pardon mutuel et, pour tout dire, d'amour. Si ce ciment divin de l'amour a manqué à ton édifice, si tu l'as bâti en pierres sèches recouvertes d'un léger badigeonnage, jette à terre ces murs lézardés, et construis à nouveaux frais. Il y a, comme l'a montré Wesley dans un de ses sermons, une *repentance des croyants*, tout aussi nécessaire que celle des incroyants. Il y a, pour les Églises comme pour les individus, des reconversions nécessaires. Pour nous, ne consisterait-elle pas à revenir à un emploi judicieux et loyal des moyens qui ont réussi dans le passé, en les rajeunissant et en les adaptant aux besoins nouveaux ?

Frères, pasteurs et laïques, qui composez le cinquante-sixième

Synode de l'Église évangélique méthodiste de France et le cinquième Synode de Dieulefit, ce ne sont pas des paroles de découragement que j'ai voulu vous faire entendre, mais plutôt des paroles de réconfort et d'espérance. En cherchant le type de notre Église parmi les sept de l'Apocalypse, je ne l'ai comparée ni à Sardes, qui a « la réputation d'être vivante et qui est morte », ni à Laodicée, qui n'est « ni froide ni bouillante », mais à Ephèse, à qui le Seigneur reproche l'affaiblissement du premier amour. Aucun de vous, je l'espère, ne trouvera que j'aie été trop loin dans le blâme. Aucun de vous ne m'opposera le dicton des lâches : « Toutes les vérités ne sont pas bonnes à dire. » Une Église s'honore en reconnaissant hautement ses misères. Elle montre ainsi qu'elle est sur la voie du relèvement.

Je crois fermement que nous sommes sur cette voie-là, la voie qui monte. Je vous exhorte, mes frères, à y marcher résolument ; ce sont « les sentiers des siècles passés ». C'est aussi la voie royale du « parfait amour qui bannit la crainte », et qui n'est autre chose que le premier amour reconquis.

Table des matières

Préface	1
Biographie	4
1. Famille et enfance	5
2. L'étudiant et le proposant	14
3. Pastorat (1865-1869)	29
4. Pastorat (1869-1879)	34
5. Pastorat (1879-1883)	42
6. Pastorat (1883-1886)	47
7. Pastorat (1886-1891)	53
8. Pastorat (1891-1903)	60
9. Retraite (1903)	68
10. Le prédicateur	76

11. Le prédicateur   93

12. L'Historien   111

13. Le théologien   127

14. Le vieillard   140

Choix d'articles   **158**

Qu'est-ce que la conversion ?   159

Qu'est-ce qu'un réveil ?   164

Sommeil et réveil   168

Les conditions du réveil   173

Rien de nouveau, mais toutes choses nouvelles   176

Ce que doit être la prédication   180

Les prédicateurs laïques   183

Mes longues-veilles   188

L'inspiration des Saintes Écritures   192

Le centenaire de la Révocation de l'Édit de Nantes   195

L'évangélisation des Catholiques   203

Plans de prédications	**208**
Prédication de Jean-Baptiste	**209**
La foi en Christ	**216**
Danger du cœur indécis	**220**
Une maison de prière	**224**
L'unité des croyants	**228**
La sanctification des croyants	**232**
L'espérance des croyants	**237**
La puissance spirituelle	**240**
Sermons	**246**
Les adieux d'un pasteur	**247**
Notre passé et notre avenir	**259**
L'abandon du premier amour	**273**